■2025年度中学受験用

水戸英宏中学校

3年間スーパー過去問

●収録内容一覧

入試問題と解説・解答の収録内容

2024年度　１回	適性検査Ⅰ・適性検査Ⅱ （解答のみ）
2024年度　２回	算数・社会・理科・国語
2023年度　１回	適性検査Ⅰ・適性検査Ⅱ （解答のみ）
2023年度　２回	算数・社会・理科・国語
2022年度　１回	適性検査Ⅰ・適性検査Ⅱ （解答のみ）
2022年度　２回	算数・国語

～本書ご利用上の注意～　以下の点について，あらかじめご了承ください。

★別冊解答用紙は巻末にございます。本書に収録している試験の実物解答用紙は，弊社サイトの各校商品情報ページより，一部または全部をダウンロードできます。
★編集の都合上，学校実施のすべての試験を掲載していない場合がございます。
★当問題集のバックナンバーは，弊社には在庫がございません（ネット書店などに一部在庫あり）。

合格を勝ち取るための

『スーパー過去問』の使い方

本書に掲載されている過去問をご覧になって，「難しそう」と感じたかもしれません。でも，多くの受験生が同じように感じているはずです。なぜなら，中学入試で出題される問題は，小学校で習う内容よりも高度なものが多く，たくさんの知識や解き方のコツを身につけることも必要だからです。ですから，初めて本書に取り組むさいには，点数を気にしすぎないようにしましょう。本番でしっかり点数を取れることが大事なのです。

過去問で重要なのは「まちがえること」です。自分の弱点を知るために，過去問に取り組むのです。当然，まちがえた問題をそのままにしておいては意味がありません。

本書には，長年にわたって中学入試にたずさわっているスタッフによるていねいな解説がついています。まちがえた問題はしっかりと解説を読み，できるようになるまで何度も解き直しをしてください。理解できていないと感じた分野については，参考書や資料集などを活用し，改めて整理しておきましょう。

このページも参考にしてみましょう！

◆どの年度から解こうかな　「入試問題と解説・解答の収録内容一覧」

本書のはじめには収録内容が掲載されていますので，収録年度や収録されている入試回などを確認できます。

※著作権上の都合によって掲載できない問題が収録されている場合は，最新年度の問題の前に，ピンク色の紙を差しこんでご案内しています。

◆学校の情報を知ろう!!「学校紹介ページ」

このページのあとに，各学校の基本情報などを掲載しています。問題を解くのに疲れたら息ぬきに読んで，志望校合格への気持ちを新たにし，再び過去問に挑戦してみるのもよいでしょう。なお，最新の情報につきましては，学校のホームページなどでご確認ください。

◆入試に向けてどんな対策をしよう？「出題傾向＆対策」

「学校紹介ページ」に続いて，「出題傾向＆対策」ページがあります。過去にどのような分野の問題が出題され，どのように対策すればよいかをアドバイスしていますので，参考にしてください。

◇別冊「入試問題解答用紙編」

本書の巻末には，ぬき取って使える別冊の解答用紙が収録してあります。解答用紙が非公表の場合などを除き，(注) が記載されたページの指定倍率にしたがって拡大コピーをとれば，実際の入試問題とほぼ同じ解答欄の大きさで，何度でも過去問に取り組むことができます。このように，入試本番に近い条件で練習できるのも，本書の強みです。また，データが公表されている学校は別冊の１ページ目に過去の「入試結果表」を掲載しています。合格に必要な得点の目安として活用してください。

本書がみなさんの志望校合格の助けとなることを，心より願っています。

株式会社　声の教育社　編集部

水戸英宏中学校

所在地	〒310-0913 茨城県水戸市見川町2582-15
電　話	029-243-0840
ホームページ	https://www.mito-eiko.ed.jp/
交通案内	JR線「水戸駅」北口６番乗り場より，石岡駅/県庁バスターミナル/県自動車学校/水戸医療センター/市立競技場/ときわ台団地/奥ノ谷行きバス「葵陵高校入口」下車

くわしい情報は
ホームページへ

トピックス

★9～11月に開催される説明会に参加すると，初回受験料が半額となります(参考：昨年度)。
★入試成績が極めて優秀な生徒は，特待生に指名します(参考：昨年度)。

創立年
平成16年

男女共学

高校募集
なし

本校の教育

- **理念**：知の創造者たれ
- **方針**：ひとりひとりの創造力と個性を大切にした教育を展開し，幅広い教養と高邁な識見を備え，国際社会の中でリーダーとして活躍できる人材を育成する。
- **目標**：
  ①学習指導を充実させて児童・生徒の学力向上を図り，個々に応じた進路指導を推進する。
  ②国際理解を深め，世界的視野の育成と国際感覚の涵養に努める。
  ③基本的生活習慣の確立と自主的・自律的生活態度の伸長を図る。
  ④自他の生命を尊重し，他人を思いやる心を育む。
- **実践**：「ひとりひとりを大切に　質の高い教育を実践する」

本校の特色

＜高校入試対策に特化したカリキュラム編成＞

- **第１ステージ**：中学３年間の学習内容を３年次１学期までに終了。
- **第２ステージ**：その後の１年間を総復習と応用問題演習に充て，理解度や知識の定着度を上げ，難関高校合格に向けた応用力を育成。

第１～17期生の主な高校合格実績

＜首都圏の難関校＞

開成高，慶應義塾女子高，慶應義塾高，慶應義塾志木高，早稲田実業高，早稲田大高等学院，早稲田大本庄高等学院，渋谷教育学園幕張高，筑波大附属高，東京学芸大附属高　ほか

＜県内の難関校＞

水戸第一高，土浦第一高，竹園高，緑岡高，水戸第二高，茨城工業高専　ほか

＜中高一貫連携校＞

水戸啓明高(学業特待生GG)，水戸葵陵高(学業奨学生TOP)　ほか

入試情報（参考：昨年度）

- **試験日程**：
  第１回　2023年11月18日
  　専願入試Ａ／一般入試Ａ
  第２回　2023年11月26日
  　推薦入試Ｂ／専願入試Ｂ／一般入試Ｂ
  第３回　2024年１月27日
  　専願入試Ｃ／一般入試Ｃ
- **試験内容**：
  第１回…適性検査Ⅰ・適性検査Ⅱ・集団面接
  第２回…国語・算数・社会・理科
  　　　　※推薦入試は国語・算数・個人面接
  第３回…作文・算数

編集部注一本書の内容は2024年4月現在のものであり，変更されている場合があります。正確な情報は，学校のホームページ等で必ずご確認ください。

算数 出題傾向＆対策

◆基本データ(2024年度２回)

試験時間／満点	45分／100点
問　題　構　成	・大問数…５題 計算１題(６問)／応用小問１題(８問)／応用問題３題 ・小問数…20問
解　答　形　式	解答のみを記入する問題が大半をしめるが，応用問題には図や表，数，式，言葉などをかかせるものがある。
実際の問題用紙	Ａ４サイズ，小冊子形式
実際の解答用紙	Ｂ４サイズ

◆出題傾向と内容

▶過去３年の出題率トップ３
１位：四則計算・逆算19％　２位：角度・面積・長さ17％　３位：計算のくふうなど６％
▶今年の出題率トップ３
１位：四則計算・逆算21％　２位：角度・面積・長さ，整数・小数・分数の性質14％

四則計算は，あまり複雑なものは見られませんが，問題数に対する出題比率が高くなっているので，ここで確実に得点しておきたいところです。

応用小問は，はば広い範囲から出題されています。とはいえ，入り組んだ問題などはなく，割合と比，平均，図形の角度・面積などの基本的なものが多いようです。

いくつかの小設問を持つ応用問題では，周期算など規則を発見するもの，速さに関するもの，水の深さに関するものなどが特ちょうとしてあげられます。

◆対策～合格点を取るには？～

計算問題と応用小問で，全体の問題数の半分以上をしめています。ですから，計算練習は毎日５題でもかまいませんので，欠かさず練習する習慣をつけましょう。また，応用小問の練習もじゅうぶん積んでおかなくてはなりません。難しい問題に挑戦するよりは，基本的な問題を数多くこなすのがよいでしょう。

応用問題では，規則を発見したり推理したりする思考力をためす問題，速さ，水の深さと体積などがよく出題されていますので，類題を数多く練習しておいてください。

分野	年度	2024	2023	2022
計算	四則計算・逆算	●	●	●
	計算のくふう	○	○	○
	単位の計算			
和と差	和差算・分配算			
	消去算			
	つるかめ算			
	平均とのべ	○	○	○
	過不足算・差集め算			
	集まり		○	
	年齢算			
割合と比	割合と比			○
	正比例と反比例			
	還元算・相当算	○	○	
	比の性質			
	倍数算			
	売買損益			
	濃度			
	仕事算		○	
	ニュートン算			
速さ	速さ	○	○	
	旅人算			
	通過算			
	流水算			
	時計算			
	速さと比			○
図形	角度・面積・長さ	◎	●	◎
	辺の比と面積の比・相似			
	体積・表面積			
	水の深さと体積	○	○	○
	展開図			
	構成・分割		○	
	図形・点の移動			
表とグラフ		○		○
数の性質	約数と倍数			
	Ｎ進数			
	約束記号・文字式			
	整数・小数・分数の性質	◎		
規則性	植木算			
	周期算		○	○
	数列			
	方陣算			
	図形と規則		○	○
場合の数				○
調べ・推理・条件の整理		○	○	
その他				

※　○印はその分野の問題が１題，◎印は２題，●印は３題以上出題されたことをしめします。

社会　出題傾向＆対策

◆基本データ（2024年度２回）

試験時間／満点	45分／100点
問題構成	・大問数…５題 ・小問数…26問
解答形式	記号選択や，用語の記入に加えて，記述問題も多く取り上げられている。
実際の問題用紙	Ａ４サイズ，小冊子形式
実際の解答用紙	Ｂ４サイズ

分野 ＼ 年度			2024	2023
日本の地理		地図の見方	★	★
		国土・自然・気候	○	○
		資源		○
		農林水産業	○	○
		工業		○
		交通・通信・貿易	★	
		人口・生活・文化	○	
		各地方の特色		
		地理総合	★	★
世界の地理				★
日本の歴史	時代	原始～古代	○	○
		中世～近世	○	○
		近代～現代		
	テーマ	政治・法律史		
		産業・経済史		
		文化・宗教史		
		外交・戦争史		
		歴史総合	★	★
世界の歴史				
政治		憲法	○	★
		国会・内閣・裁判所	○	○
		地方自治	○	
		経済	○	
		生活と福祉		
		国際関係・国際政治		
		政治総合	★	
環境問題				○
時事問題				
世界遺産			○	
複数分野総合				

※　原始～古代…平安時代以前，中世～近世…鎌倉時代～江戸時代，近代～現代…明治時代以降
※　★印は大問の中心となる分野をしめします。

◆出題傾向と内容

●地理…日本の国土，農業や工業，貿易のようす，地形図の読み取りなどが多く出題されています。なかでも地形図の問題は頻出で，実際の距離を計算するものや，地図記号・方位・地形を読み取るものが出されています。また，資料と地図を組み合わせた問題や資料を参考に記述させる問題も見られます。

●歴史…年表や，文書・図・写真などの資料を使って関連事項を答えさせるものがよく出されています。時代別でいうと，原始～近世にかけてのものがかたよりなく出題されており，内容的には，政治や文化の基本的なことがらが問われます。なお，記述問題が毎年出題されているので，注意が必要です。

●政治…日本国憲法・三権分立のしくみが出題の中心です。特に憲法の基本原則はよく出題され，それに関連するかたちで人権や選挙について問われます。また，選挙の結果や環境問題への取り組みなどを題材にした複数の資料から読み取れる内容を記述させる問題も見られます。

◆対策～合格点を取るには？～

全分野に共通することとして，まず基本事項の確認が大切です。地理では，地図記号や都道府県の位置，歴史では，重要な人名・できごととその時代，政治では，憲法に出てくる用語などをできるだけ早い時期から覚えておきましょう。そのうえで，身につけたそれぞれのことがらを，たがいに関連づけられるとよいでしょう。そのためには，参考書などを用いて自分なりに知識を整理してみると効果的です。

地理分野では，ふだんから地図を見る習慣をつけておき，日本の領土や日本と関連する国のおおまかな位置をつかんでおきましょう。白地図に地名や産業の特色などをかきこんでいくと，学んだ知識が定着します。

歴史分野では，重要な人物と，それぞれの人物が行ったことを時代順にまとめるほかに，教科書や参考書にのっている絵や写真にも目を通しておくと，イメージがとらえやすくなります。

政治分野では，日本国憲法の骨組みをおさえたうえで，基本的人権の種類を書き出してみたり，三権のおたがいの関係を図に表したりするとよいでしょう。

理科　出題傾向＆対策

◆基本データ(2024年度２回)

試験時間／満点	45分／100点
問題構成	・大問数…６題 ・小問数…44問
解答形式	記号選択と用語・数値の記入が大半をしめるが，１～２行程度の短文記述も出題されている。
実際の問題用紙	Ａ４サイズ，小冊子形式
実際の解答用紙	Ｂ４サイズ

◆出題傾向と内容

各分野からまんべんなく出題され，バラエティーに富んだ出題形式となっています。記述問題が増加する傾向にあるので，時間配分にはじゅうぶんな注意が必要です。

●生命…こん虫，種子の発芽の実験，光合成と呼吸，ヒトのからだ・消化，食物連鎖などが出題されています。

●物質…水溶液の性質，中和，気体の性質，水の状態変化，物質の水に対する溶け方，ものの燃え方などが取り上げられています。計算問題がよく出題されています。

●エネルギー…ふりこ，コイル，てこのつり合い，光の進み方．電磁石，電気回路，手回し発電機と豆電球の光る時間などが見られます。ここでも計算問題がよく出されています。

●地球…天気の変化，流水のはたらき，太陽の動き，星の動き，季節の星座，地層と岩石などが出題されています。表やグラフをもとにした問題も見られます。

分野	年度	2024	2023
生命	植物		★
	動物	★	★
	人体	○	
	生物と環境	★	
	季節と生物		
	生命総合		
物質	物質のすがた	★	○
	気体の性質		★
	水溶液の性質	★	
	ものの溶け方		★
	金属の性質		
	ものの燃え方	★	
	物質総合		
エネルギー	てこ・滑車・輪軸		★
	ばねののび方		
	ふりこ・物体の運動		○
	浮力と密度・圧力		
	光の進み方	★	
	ものの温まり方	○	
	音の伝わり方		
	電気回路	★	★
	磁石・電磁石		
	エネルギー総合		
地球	地球・月・太陽系	★	
	星と星座		★
	風・雲と天候		★
	気温・地温・湿度		○
	流水のはたらき・地層と岩石	★	
	火山・地震		
	地球総合		
実験器具			○
観察			
環境問題			★
時事問題			
複数分野総合		★	★

※　★印は大問の中心となる分野をしめします。

◆対策～合格点を取るには？～

本校の理科は，基礎的な内容から応用問題まではば広く出題されています。基礎的な知識をはやいうちに身につけ，そのうえで問題集で演習をくり返しながら実力アップをめざしましょう。

「生命」は，身につけなければならない基本知識の多い分野です。動物とヒトのからだのつくり，植物のつくりと成長などを中心に，ノートにまとめながら知識を深めましょう。

「物質」では，気体や水溶液，金属などの性質に重点をおいて学習してください。そのさい，中和反応や濃度など，表やグラフをもとに計算させる問題にも積極的に取り組むようにしてください。

「エネルギー」では，力のつり合い，てんびんとものの重さ，てこ，輪軸，ふりこの運動などについて，それぞれの基本的な考え方をしっかりマスターし，さまざまなパターンの計算問題にチャレンジしてください。

「地球」では，太陽・月・地球の動き，季節と星座の動き，天気と気温・湿度の変化，地層のでき方などが重要なポイントです。

国語 出題傾向＆対策

◆基本データ（2024年度２回）

試験時間／満点	45分／100点
問題構成	・大問数…４題 文章読解題２題／資料読解題１題／知識問題１題 ・小問数…30問
解答形式	記号選択，適語・適文の書きぬきのほか，文章中のことばを用いて書かせる記述問題も数問見られる。また，100〜120字程度の作文も出題されている。
実際の問題用紙	Ａ４サイズ，小冊子形式
実際の解答用紙	Ｂ４サイズ

◆出題傾向と内容

▶近年の出典情報（著者名）
説明文：伊藤一彦　稲垣栄洋　更科　功
小　説：重松　清　まはら三桃　いとうみく

●読解問題…説明文・論説文では要旨のはあく，接続語や指示語，段落構成などが問われています。意見の展開や，文章の構成に注意が必要です。小説・物語文では登場人物の心情や行動の理由，情景を問うものを中心に，作品の表現効果を問うものなども出題されています。

●知識問題…漢字の読み書きや成り立ち，筆順のほか，慣用句や熟語，文法，短歌や俳句に関する問題など，はば広く基礎知識を問われます。

●作文…資料などを見て内容を理解し，自分の意見を答える形式の問題が出されています。

◆対策〜合格点を取るには？〜

読解問題の題材文は試験時間に対してボリュームがあるため，ふだんから少し長めのもので練習し，慣れておく必要があります。文学的文章では，内容理解のほか，表現や場面展開をとらえる力も求められます。本を読んだら，感想やあらすじをノートにまとめる習慣をつけましょう。説明文では，筆者の主張を意識して読み進めること。各段落の要旨をおさえながら全体の流れをとらえるために，キーワードにぼう線を引くなどするとよいでしょう。

知識問題では，漢字の出題数が多いので，得点源になります。日ごろから辞書で漢字やことばの意味を調べておくことをおすすめします。

分野		年度	2024	2023	2022
読解	文章の種類	説明文・論説文	★	★	★
		小説・物語・伝記	★	★	★
		随筆・紀行・日記			
		会話・戯曲			
		詩			
		短歌・俳句	○	○	○
	内容の分類	主題・要旨	○	○	○
		内容理解	○	○	○
		文脈・段落構成	○	○	○
		指示語・接続語	○	○	○
		その他	○	○	○
知識	漢字	漢字の読み	○	○	○
		漢字の書き取り	○	○	○
		部首・画数・筆順	○	○	○
	語句	語句の意味			
		かなづかい			
		熟語	○	○	○
		慣用句・ことわざ	○	○	○
	文法	文の組み立て	○	○	○
		品詞・用法			
		敬語	○	○	○
	形式・技法		○	○	○
	文学作品の知識				
	その他		○	○	○
	知識総合		★	★	★
表現	作文		★	★	★
	短文記述				
	その他				
放送問題					

※　★印は大問の中心となる分野をしめします。

カコを追いかけ
ミライをつかめ
「今の説明、もう一回」を何度でも
web過去問
ストリーミング配信による入試問題の解説動画
もっと古いカコモンないの？
カコ過去問
「さらにカコの」過去問をHPに掲載（DL）
声の教育社
詳しくはこちらから

2024年度 水戸英宏中学校

【適性検査Ⅰ】〈第１回試験〉（45分）〈満点：100点〉

1 はるかさんの学校では、卒業アルバムに載《の》せる写真として、校庭で人文字を作って空から写真を撮《と》ってもらうことになりました。はるかさんたちは、人文字の図案や、何年生で作るかなどを話し合っています。

はるか：小学校の最後のアルバムに載せる写真だから、「小」の字を入れたいけど、それだけだとさびしいわね。

たいし：学校の名前を入れたりすると複雑になるから、「小」の字のまわりを何かの図形で囲んでみたらどうかな。

はるか：それはおもしろいアイデアね。ただ、曲線や複雑な図形は並《なら》ばせるのが大変だから、なるべく直線を組み合わせた図形がいいわね。

たいし：うーん…、例えば、星の形なんてどうかな。

はるか：それはいいアイデアね。それでは、形が決まったから、次は大きさを決めましょう。この写真は空から撮ってもらうから、図形はなるべく大きいほうがいいわね。

たいし：そうだね。「小」の字について、何人ぐらい必要になるのかを調べてみようよ。

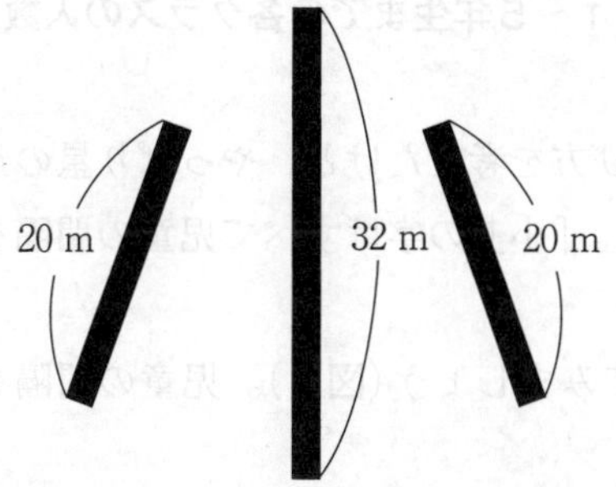

図１ 「小」の字の大きさの案

図２ 線上に並ぶ児童の並び方

たいし：こんな大きさ（**図１**）にして、児童と児童の間隔《かんかく》はどこも同じ（**図２**）になるようにして並ぶ場合の人数を考えてみよう。

はるか：「小」の字は６年生だけで作りたいね。

たいし：そうだね。児童の間隔をすべて１ｍにすると全部で［ア］人必要だから、６年生だけで作ることができそうだけど、６年生が何人かあまってしまうね。でも、児童の間隔をすべて80 cmにすると、６年生だけで作るには［イ］人足りなくなるよ。

はるか：それでは、32ｍの線は児童の間隔をすべて１ｍにして、20ｍの２本の線は児童の間隔をすべて80 cmにしてはどうかな。

たいし：計算してみると…その方法だと、６年生全員でちょうど作ることができるね。

問題１　会話文中の ア 、 イ にあてはまる数を求めなさい。また、６年生は１組、２組、３組の３クラスあり、どの２クラスの児童数の差も２人以下です。３クラスの人数として考えられる組み合わせを２つ答えなさい。

はるか：「小」の字は６年生だけで作れる方法がわかったね。それでは、「小」の字のまわりの星の形を作るのに必要な人数を考えてみましょう。

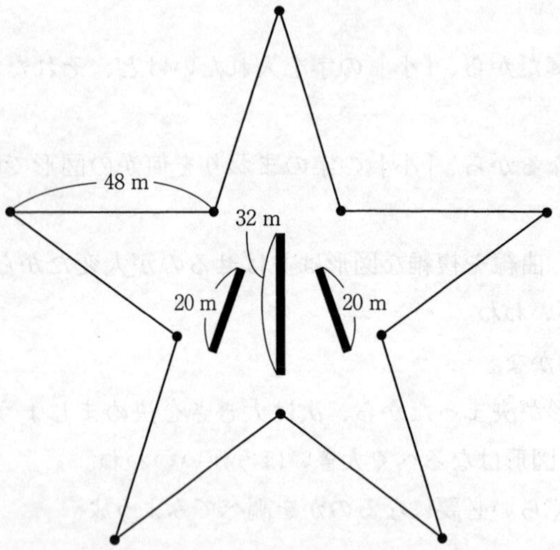

図３　「小」の字と星の形の大きさの案

学年	１組	２組	３組	合計
５年生	31 人	32 人	33 人	96 人
４年生	29 人	28 人	29 人	86 人
３年生	31 人	29 人	30 人	90 人
２年生	30 人	30 人	32 人	92 人
１年生	29 人	31 人	29 人	89 人

図４　１～５年生までの各クラスの人数

たいし：先ほど６年生全員でちょうど「小」の字を作る並び方を考えたけど、やっぱり星の形の頂点を示す 10 か所には６年生に立ってほしいな。「小」の字はすべて児童の間隔を１mにすると、できそうだよ。

はるか：星の形の直線部分はすべて 48 m になるようにしてみましょう（**図３**）。児童の間隔をすべて１mにすると、人数が足りないわ。

たいし：確かに足りなくなるね。それでは、児童の間隔を少し広げてみよう。クラス単位（**図４**）で参加してもらいたいよね。

はるか：児童の間隔をすべて 1.2 m にすると、１～５年生から ウ 人に参加してもらえばできそうよ。クラス単位で参加してもらうとすると、参加できないクラスはちょうど２クラスになるわね。

たいし：星の形に参加できないクラスはなるべく下の学年から選んで、その２クラスのみんなには他のことをお願いしよう。

問題２　会話文中の ウ にあてはまる数を求めなさい。また、星の形に参加できない２つのクラスは何年何組と何年何組か、求めなさい。

2 ジョギングを日課にしているさつきさんは、父といっしょに、秋の持久走大会に出場するための練習を始めることにしました。

さつきさんは、父と相談した結果、家の近くにある池のまわりに設けられた１周６kmの平らなジョギングコース（**資料１**）を利用することにしました。さつきさんは、走る時間と道のりについて計画（**資料２**）を立てています。

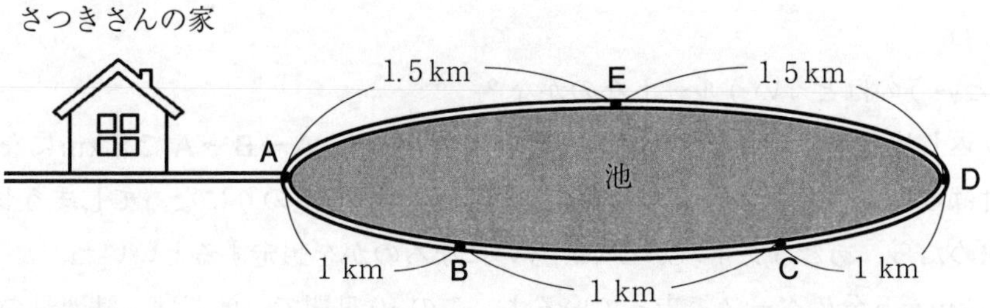

資料１　さつきさんの家とジョギングコースの各地点

日付	折り返し地点	走る道のりの合計（km）
7月1日（土）	B、E	①
7月2日（日）	D	6
7月3日（月）	C	4
7月4日（火）	B	2
7月5日（水）	E、C	②
7月6日（木）	C、B	6
7月7日（金）	E	3
7月8日（土）	B、D	③
7月9日（日）	D、C	10
7月10日（月）	E、D	④

資料２　ある10日間のさつきさんのジョギングの計画

さつきさんは、ジョギングコースのスタート地点を**A**地点と決めて、その後は池のまわりの地点を決めてその地点で折り返して**A**地点に戻《もど》ってくるコースを考えました。

D地点まで走る日はちょうどジョギングコースの中間地点なので、１周して**A**地点に戻ってきます。父とさつきさんは、さつきさんが立てた10日間のジョギング計画と実際の結果について、次のように話をしています。

≪６月27日の会話≫

父：なるほど。おもしろいコースを考えたね。折り返し地点が「B、E」という日には、A地点を出発してからB地点まで行って折り返し、A地点を通過してE地点へ行って折り返してA地点まで戻るということなのかな。

さつき：うん、そのつもりで考えているよ。最初の折り返し地点がB地点だから、まず、A→B→A、その後で２回目の折り返し地点がE地点だから、A→E→Aのルートを走ることになるね。

父：「C、B」というのはどういうルートなのかな？

さつき：最初の折り返し地点がC地点だから、A→C→Aで４km、A→B→Aで２kmになるから、合計は６kmだね。ということは、１周するのと同じ道のりになってしまうね。

父：道のりを決めたら、あとはタイムがどのくらいになるのかを想定するといいね。

さつき：いつもは１kmを５分のペースで走っているよ。この10日間で、いちばん練習量の少ない日は、７月４日の火曜日にB地点で折り返す日だね。この日は往復の10分しか走らないことになるのよ。

父：１日だけで考えるのではなくて、10日間の練習時間や走る道のりの平均を考えてみよう。

≪７月11日の会話≫

さつき：まだ夏休みではないから、平日の練習量が少なくなってしまったわ。計画していた日程のうち、２日だけ練習ができなかったから、実際には８日間しか走れなかったよ。そこで、この８日間について計算したけれど、全部で［ア］km走ったから、１日あたりの平均の練習時間は32分30秒だわ。

父：練習ができなかった２日間は、７月何日かな。

さつき：７月１日と７月［イ］日だよ。

問題１　**資料２**のある10日間のさつきさんのジョギングの計画の①～④にあてはまる数値を入れて、計画の表を完成させなさい。また、会話文中の［ア］、［イ］にあてはまる数を求めなさい。

父：最近は運動をあまりしていないから、お父さんもジョギングコースを走ることにするよ。

さつき：では、お父さんはＡ地点を出発して、Ｅ地点の方向に走っていって。私はお父さんと同時にＡ地点を出発して、いつもと同じように１kmを５分のペースでＢ地点の方向に走っていくわ（**資料３**）。

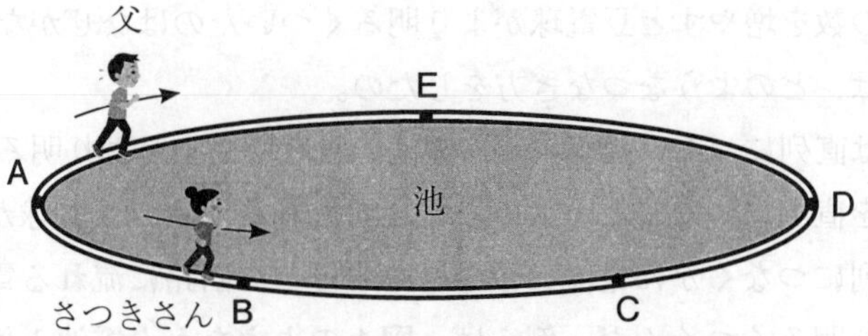

資料３　さつきさんとお父さんの走っていく方向

〜さつきさんはジョギングコースを２周、お父さんは１周走り終えました〜

父：久しぶりに走ったからとても疲れたよ。

さつき：でも、一定のペースでよく走っていたと思うわ。ジョギングコースの途中で２回すれちがったよね。

父：そうだね。２回目はちょうどＣ地点だったね。

問題２　会話文中の下線部から、父が走った速さは分速何ｍであることがわかるか、求めなさい。

3 ゆうかさんは、夏休みの自由研究として、豆電球を使った実験を行いました。その結果、豆電球１個にかん電池を１個だけつないだときよりも、かん電池を２個つないだときの方が豆電球がより明るくつくことがわかりました。かん電池の数を増やすと豆電球がより明るくついた理由について知りたくなり、ゆうかさんは兄に相談しています。

ただし、会話文中の実験で使われているかん電池と豆電球は、すべて同じものとします。

ゆうか：かん電池の数を増やすと豆電球がより明るくついたのはなぜかな。

兄：かん電池は、どのようなつなぎ方をしたの。

ゆうか：かん電池は直列につないだよ。かん電池の数を増やすとより明るくなったよ。

兄：かん電池を直列につなぐと、大きな電流が流れるから、豆電球がより明るくついたんだよ。直列につなぐかん電池の数を増やすほど、回路に流れる電流は大きくなり、豆電球はより明るくつくんだ。例えば、**図１**のようなかん電池１個の回路で、豆電球１個に流れる電流の大きさを１、豆電球１個当たりの明るさを１とすると、**図２**のかん電池２個を直列につないだ回路では、豆電球１個に流れる電流の大きさが２となるから、豆電球１個当たりの明るさも２となるよ。また、**図３**のかん電池３個を直列につないだ回路では、豆電球１個に流れる電流の大きさが３となるから、豆電球１個当たりの明るさも３となるよ。

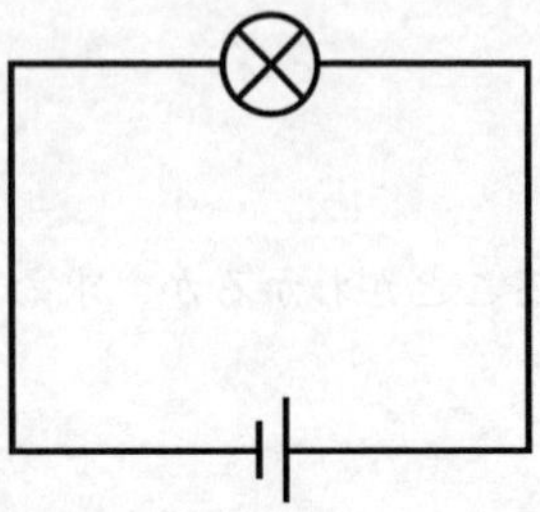

豆電球１個に流れる電流の大きさ	1
豆電球１個当たりの明るさ	1

図１　豆電球１個とかん電池１個の回路

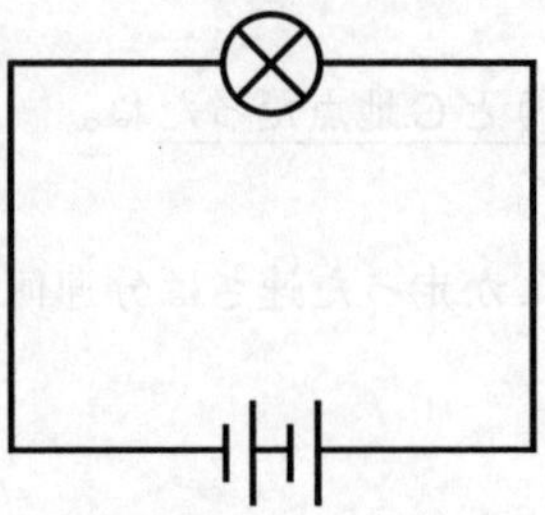

豆電球１個に流れる電流の大きさ	2
豆電球１個当たりの明るさ	2

図２　豆電球１個とかん電池２個の回路

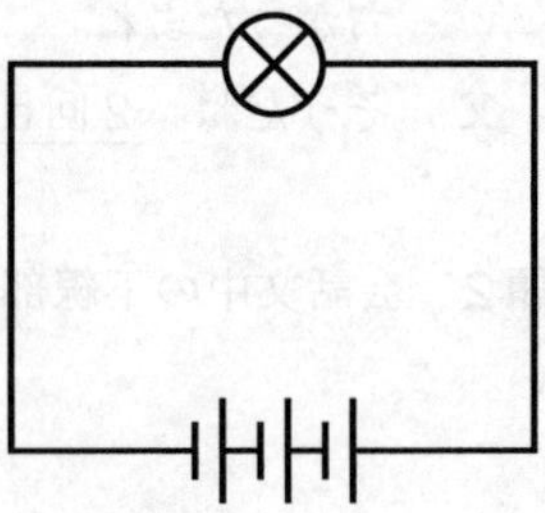

豆電球１個に流れる電流の大きさ	3
豆電球１個当たりの明るさ	3

図３　豆電球１個とかん電池３個の回路

ゆうか：かん電池を直列つなぎではなく、並列《へいれつ》つなぎにするとどうなるのかな。

兄：**図1**の回路と比べると、**図4**のように、かん電池2個を並列につないだ回路では、1個のかん電池から流れる電流の大きさは$\frac{1}{2}$になるから、豆電球1個に流れる電流の大きさは合計で1になるんだ。

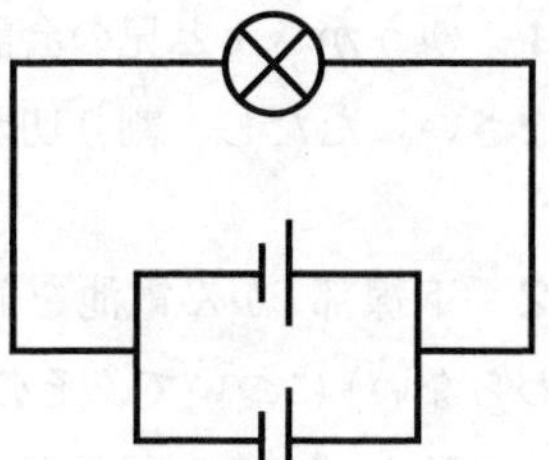

図4　豆電球1個とかん電池2個の並列つなぎ

ゆうか：ということは、豆電球1個当たりの明るさは1だね。

兄：そうだよ。同じように考えると、かん電池3個を並列につないだ回路では、かん電池1個から流れる電流の大きさが［　ア　］になって、豆電球1個に流れる電流の大きさは合計で1になるから、豆電球1個当たりの明るさは1となるんだ。

ゆうか：なるほど。かん電池を並列に4個以上つないでも、豆電球1個当たりの明るさは**図1**と変わらないね。ところで、豆電球の数を増やすと、豆電球1個当たりの明るさはどうなるのかな。

兄：**図1**の回路と比べると、**図5**のように、かん電池1個と豆電球2個を直列につないだ回路では、豆電球1個に流れる電流の大きさは$\frac{1}{2}$になるから、豆電球1個当たりの明るさも$\frac{1}{2}$になってしまうんだ。これは、豆電球2個を直列につなぐと、豆電球1個の場合と比べて電流が2倍流れにくくなるからだよ。

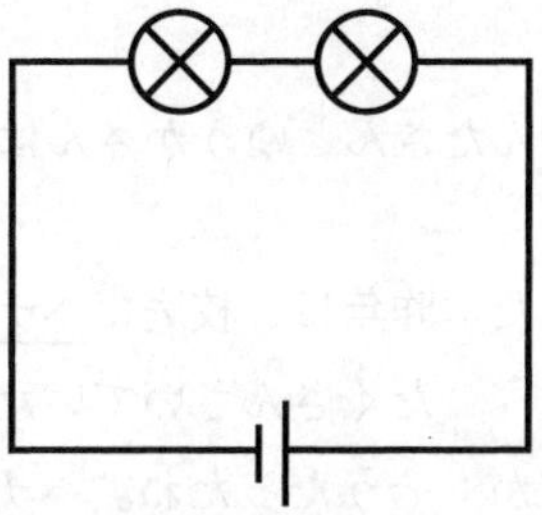

図5　かん電池1個と豆電球2個の直列つなぎ

ゆうか：では、豆電球3個を直列につなぐと、豆電球1個当たりの明るさはすべて［　イ　］になるんだね。

兄：うん。**図6**のように、豆電球2個を並列につないだ回路では、豆電球1個当たりの明るさはどちらも1で、かん電池から流れる電流の大きさは2になるんだ。これは、豆電球2個を並列につなぐと、電流の道すじが2つに分かれていて、電流が流れやすくなるからなんだ。

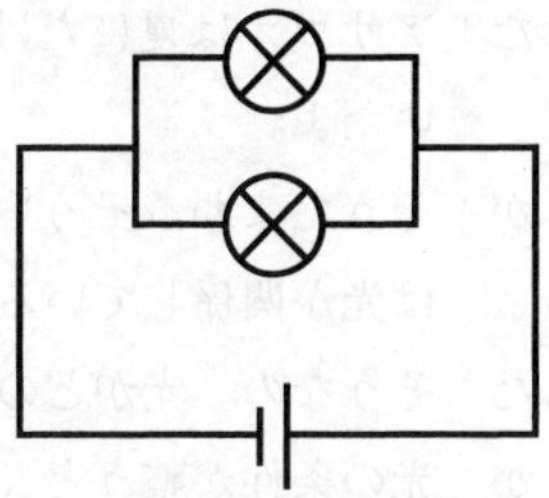

図6　かん電池1個と豆電球2個の並列つなぎ

ゆうか：ということは、豆電球3個を並列につないだ回路では、豆電球1個当たりの明るさは［　ウ　］になるんだね。

兄：その通り。では、豆電球2個とかん電池2個を使ってできるだけ明るくつけるにはどうすればよいかな。

ゆうか：［　　　　　　　　］回路を作ればいいんだよね。

兄：そうだね。

問題1　ゆうかさんと兄の会話が正しくなるように、[ア]～[ウ]にあてはまる数を求めなさい。ただし、割《わ》り切れない場合は分数で書きなさい。

問題2　下線部(かん電池を並列に4個以上つないでも、豆電球1個当たりの明るさは**図1**と変わらない)について、その理由を**40字以上、50字以内**で書きなさい。ただし、「、」も1字として数え、文字に誤《あやま》りがないようにしなさい。

問題3　会話文の[　　　　　　　　]にあてはまる最も適切なものを、次の**ア**～**エ**から1つ選んで、その記号を書きなさい。

ア　豆電球2個を直列につなぎ、かん電池2個も直列につないで
イ　豆電球2個を直列につなぎ、かん電池2個を並列につないで
ウ　豆電球2個を並列につなぎ、かん電池2個を直列につないで
エ　豆電球2個を並列につなぎ、かん電池2個も並列につないで

4　けんたさんとゆうかさんは、昨年アサガオの花がさいたときのことを話しています。

けんた：昨年は、校庭でヘチマやアサガオの花(**図1**・**図2**)がたくさんさいていたね。
ゆうか：そうだったね。ヘチマは夏の終わりごろに花をからせてしまったけれど、アサガオは秋になっても次々と花をさかせていたよね。
けんた：アサガオは夏にだけさく花だと思っていたからおどろいたよ。
ゆうか：そうだよね。そういえば、アサガオの花がさく条件には光が関係していると聞いたことがあるよ。
けんた：そうなの。光がどのように関係しているんだろう。
ゆうか：光の条件が整うと、アサガオのくきに花芽《かが》(**図3**)ができるそうだよ。
けんた：花芽って、つぼみのことだっけ。
ゆうか：花芽は、つぼみができる前に見られる芽のようなものだよ。
けんた：では、どのような条件が整うと、つぼみができるのかな。
ゆうか：つぼみができる部分には花芽ができるから、花芽ができる条件と光との関係を調べてみよう。

図1　**ヘチマの花**

図2　**アサガオの花**

図3　**アサガオの花芽**

けんたさんとゆうかさんは、同じ種類のアサガオの種をまいて、芽が出てきたら別々の鉢《はち》**A**～**G**に植えかえ、外の光が入らない、１日中電灯がついている部屋に置きました。鉢**A**～**G**について、それぞれの鉢に光を通さない箱（**図４**）を時《じ》刻《こく》を変えてかぶせ、花芽ができるかどうかを毎日観察しました。**表**は、鉢**A**～**G**に箱をかぶせた時刻と、それぞれの鉢で花芽ができたかどうかを調べた結果をまとめたものです。ただし、鉢**A**～**G**を育てた場所の気温や水の与え方などはすべて同じで、アサガオがじょうぶに成長するための条件はすべてそろっているものとします。

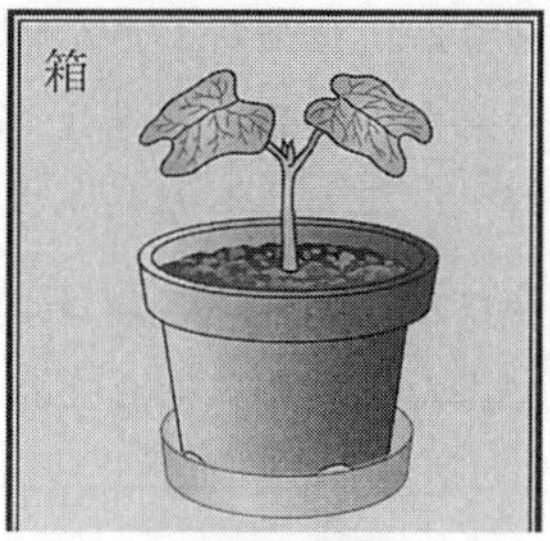

図４　光を通さない箱をかぶせた鉢

鉢	箱をかぶせた時刻	花芽ができたか
A	午後８時から翌日の午前５時まで 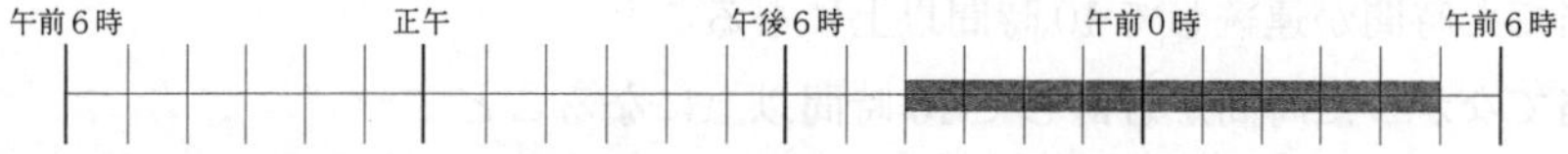	×
B	午後６時から翌日の午前５時まで 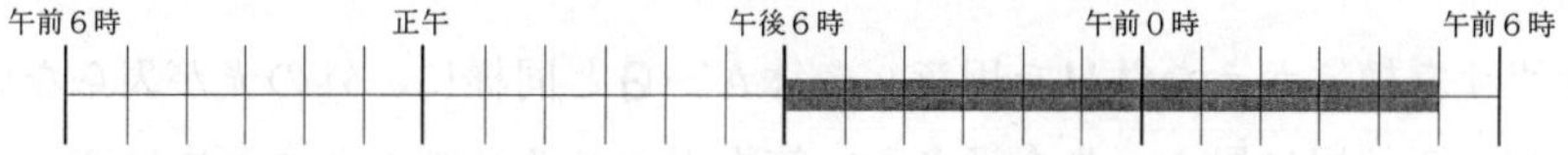	○
C	午後５時から午後９時まで・午後10時から翌日の午前５時まで 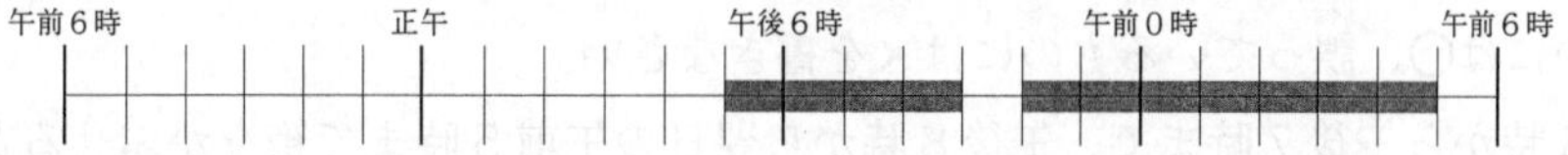	×
D	午後７時から翌日の午前５時まで 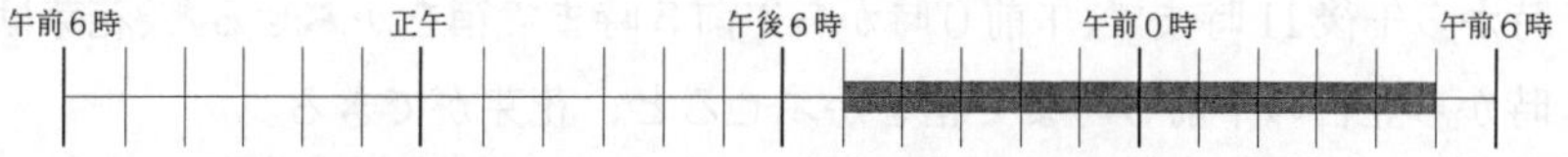	○
E	正午から午後１時まで・午後６時から翌日の午前５時まで 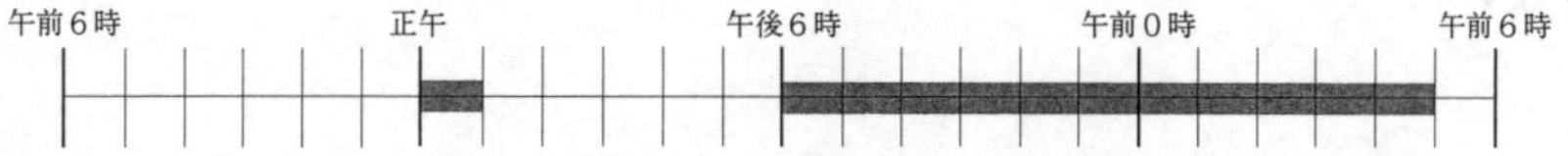	○
F	午後９時から翌日の午前５時まで 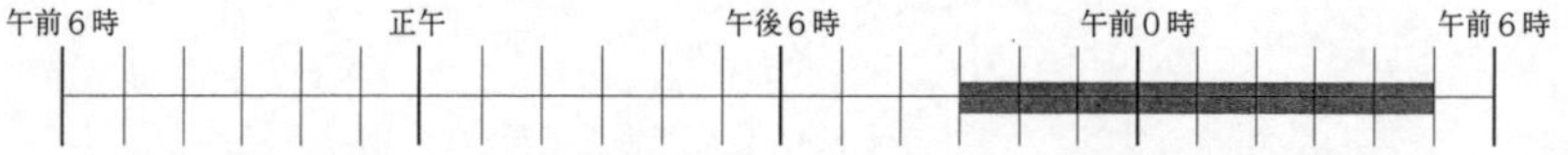	×
G	午後２時から午後４時まで・午後９時から翌日の午前５時まで 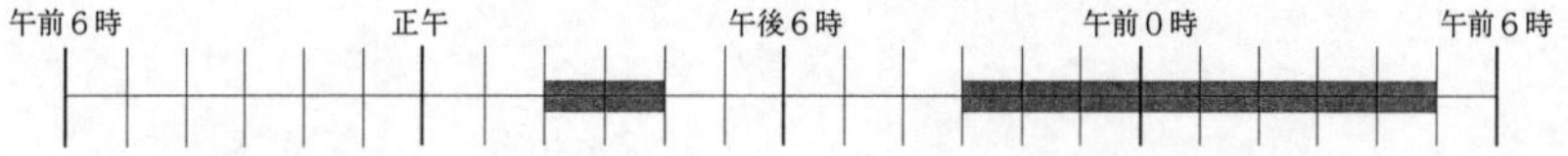	×

（○：花芽ができた　×：花芽ができなかった）

表　鉢A～Gに箱をかぶせた時刻と、それぞれの鉢で花芽ができたかどうかを調べた結果

ゆうか：花芽ができた鉢は３つだけだったね。

けんた：鉢**D**と**G**を比べると、花芽ができるためには□が必要であることがわかるね。

ゆうか：それは、鉢**B**と**C**を比べてもわかるよ。

けんた：確かにそうだね。

問題１　下線部（ヘチマやアサガオの花）について、ヘチマの花と比べて、アサガオの花にはどのようなちがいがあるかを、**「おしべ」**、**「めしべ」**ということばを使って、**15字以上、25字以内**で書きなさい。ただし、「、」も１字として数え、文字に誤《あやま》りがないようにしなさい。

問題２　会話文の□にあてはまる内容として最も適切なものを、次の**ア**～**エ**から１つ選んで、その記号を書きなさい。

ア　光を当てた時間が合計して10時間以上になること

イ　光を当てた時間が連続して10時間以上になること

ウ　光を当てなかった時間が合計して10時間以上になること

エ　光を当てなかった時間が連続して10時間以上になること

問題３　アサガオを植えかえた鉢**H**を用意し、鉢**A**～**G**と同様に、外の光が入らない、１日中電灯がついている部屋に置き、光を通さない箱をかぶせる時刻をさまざまに変え、花芽ができるかを調べました。次の**ア**～**エ**のうち、花芽ができるかどうかを正しく予想したものとして、正しいものには**○**、誤《あやま》っているものには**×**を書きなさい。

ア　午後３時から午後７時まで、午後８時から翌日の午前５時まで箱をかぶせると、花芽ができる。

イ　午後７時から午後11時まで、午前０時から午前５時まで箱をかぶせると、花芽はできない。

ウ　午後４時から翌日の午前５時まで箱をかぶせると、花芽ができる。

エ　午後１時から午後３時まで、午後６時30分から翌日の午前５時まで箱をかぶせると、花芽ができない。

【適性検査Ⅱ】〈第１回試験〉(45分)〈満点：100点〉

1 たいきさんは、家族旅行で神奈川《かながわ》県横浜《よこはま》市に来ました。たいきさんの家族は、横浜市のハザードマップ(**資料１**)に太い線で示したルートを歩いています。

たいき：さっき電車を降りた金沢文庫《かなざわぶんこ》駅の駅前にはバスのロータリーやお店がいくつかあったけれど、このあたり(**資料１のあ**地点)からずっと住宅街《じゅうたくがい》が続きそうだね。

父：そうだね。少し距離があるけれど、八景島《はっけいじま》まで歩いてみよう。

たいき：八景島には何があるの？

母：八景島の端《はし》には、江戸時代の末期に外国人がやって来たことを示す記念碑《きねんひ》があるわよ。

〜しばらく歩くと、記念碑の前に着いた〜

たいき：記念碑には、「ペリー艦隊碇泊地《かんたいていはくち》」と書かれているね。どういう意味なんだろう。

父：江戸幕府は外国との貿易や交渉《こうしょう》を厳しく制限したんだけれど、ペリーという人と条約を結んで、それまでの厳しい制限をなくしたんだ。碇泊地とは、ペリーが乗ってきた船が停まった地という意味だよ。

母：その条約で、静岡《しずおか》県の下田《しもだ》と北海道《ほっかいどう》の函館《はこだて》の港が開かれたのよね。

父：静岡県と北海道といえば、以前にどちらも家族旅行で訪れたね。

たいき：うん。覚えているよ。静岡県のお茶や<u>北海道の海産物</u>はどちらもおいしかったよね。

資料１　横浜市のハザードマップ　(横浜市ウェブサイトより)

問題１　**資料１**の**あ**の地点の北側には何がありますか。また、**資料１**のハザードマップはどのような災害《さいがい》に備えるためのものですか。**資料１**の**あ**の地点の北側にある施設《しせつ》と、**資料１**のハザードマップで備える災害の種類の組み合わせとして最も適切なものを、次の**ア**〜**カ**から１つ選んで、その記号を書きなさい。

ア　施設－神社　　災害－洪水《こうずい》　　**イ**　施設－神社　　災害－津波《つなみ》

ウ　施設－交番　　災害－洪水　　**エ**　施設－交番　　災害－津波

オ　施設－郵便局　　災害－洪水　　**カ**　施設－郵便局　　災害－津波

問題２　会話文中の下線部（北海道の海産物）に興味をもったたいきさんは、北海道の漁業に関する**資料２～資料４**を集め、これらの資料にもとづいて、わかったことをまとめました。下の**まとめ①～まとめ③**のうち、**資料２～資料４**から読み取れる内容として、正しいものには**○**、誤《あやま》っているものには**×**を書きなさい。

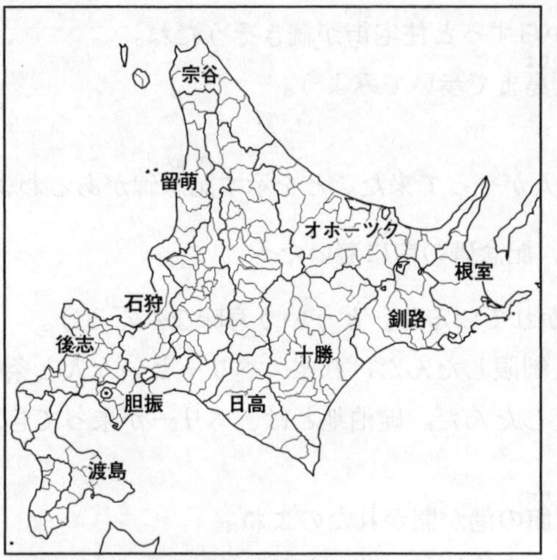

資料２　北海道の地域区分

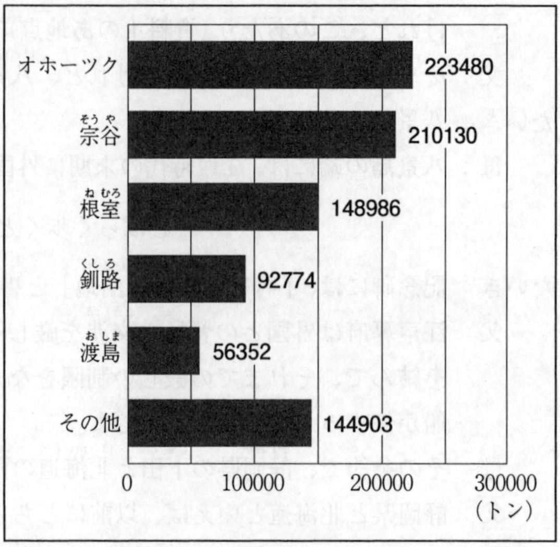

資料３　地域区分別海面漁業漁獲量（2018 年）

	地域区分	就業者数（人）
1	渡島	5499
2	根室	3648
3	オホーツク	3133
4	宗谷	2752
5	釧路	2692
	その他	6654
計		24378

資料４　地域区分別漁業就業者数（2018 年）

（資料２～資料４は「グラフでみる北海道の漁業」より）

まとめ①

「渡島」の漁業就業者数は、「釧路」の漁業就業者数の２倍よりも多く、北海道全体の30％以上を占めている。

まとめ②

海面漁業漁獲量の上位５地域はすべて、「石狩」より北に位置していて、オホーツク海に面している。

まとめ③

漁業就業者１人当たりの海面漁業漁獲量は、「オホーツク」よりも「宗谷」のほうが多い。

2 たまみさんとあきらさんは、たいきさんの家族旅行の話を聞いて、神奈川県横浜市について話し合っています。

たまみ：たいきさんから、家族旅行で神奈川県横浜市を訪れた話を聞いたんだけれど、横浜市には歴史を感じられるところが多くあったみたいだよ。

あきら：横浜市といえば、1890年に神奈川県で初めて発電所がつくられたみたいだよ。

たまみ：今でも横浜市の沿岸部には、いくつか発電所が並んでいるね。

あきら：そうだね。神奈川県から千葉県にかけて、東京湾《わん》を囲むように発電所が建てられているね。

たまみ：４年生のときに社会科の授業で発電について学習したけれど、発電所にはいろいろな発電方法があり、それぞれに特徴があるんだよね。

問題１　資料１は、ある発電方法の特徴について説明したものです。この発電方法が用いられる発電所の写真として最も適切なものを、次の**ア**～**エ**から１つ選んで、その記号を書きなさい。

○発電時に二酸化炭素を排出しない。
○発電所は陸上に建設される。
○水蒸気を利用して発電している。

資料１　ある発電方法の特徴

ア

イ

ウ

エ

あきら：東京湾に面する地域には、発電所だけでなく工場も多く建てられているよね。

たまみ：東京都の沿岸部は工業が発達していて、京葉《けいよう》工業地域や京浜《けいひん》工業地帯が広がっているのよ。

あきら：そうだね。東京港や千葉港、横浜港などの港や、東京国際空港（羽田空港）などもあって、貿易もさかんに行われているよ。

たまみ：学校の授業でも、運輸や貿易について学んだね。

あきら：そうだね。ぼくの調べた資料（**資料２**）では、日本の国内貨物輸送量が増えていることがわかったから、他にも資料を集めてみたよ。（**資料３・資料４**）

たまみ：これらの資料から、どんなことが読み取れるのかな。

あきら：日本の国内貨物輸送について、［　A　］という変化を読み取ることができるね。

問題２　会話文の［　A　］には、**資料２**～**資料４**から読み取れる内容があてはまります。その内容を**50字以上、60字以内**で書きなさい。

ただし、**「国内貨物輸送量」「割合」「荷物」**という言葉を必ず使い、「、」も１字として数え、文字に誤《あやま》りがないようにしなさい。

1960年度	1389億トンキロ
2021年度	4045億トンキロ

※トンキロとは貨物輸送の規模を表し、１トンを１km輸送した場合、１トンキロとなる。

資料２　日本の国内貨物輸送量の変化

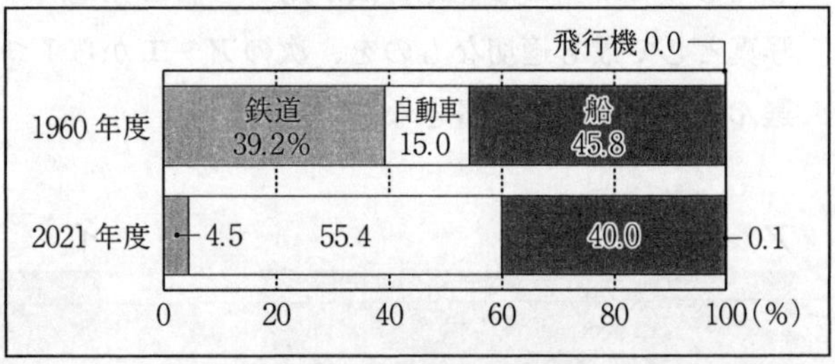

（**資料２・資料３**は、「日本国勢図会 2023/24年版」などより）

資料３　日本の輸送機関別国内貨物輸送量割合の変化

輸送機関	特徴
鉄道	○多くの荷物を運ぶことができる。 ○時間に正確で、遅れることがあまりない。
自動車	○少しの荷物を近い距離に運ぶことが得意である。 ○目的地まで荷物を直接運ぶことができる。
船	○多くの重い荷物を運ぶことができる。 ○速く運ぶことができず、時間がかかってしまう。
飛行機	○重い荷物は運べず、軽くて高価なものを運ぶ。 ○目的地までの距離が長くても、速く運ぶことができる。

資料４　各輸送機関の特徴

たまみ：工業や輸送機関の発達はくらしを豊かにするけれど、自然環境《かんきょう》を破壊《はかい》しないように考えないといけないよね。

あきら：そうだね。まずは、わたしたちのくらしの中でできる環境を守る取り組みについて考えてみることが大切かもしれないね。

問題３　あきらさんは、限りある資源を効率的に利用するために、循環型《じゅんかんがた》社会について**資料５**のようにまとめました。**資料５**の［A］～［D］のそれぞれにあてはまる最も適切なものを、次の**ア**～**カ**から１つずつ選んで、その記号を書きなさい。ただし、それぞれの記号は１回ずつしか使えません。

ア　処分場《しょぶんじょう》　　**イ**　清掃《せいそう》工場
ウ　リサイクル　　**エ**　リデュース
オ　リユース　　**カ**　リサイクルプラザ

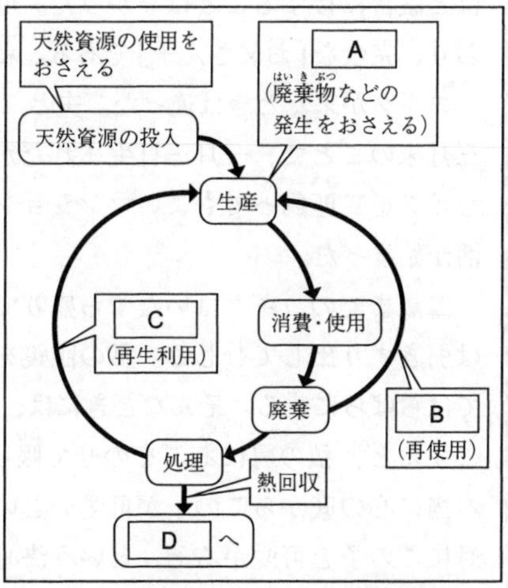

(環境省資料より)

資料５　循環型社会に関する資料

3 あおいさんの学年では、総合的な学習の時間に「日本の少子化」をテーマに学習することになりました。あおいさんたちのグループは、「子育て」に関する文章(**資料１**)をもとに、話し合いを進めています。

※キクマルが最初にうちに来た当時、私は仕事の関係で別のマンションに住んでいたので、それほど濃密《のうみつ》に接することはなかった。可愛《かわい》くていい子なのだが、キクマルは誰《だれ》よりも夫になついており、完全な「お父さん子」である。私のことは、友達の部類にでも入っているのだろう。

※コギクが来たときは違《ちが》った。夫と二人でもらいうけに行き、帰りの車の中では、私が抱《だ》いていた。三月末のことで、一月一日生まれだからまさに生後三か月。体重は七・五キロほどだった。大きなイヌを二匹《ひき》飼ってもよいマンションに引っ越《こ》したので、それ以来、私たち夫婦とイヌ二匹の生活が始まった。

二歳《さい》までのコギクはいたずら盛りで、どれだけ大事なものを壊《こわ》されたか。花瓶《かびん》に生けてある花は引きずり出してむしる。私の眼鏡をかじる。スリッパをかじる。アフリカ土産の置物をかじってばらばらにする。そんなときには、こちらも頭にきて本気で怒《おこ》るのだが、やはり可愛いので抱っこすると、私の肩《かた》にあごをのせて眠《ねむ》ってしまった。その柔《やわ》らかい手触《てざわ》りとぬくもり。そのとき、本当に心の底からこの子が可愛いという感情が湧《わ》いてきた。いたずらしても、何を壊《こわ》しても、絶対にこの子を可愛がるぞ、という決心のような感情である。きっとそのとき、私の脳内にオキシトシンという愛情ホルモンがどっと出て、受容体がそれを感知し、情動系に不可逆の変化が起こったに違いない。子どもを可愛いと思う感情の脳内基盤《きばん》に関する研究によれば、そういうことだ。

さて、そこまでなら珍《めずら》しくもないが、この話には続きがある。告白すると、私はもともと人間の子どもがあまり好きではなかった。仕事柄《がら》、原稿《げんこう》を書いたり論文を読んだりして集中することが多いが、そんなときに子どもの泣き声がすると嫌《いや》だなあと思っていた。(中略) ところが、である。コギクが心底可愛いと感じるようになってしばらくたったころ、通勤の電車の中で本を読んでいるとき、同じ車両に乗っていた赤ちゃんが泣き出した。かなりうるさかったのだが、なんと私はうるさいとも嫌だとも感じることなく、「あれれ、あの子はどうしたのかな？」と心配している自分に気づいたのであった！つまり、私の「子ども可愛い」感情は、コギクというイヌを刺激《しげき》として開発されたのだが、この感情が「人間の子ども一般《いっぱん》」に拡張されていたのである。

赤ちゃんを育てているお母さん方に聞くと、まさにそうであるらしい。つまり、自分の子どもに対して可愛いという絶対的な感情が出てくると、それはよその子どもたちにも拡張されるのである。京都大学の明和政子《みょうわまさこ》教授の研究によると、大学生にボランティアで週一回ずつ保育の仕事をしてもらうと、そういう経験を積んだ後では、赤ん坊の泣き声に対する脳内の反応が変わるそうだ。私と同じで、それほど嫌だと思わなくなるらしい。

このことは、子どもと接する経験が日常的にある場合、ないときよりも子どもを※ケアする心が準備されることを示している。これはまさに、私たち人類が共同繁殖《はんしょく》の動物であることを示しているのではないだろうか。少子化が進むと、社会一般に、子どもと接する機会が減少する。そうすると、子どもをケアする感情のスイッチが入りにくくなり、ますます少子化が進む。

(長谷川眞理子《はせがわまりこ》「モノ申す人類学」による)

※キクマル・コギク　筆者が飼っているプードル(犬)の名前。どちらも獣医《じゅうい》から生後三か月でもらい受けた。
※ケア　対象物や相手の人に注意し、心を配ること。

資料１　「子育て」に関する文章の一部

あおい：筆者は、もともとあまり子どもが好きではなかったけれど、コギクと一緒《いっしょ》に生活したことで、人間の赤ちゃんに対する［　A　］が芽生えたんだね。

たまみ：わたしたちも、電車の中や公園、デパートなどで小さい赤ちゃんを連れたお母さんを目にすることがあるけれど、赤ちゃんが泣きだすと大変そうだよね。

あきら：そういうときに、すぐに手助けできればいいけれど、なかなか難しいよ。でも、周りの人々が赤ちゃんに対して［　A　］をもち、お母さんの苦労がわかれば、自然と手を差し伸《の》べられるようになるんじゃないかな。

あおい：困っている場面だけを見てしまうと、「子育ては大変」だと思って赤ちゃんを産んで育てることを若い人たちがさけるようになってしまうよね。そのことが少子化の原因にもなっていると思うよ。

たまみ：わたしは、大学生のボランティアの話が印象に残ったわ。もし、赤ちゃんを育てているお母さんを手助けできるような社会全体の工夫があれば、子どもを産んで育てようと思う人がもっと増えると思うわ。

あきら：解決の糸口が見えたね。これまでの話題をもとに発表会の準備を進めていこう。

問題　あおいさんたちの会話文と、**資料１**をもとに、次の(1)、(2)に答えなさい。

(1)　会話文の［　A　］に共通してあてはまる最も適切な言葉を、**資料１**から**漢字２字**で抜き出して書きなさい。

(2)　あおいさんたちは、**資料１**や話し合ったことから**資料２**の構成メモを作成しました。構成メモをもとにして、発表原稿（**資料３**）の［　B　］にあてはまる内容を、**30字以上、40字以内**で書きなさい。

ただし、「**若い人**」「**可愛らしさ**」「**手助け**」という言葉を必ず使い、「、」も１字として数え、文字に誤《あやま》りがないようにしなさい。

スライド	発表原稿のためのメモ
わたしたちの提案 子育てしやすい社会へ	・人口減少が続けば国の将来が危ない ・若い人が子どものことを知る機会をつくる ・子育てする人を手助けできる社会づくり

資料２　あおいさんたちのグループの構成メモ

スライド	今回、わたしたちは「日本の少子化」という課題について、「子育て」に着目して学習を進めました。子育てをする中で、さまざまな難しさがあることを知りました。子どもを産み育てる日本の若い人たちが安心して子育てに取り組めるようにするには、［　B　］をつくることが大切ではないでしょうか。子育てをする人たちだけでなく、わたしたち社会全体で取り組まなければならない課題だと思います。

資料３　スライドの発表原稿

4 たまみさんの学年では、最近、スマートフォンなどでソーシャルメディアを利用する人が増えてきました。ソーシャルメディアとは、インターネットを利用して誰でも手軽に情報を発信し、相互《そうご》のやり取りができる双方向《そうほうこう》のメディアのことで、代表的なものとして、Facebook《フェイスブック》や X《エックス》（旧 Twitter《ツイッター》）などのSNS（ソーシャルネットワーキングサービス）、YouTube《ユーチューブ》などの動画共有サイト、LINE《ライン》などのメッセージングアプリがあります。たまみさんのクラスでは、ソーシャルメディアやSNSの活用方法や利用するにあたっての注意点などを、集めた資料をもとに話し合っています。

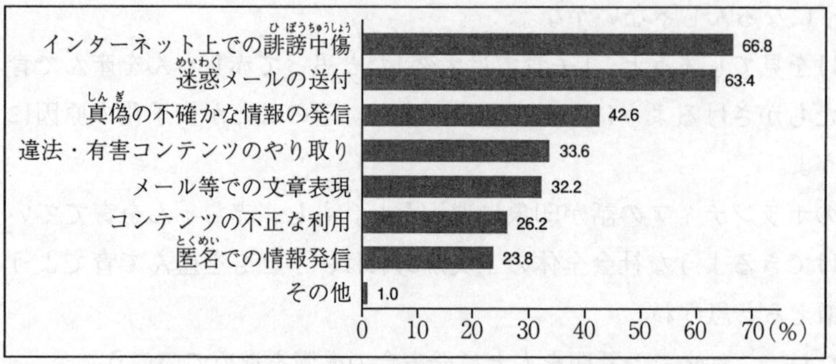

※誹謗中傷　他者を傷つける言葉
※真偽　本当かどうか
※匿名　名前を知らせないこと

（総務省「H23 年版 情報通信白書」より）

資料１　保護者が気にするSNSの使い方で注意すること

内容	割合
自分の発言が自分の意図と異なる意味で他人に受け取られた	13.6%
ネット上で他人と言い合いになってしまった	7.2%
自分は軽い冗談《じょうだん》のつもりで書きこんだが、他人を傷つけてしまった	6.2%
自分の意思と関係なく、自分の個人情報や写真などを他人に公開されてしまった	4.8%
自分は匿名《とくめい》のつもりで投稿《とうこう》したが、他人から自分の名前等を公表された	2.4%
他人が自分になりすまして書きこみをした	2.0%
自分のアカウントが乗っ取られ、入金や購入《こうにゅう》をうながす不審《ふしん》なメッセージを他人に送ってしまった	1.0%

（総務省「ICT によるインクルージョンの実現に関する調査研究」(2018) より）

資料２　ソーシャルメディアの情報発信者が実際に経験したトラブル

先　生：**資料１**と**資料２**から、「ソーシャルメディア」で起こる問題について考えてみましょう。

あおい：**資料１**は、保護者が気にする「SNSの使い方で注意すること」ですね。

たいき：**資料１**と**資料２**の「情報発信者が実際に経験したトラブル」の、２つの資料には共通点がありますね。ぼくは、２つの資料でどちらも上位３番目までに入っている項目《こうもく》の、[　　　　]ことについて考えてみたいです。

たまみ：実際にわたしたちに起こる可能性が高いことですからね。

先　生：確かにSNSは、使い方に気をつけないと危険なこともたくさんあります。しかし、上手に活用すれば役に立つ面も多いです。**資料３**は、ソーシャルメディアの活用について書かれた文章と、中学生や高校生に聞いた「SNSを活用して役立ったこと」に関するいくつかの例です。

たまみ：いろいろな活用方法がありますね。注意して使えば便利なツールだと思います。

ソーシャルメディアは、必ずしも個人のつながりを作ったり維持《いじ》したりするためだけに利用されているわけではない。ソーシャルメディアを利用して良かったと思えたことについて日本でアンケートを取ってみると、「新しい友人ができた」「相談相手ができた」といった回答をする人はそれぞれ20%以下であり、さほど多くはない。また、「家族や友人との結びつきが深まった」、「しばらく連絡を取っていなかった人と再び連絡を取ることができるようになった」といった回答もそれぞれ20%以下である。

一方、「最新のニュースや情報を得ることができた」、「趣味《しゅみ》や身近な地域の話題など、自分が興味のある情報を得ることができた」のような回答の割合は30%にのぼる。これらは、ソーシャルメディアを相互交流というよりも、情報を入手して活用することに良さを見出しているといえる。

他者とのコミュニケーションは、良いアイディアが生まれるきっかけとなるため、ソーシャルメディアを通じて他者とのつながりを得ることの重要性は今後ますます高まっていくと考えられる。しかし、自分の興味のある情報のみにアクセスする場合、興味・関心をせばめることにもなり、逆にコミュニケーションをせばめることにもなりかねない。

（総務省「ICTによるインクルージョンの実現に関する調査研究」(2018)より）

〈中学生、高校生が答える「SNSを活用して役立ったことは？」〉

①　Aさん（中学２年生）

学校の国語の宿題で、言葉の成り立ちについて調べる宿題が出たのですが、インターネットで調べると、成り立ちだけでなく、その言葉ができた背景やいろいろな使われ方についても紹介《しょうかい》されていて勉強になりました。

②　Bさん（高校３年生）

ぼくは、大学受験をひかえて進路に悩《なや》んでいました。あるとき、LINEのグループで悩みを相談したところ、グループのメンバーが親身に相談に乗ってくれて本当にうれしかったです。

③　Cさん（高校２年生）

友達と遊びに行った帰り道で「事故で電車が止まった」と大勢の人が話していました。交通サイトを見ると、駅にいる人たちから「まもなく運転再開になるらしい」と複数のコメントがあり、駅でしばらく待ってから無事に電車で帰宅できました。

④　Dさん（中学３年生）

吹奏楽《すいそうがく》部で担当している楽器で、どうしても納得のいく音色を出すことができませんでした。そんなときにYouTube《ユーチューブ》で同じ楽器の演奏動画を投稿している人のチャンネルを見つけて、動画で何度も指の運び方を観て学び、苦手な部分を克服《こくふく》することができました。

資料３　ソーシャルメディアの活用について

問題１　会話文の［　　　　］にあてはまる適切な内容を、次の**ア**～**エ**から１つ選んで、その記号を書きなさい。

ア　自分の身元がわかるような情報をネットに載《の》せて特定されてしまう

イ　自分と意見の合わないコメントをした人にひどい悪口を言ってしまう

ウ　違法《いほう》なサイトへつながってしまい身に覚えのない高額の請求《せいきゅう》をされる

エ　ネット上で知り合った知人ではない人と実際に会う約束をしてしまう

問題２　**資料３**を読んで、次の⑴、⑵に答えなさい。

⑴　次の**ア**～**オ**のうち、**資料３**からSNSの活用について読み取れる内容として、正しいものには○を、誤《あやま》っているものには×を書きなさい。

ア　SNSを新しい個人間のつながりを求めて利用しようと考える人の割合が多い。

イ　家族や友達など、もともとの知り合いとのつながりを強める目的で活用する人の割合が多い。

ウ　学習に関する調べものだけでなく、日常生活で役に立つ情報も得られる。

エ　興味のある情報を集めてより専門的になれるので、コミュニケーションが広がる。

オ　SNSで他人からのアドバイスや実際のお手本を観ることで、悩みを解決することができる。

⑵　たまみさんたちは、**資料３**の**〈中学生、高校生が答える「SNSを活用して役立ったことは？」〉**に、それぞれ見出しをつけることにしました。［　①　］～［　④　］にあてはまる最も適切なものを、次の**ア**～**オ**から１つずつ選んで、その記号を書きなさい。

ア　みんなの力でピンチを脱出《だっしゅつ》

イ　目で観て学ぶ利点あり

ウ　自宅にいながら旅行気分

エ　ありがたかった友の言葉

オ　ネットで学ぶプラスアルファ

問題３　あなたがソーシャルメディアを使うとき、最も気をつけなければいけないと思うことは何ですか。また、なぜそれを選びましたか。**資料１**～**資料３**を参考にして、**70字以上、90字以内**で書きなさい。

ただし、「、」や「。」も１字として数え、文字に誤《あやま》りがないようにしなさい。

2024年度

水戸英宏中学校 ▶解　答

※　編集上の都合により，第１回試験の解説は省略させていただきました。

適性検査Ⅰ　＜第１回試験＞（45分）＜満点：100点＞

解　答

1 **問題１　ア**　75　**イ**　8／**3クラスの人数として考えられる組み合わせ**…(27人，29人，29人)，(28人，28人，29人)　**問題２　ウ**　390／**星の形に参加できない２つのクラス**…１年２組，２年３組　2 **問題１**　①　5　②　7　③　8　④　9　**ア**　52　**イ**　7　**問題２**　分速100m　3 **問題１　ア**　$\frac{1}{3}$　**イ**　$\frac{1}{3}$　**ウ**　1　**問題２**　(例)　豆電球１個の明るさは１で変わらないが，１個のかん電池から流れる電流の大きさは小さくなるから。**問題３**　ウ　4 **問題１**　(例)　おしべとめしべが１つの花の中にある。　**問題２**　エ　**問題３　ア**　×　**イ**　○　**ウ**　○　**エ**　×

適性検査Ⅱ　＜第１回試験＞（45分）＜満点：100点＞

解　答

1 **問題１**　ウ　**問題２　まとめ①**…×　**まとめ②**…×　**まとめ③**…○　2 **問題１**　ウ　**問題２**　(例)　国内貨物輸送量は約３倍になり，少しの荷物を近い距離の目的地まで直接運ぶことができる自動車の割合が大幅に増加している　**問題３　A**　エ　**B**　オ　**C**　ウ　**D**　ア　3 **問題**　(1)　愛情　(2)　(例)　若い人が子どもの可愛らしさを知る機会や，子育てする人を手助けできる社会　4 **問題１**　イ　**問題２**　(1)　**ア**　×　**イ**　×　**ウ**　○　**エ**　×　**オ**　○　(2)　①　オ　②　エ　③　ア　④　イ　**問題３**　(例)　私は，友達にメッセージを送るときの言葉づかいに気をつけたいと思います。なぜなら，誤解を招くような言葉を使ってしまうと，友達との関係が悪くなってしまうことがあるからです。

Dr.福井の
入試に勝つ！ 脳とからだのウルトラ科学

入試当日の朝食で，脳力をアップ！

朝食を食べない学生は，朝食をきちんと食べる学生に比べて成績が悪かった──という研究発表がある。まあ，ちょっと考えればわかると思うけど，朝食を食べないということは，車にガソリンを入れないで走らせようとするようなものだ。体がガス欠になった状態では，頭が十分に働くわけがない。入試当日の朝食はちゃんと食べよう！　朝食を食べた効果があらわれるように，試験開始の２時間以上前に食べるようにするとよい。

では，入試当日の朝食にふさわしいものは何か？

まず，脳の直接のエネルギー源はブドウ糖だけであるから，それを補給するためのご飯やパン，これは絶対に必要だ。また，砂糖や果物の糖分は吸収されやすく，効果が速くあらわれやすいので，パンにジャムをぬったり果物を食べたりするのもよいだろう。

次に，タンパク質。これは脳の温度を上げる作用がある。温度が低いままでは十分に働かないからね。タンパク質を多くふくむのは肉や魚，牛乳，卵，大豆などだが，ここでは大豆でできたとうふのみそ汁や納豆をオススメする。そして，記憶力がアップするDHAを多くふくんでいる青魚，つまりサバやイワシなども食べておきたい。

生野菜も忘れてはならない。その中にふくまれるビタミンBは，ブドウ糖を脳に吸収しやすくする働きを持つので，結果的に脳力アップにつながるんだ。

コーヒーや紅茶，緑茶は，カフェインという成分の作用で目覚めをうながすが，トイレが近くなってしまうので，飲みすぎに注意！　試験当日はひかえたほうがよいだろう。眠気を覚ましたいときはガムをかむといい。脳が刺激《しげき》されて活性化し，目が覚めるんだ。

Dr.福井（福《ふく》井《い》一成《かずしげ》）…医学博士。開成中・高から東大・文Ⅱに入学後，再受験して翌年東大・理Ⅲに合格。同大医学部卒。さまざまな勉強法や脳科学に関する著書多数。

2024 年度　水戸英宏中学校

【算　数】〈第２回試験〉（45分）〈満点：100点〉

注意　答えはすべて解答用紙に記入してください。

1 次の計算をしなさい。

（１） $824-428$

（２） $50-(36+20\div 4)$

（３） $\frac{17}{20}-\frac{12}{25}-\frac{3}{10}$

（４） $8\times 1.5+1.5\times 7-5\times 1.5$

（５） $2\frac{1}{4}-\left(2\frac{1}{2}-2\frac{1}{3}\right)\times 12$

（６） $\frac{5}{8}\times 2.4-0.6\div\frac{9}{14}$

2 次の問いに答えなさい。

(1)　次の □ にあてはまる数を答えなさい。

$\frac{3}{4}$ より大きく、$\frac{8}{9}$ より小さい分数で、分母が６である分数は □ です。

(2)　ある中学校の今年の１年生の人数は261人で、昨年の１年生の人数より16％増えています。昨年の１年生の人数は何人ですか。

(3)　3.5mのひもがあります。$x$cmずつ12本切り取ったところ、14cm残りました。xにあてはまる数は何ですか。

(4)　たてと横の長さの比が３：５で、周りの長さが128cmの長方形があります。この長方形の面積は何cm^{2}ですか。

(5)　右の図１のように、平行四辺形ＡＢＣＤと正三角形ＥＢＣがあります。㋐の角の大きさは何度ですか。

図１

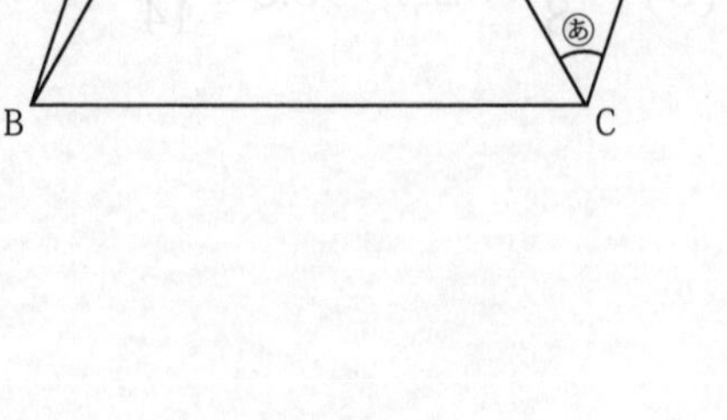

(6)　右の図２のように、１辺が10 cmの正方形の中に、直径10 cmの半円とその直径を底辺とする三角形があります。色をつけた部分の面積は何cm^2ですか。ただし、円周率は3.14とします。

図２

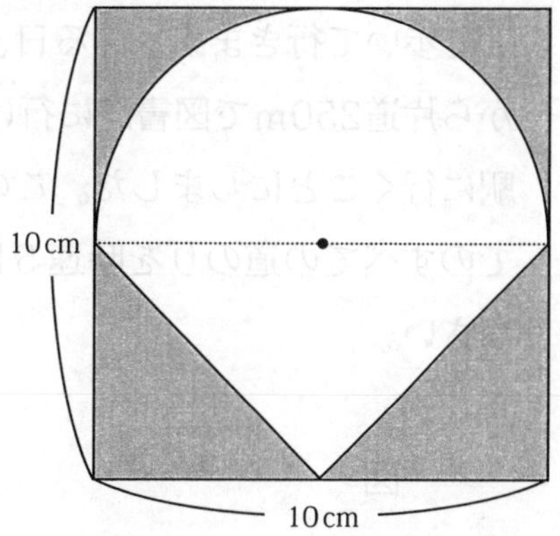

(7)　２種類のメダルA、Bがあります。ある容器の中にメダルAを２枚入れると、容器とメダルを合わせた重さは134 g、メダルAとメダルBを１枚ずつ入れると131.8 g、メダルA１枚とメダルB５枚を入れると151 gです。容器の重さは何gですか。

(8)　あるクラスの30人の生徒が１週間に読んだ本の冊数を調べたところ、下の表のようになりました。１週間に読んだ本の冊数の平均は１人２冊でした。このとき、**ア**、**イ**にあてはまる数はそれぞれ何ですか。

表

１週間に読んだ本の冊数	0	1	2	3	4	5
人　数	**ア**	**イ**	7	5	3	2

3　通学で電車を利用しているはやとさんは、毎日、家から駅まで時速３kmで40分かけて歩いて行きます。ある日、はやとさんは、家から駅までの道の途中にあるＰ地点から片道250mで図書館に行けることを知り、下の図のように、図書館に寄ってから駅に行くことにしました。この日は、はやとさんは、家から図書館、図書館から駅までのすべての道のりを時速５kmで歩くことにしました。このとき、次の問いに答えなさい。

図

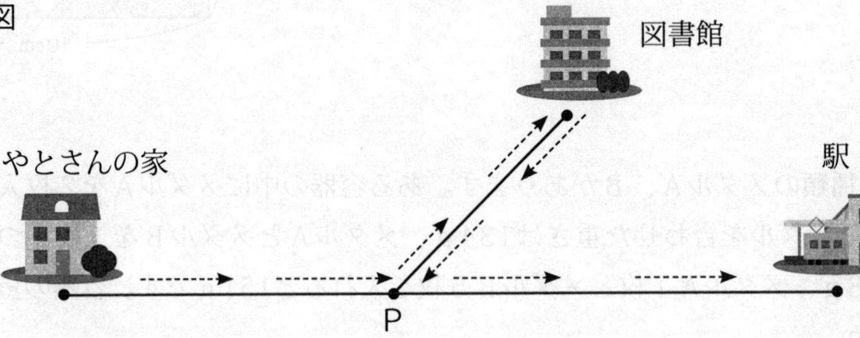

(1)　次の［ア］、［イ］にあてはまる数はそれぞれ何ですか。

はやとさんの家から駅までの道のりは［ア］kmです。また、同じ道をはやとさんの兄が自転車で12分30秒かけて行くとき、兄の自転車は時速［イ］kmです。

(2)　この日、はやとさんが、いつもと同じ40分で駅まで行くには、図書館にいる時間を何分にすればよいですか。図や表、数、式、言葉などを使って説明しなさい。ただし、(1)で求めた答えは説明せずに用いてもよい。

4 かおりさんのクラスの人数は31人です。日直を出席番号順に２人ずつ、毎日交代で決めます。１日目は出席番号が１番と２番の人、２日目は出席番号が３番と４番の人、…というようになり、出席番号が31番の人は、出席番号が１番の人といっしょになります。また、その次の日は、出席番号が２番と３番の人になります。このとき、次の問いに答えなさい。ただし、ぬけている出席番号はなく、日直が休むこともないものとします。

(1)　19日目の日直は、出席番号が何番と何番の人になりますか。

(2)　出席番号が25番と26番の人が２度目にいっしょに日直をやるのは、何日目ですか。図や表、数、式、言葉などを使って説明しなさい。ただし、(1)で求めた答えは説明せずに用いてもよい。

5 下の図１のような270Ｌ入る空の水そうに、２つの蛇口《じゃぐち》Ａ、Ｂを使って水を入れます。図２は、蛇口Ａだけ、蛇口Ｂだけを使ったときの、水を入れ始めてからの時間と入った水の量との関係をそれぞれグラフに表したものです。このとき、次の問いに答えなさい。ただし、蛇口Ａ、Ｂからはそれぞれ一定の割合で水が入るものとします。

図１

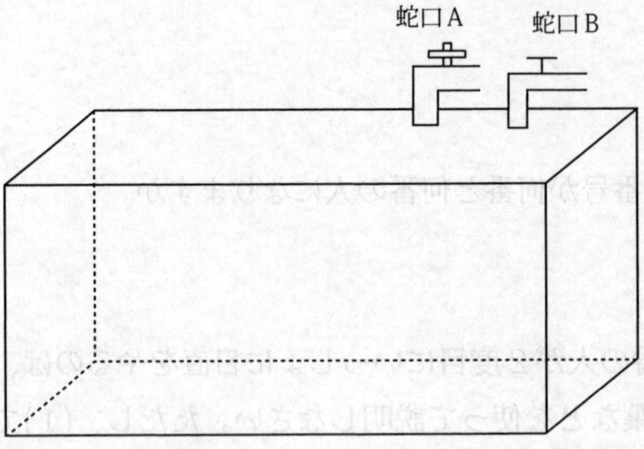

図２

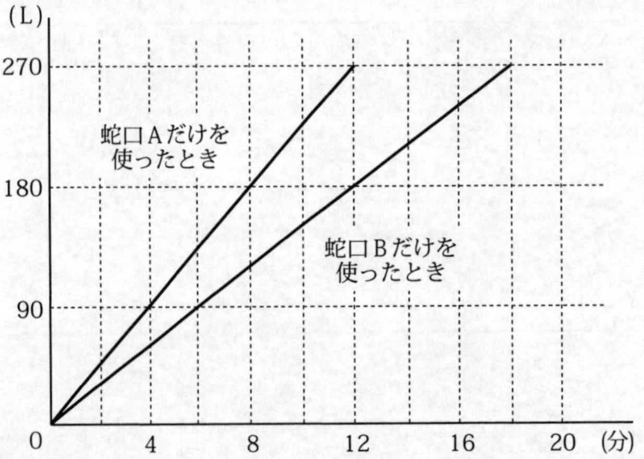

(1)　この水そうに、蛇口Ｂだけを使って15分間水を入れると、何Ｌ入りますか。

(2)　この水そうに、蛇口Ａと蛇口Ｂの両方を使って同時に水を入れるとき、何分何秒でいっぱいになりますか。図や表、数、式、言葉などを使って説明しなさい。ただし、(1)で求めた答えは説明せずに用いてもよい。

【社　会】〈第２回試験〉（45分）〈満点：100点〉

1　次の縮尺２万５千分の１の地形図を見て、あとの問いに答えなさい。

（国土地理院平成27年発行「金沢」２万５千分の１地形図により作成）

〈編集部注：編集上の都合により実際の入試問題の80％に縮小してあります。〉

⑴ 地形図は、石川県金沢市の一部を示したものです。これについて、次の①、②に答えなさい。

① 地形図には発電所の地図記号がありますが、発電所には、火力発電所のように、発電時に二酸化炭素を排出する発電所もあれば、太陽光発電所や風力発電所のように、発電時に二酸化炭素を排出しない発電所もあります。太陽光や風力などのような環境にやさしいエネルギーを何といいますか。書きなさい。

② 石川県で生産されている伝統的工芸品を、次のア～エから１つ選び、記号で答えなさい。

ア 輪島塗　　イ 有田焼　　ウ 高岡銅器　　エ 南部鉄器

⑵ 地形図中の「金沢駅」からＡで示した市役所は、地形図上で８㎝離れています。実際の直線距離は何ｍですか。書きなさい。

⑶ 地形図中から読み取れることについて正しく述べているものを、次のア～エから１つ選び、記号で答えなさい。

ア Ｅの地点は、Ｆの地点より標高が低い。

イ Ｇの地域は、おもに果樹園に利用されている。

ウ 「金沢歌劇座」付近には、老人ホームがある。

エ 「野町駅」から見て、「兼六園」は北西に位置している。

⑷ 次の資料１は、地形図中のＢ、Ｃ、Ｄの地図記号とその外国人向け地図記号を示したものです。最近、日本で外国人向け地図記号が作成された目的の１つを、資料２を参考にして40字以内で書きなさい。

資料１

	日本の地図記号	外国人向け地図記号
B		
C		
D		

資料２

西暦	できごと
2021	東京オリンピック・パラリンピック競技大会が開催《かいさい》された
2023	FIBA バスケットボールのワールドカップが沖縄県、フィリピン、インドネシアで開催された
2025	日本国際博覧会が大阪・関西で開催される（予定）
2026	アジア競技大会が愛知県で開催される（予定）

２ 日本の世界遺産の一部についてまとめた次の表を見て、あとの問いに答えなさい。

世界遺産名	区分	位置する都道府県
知床	自然	ⓐ北海道
白神山地	自然	青森県、ⓑ秋田県
富岡製糸場と絹産業遺産群	文化	ⓒ群馬県
富士山 －信仰の対象と芸術の源泉－	文化	山梨県、ⓓ静岡県
白川郷・五箇山《ごかやま》の合掌《がっしょう》造り集落	文化	岐阜県、ⓔ富山県
屋久島	自然	ⓕ鹿児島県
琉球王国のグスク及び関連遺産群	文化	ⓖ沖縄県

⑴　下線部ⓐについて、次の①、②に答えなさい。

①　北海道の日本海側を北から南に流れる寒流の名前を書きなさい。

②　北海道に属し日本固有の領土である北方領土を不法に占拠している国を、次のア～エから１つ選び、記号で答えなさい。

ア　中国　　イ　韓国　　ウ　アメリカ　　エ　ロシア

⑵　下線部ⓑについて、東北地方の地形について調べ、右の資料１のような断面図を作りました。資料１中のＡにあてはまる山脈（山地）を、次のア～エから１つ選び、記号で答えなさい。

ア　越後山脈　　イ　木曽山脈

ウ　奥羽山脈　　エ　紀伊山地

資料１

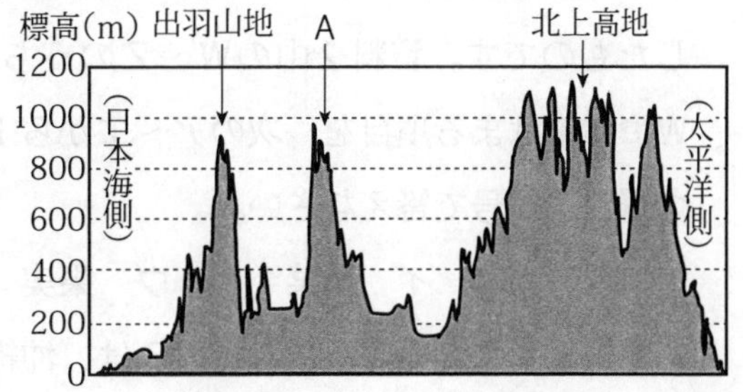

（地理院地図より作成）

⑶　下線部ⓒについて、群馬県の嬬恋《つまごい》村では、夏でもすずしい気候をいかして、ある農産物の抑制栽培がさかんに行われています。この農産物を、次のア～エから１つ選び、記号で答えなさい。

ア　キャベツ　　イ　みかん　　ウ　もも　　エ　りんご

⑷　下線部ⓓについて、2021年７月に静岡県熱海市で大規模な土砂災害が発生しました。これについて、次のページの①、②に答えなさい。

① テレビや新聞、ラジオなどがこの土砂災害を報道したことによって、多くの人々がその状況を知ることになりました。このように、同じ情報を多くの人々にいっせいに発信する物や手段を何といいますか。書きなさい。

② 熱海市の防災・減災の取り組みについて述べた次の文中の □ にあてはまる語句をカタカナで書きなさい。

> 熱海市は、土砂災害の警戒区域や避難《ひなん》場所などを示した □ を作成し、住民に広く知ってもらうことで防災・減災に役立てようとしている。

(5) 下線部ⓔについて、次のア～ウは、富山市、札幌市、那覇市の気温と降水量を示したものです。富山市の気温と降水量を示しているものを１つ選び、記号で答えなさい。

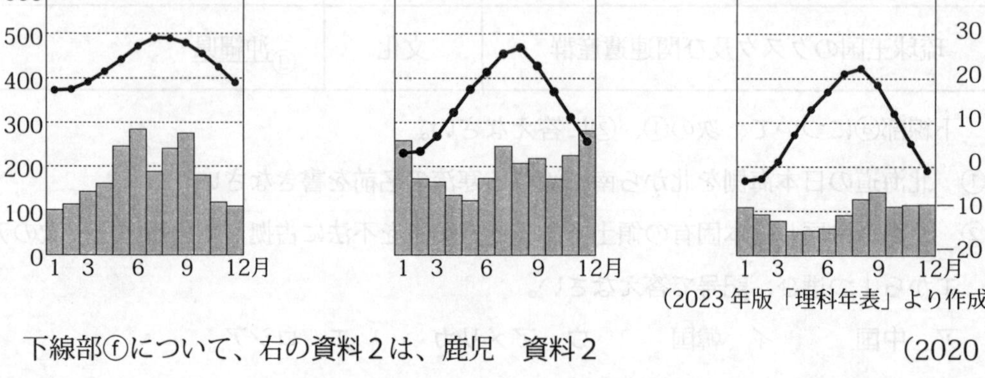

(2023年版「理科年表」より作成)

(6) 下線部ⓕについて、右の資料２は、鹿児島県の農業産出額のおもな項目の割合を示したものです。資料２中のW～Zのうち、Wにあてはまる項目を、次のア～エから１つ選び、記号で答えなさい。

ア 米　　イ 野菜　　ウ 果実　　エ 畜産

資料２　(2020年)

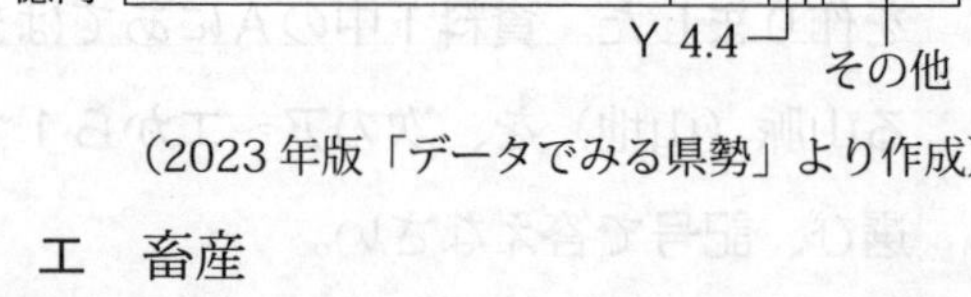

(2023年版「データでみる県勢」より作成)

(7) 下線部ⓖについて、右の資料３は、沖縄県でみられる伝統的な住居を示しています。この地域の自然環境の特色から、この住居にはどのような工夫がみられますか。夏から秋にかけて沖縄県や九州に接近・上陸することが多い自然災害の名前を明らかにして50字以内で書きなさい。

資料３

3 右の年表を見て、次の問いに答えなさい。

西暦	できごと
239	[ⓐ] の女王卑弥呼が魏に使いを送る
645	ⓑ大化の改新が始まる
710	都を奈良の [ⓒ] に移す
	↕ ⓓ
1221	ⓔ幕府軍が朝廷軍をやぶる
1274	ⓕ元が九州北部にせめてくる
1368	ⓖ足利義満が将軍になる
1590	ⓗ豊臣秀吉が天下統一をなしとげる
1639	ⓘポルトガル船の来航が禁止される

(1) 年表中の [ⓐ] にあてはまる国の名前を書きなさい。

(2) 下線部ⓑについて、このできごとがおこった時代の様子として正しいものを、次のア～エから１つ選び、記号で答えなさい。

ア 障子《しょうじ》やふすまなどがある書院造とよばれる建築様式が生まれた。

イ 小野妹子が遣隋使として隋に派遣された。

ウ 米づくりが中国や朝鮮半島から伝わった。

エ 鑑真が来日し、正式の仏教を広めた。

(3) 年表中の [ⓒ] にあてはまる、唐の都にならってつくられた都の名前を書きなさい。

(4) 年表中のⓓの時期に東北地方でおこった戦乱に勝利した藤原清衡《ふじわらのきよひら》は、平泉を拠点に勢力を広げました。中尊寺金色堂があることでも知られる平泉の場所を、右の地図中のア～エから１つ選び、記号で答えなさい。

地図

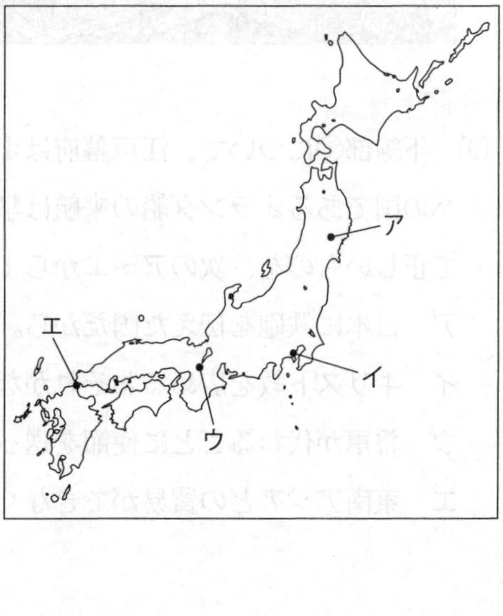

(5) 下線部ⓔについて、この戦乱を、次のア～エから１つ選び、記号で答えなさい。

ア 平治の乱　　イ 承久の乱

ウ 保元の乱　　エ 応仁の乱

⑹　下線部ⓕについて、このできごとがおこった背景について述べた次の文中の□にあてはまる人物名を、あとのア～エから１つ選び、記号で答えなさい。

> 元は朝鮮を従えた後、日本も従えようと何度も使者を日本に送ったが、執権の地位に就いていた□はこの要求を拒否した。これを受けて元は朝鮮の軍も従えて九州北部にせめてきた。

ア　源頼朝　　イ　平清盛　　ウ　藤原道長　　エ　北条時宗

⑺　下線部ⓖについて、足利義満の保護を受けた観阿弥・世阿弥が大成した文化を、次のア～エから１つ選び、記号で答えなさい。

ア　大和絵　　イ　すみ絵（水墨画）　　ウ　能　　エ　狂言

⑻　下線部ⓗについて、資料１と資料２は、豊臣秀吉が行った政策を示したものです。資料１と資料２の政策は、社会にどのような影響をあたえましたか。資料１と資料２の政策の名前と内容を明らかにし、「身分」という言葉を使って、70字以内で書きなさい。

資料１

資料２

> 一　諸国の百姓が、刀、やり、鉄砲などの武器をもつことを、かたく禁止する。武器をたくわえ、年貢を出ししぶり、一揆をくわだてて領主に反抗する者は、厳しく処罰《しょばつ》される。
>
> （部分要約）

⑼　下線部ⓘについて、江戸幕府はポルトガル船の来航を禁止しましたが、同じヨーロッパの国であるオランダ船の来航は禁止しませんでした。その理由について述べた文として正しいものを、次のア～エから１つ選び、記号で答えなさい。

ア　日本に鉄砲を伝えた国だから。

イ　キリスト教を広めるおそれがないから。

ウ　将軍が代わるごとに使節を送ってくるから。

エ　東南アジアとの貿易ができなくなるから。

4 次の先生とそうたさんの会話を読んで、あとの問いに答えなさい。

先　生：日本国憲法には天皇やⓐ平和主義に関することのほかに、どのようなことが定められていますか。

そうた：ⓑ国民の権利や義務、政治のしくみなどについて定められています。

先　生：そうですね。国の政治は国会で成立したⓒ法律やⓓ予算にもとづき、内閣が実際にさまざまな政策を実行しています。一方、私たちが暮らす市では、どのようにして政策が実行されますか。

そうた：市では、ⓔ市議会で成立した条例や予算にもとづき、市役所が実際にさまざまな政策を行っています。

先　生：そうですね。

(1)　下線部ⓐについて、平和主義は憲法の第何条に定められていますか。数字で書きなさい。

(2)　下線部ⓑについて、日本国憲法に定められている国民の権利として誤《あやま》っているものを、次のア～エから１つ選び、記号で答えなさい。

ア　自由に職業を選ぶ権利　　　イ　税金を納める権利

ウ　自由に学問を学ぶ権利　　　エ　労働者が団結する権利

(3)　下線部ⓒについて、法律にもとづいて問題の解決を図る働きをする国の機関として裁判所があります。裁判所で行われる裁判は同じ事件で３回まで受けることができますが、その理由を、「まちがい」、「人権」という言葉を使って書きなさい。

(4)　下線部ⓓについて、右の資料は、2023年度における国の支出の総額とおもな項目を示しています。資料中のＸにあてはまる項目として正しいものを、次のア～エから１つ選び、記号で答えなさい。

ア　防衛関係費

イ　エネルギー対策費

ウ　公共事業関係費

エ　社会保障関係費

資料

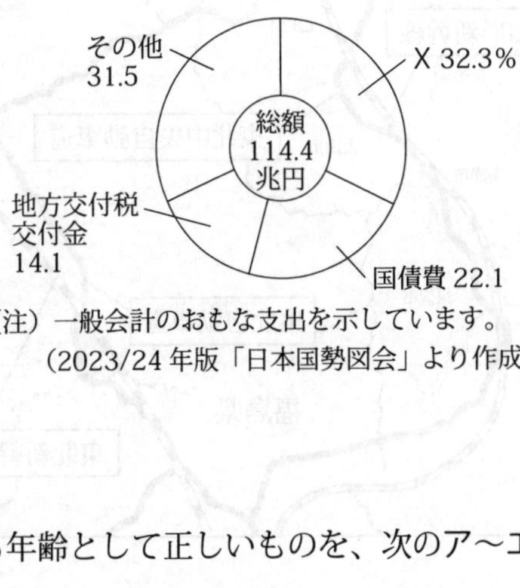

(注) 一般会計のおもな支出を示しています。
(2023/24年版「日本国勢図会」より作成)

(5)　下線部ⓔについて、市議会議員に立候補できる年齢として正しいものを、次のア～エから１つ選び、記号で答えなさい。

ア　18才以上　　イ　20才以上　　ウ　25才以上　　エ　30才以上

5　かんたさんは、「交通網の発達による変化」というテーマを設定し、平成14年度に山形県内に開通した「東北中央自動車道」に関する資料１～資料８を見つけました。そして、それらから読み取れることを下に示すまとめノートのように整理しました。まとめノート中の［　X　］～［　Z　］にあてはまる文章を書きなさい。

まとめノート

［資料から読み取ったこと］
○資料１～資料４から読み取れる、東北中央自動車道開通による東根市の工業への影響
［　X　］
○資料５～資料８から読み取れる、東北中央自動車道開通による山形県のさくらんぼの生産や流通への影響
［　Y　］
○資料１～資料８から考えられる、交通網の発達による経済への影響
［　Z　］

資料１　山形県の交通網

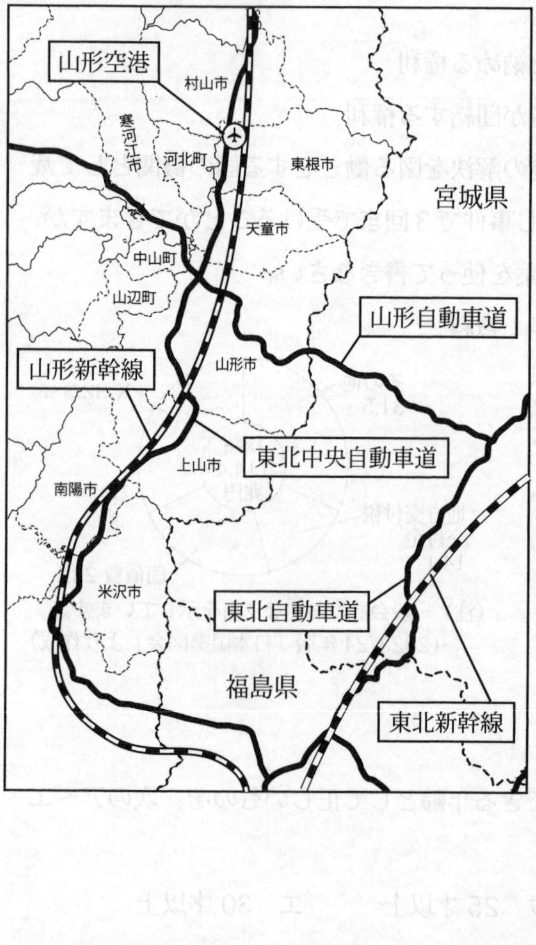

資料２　東根市の工業団地

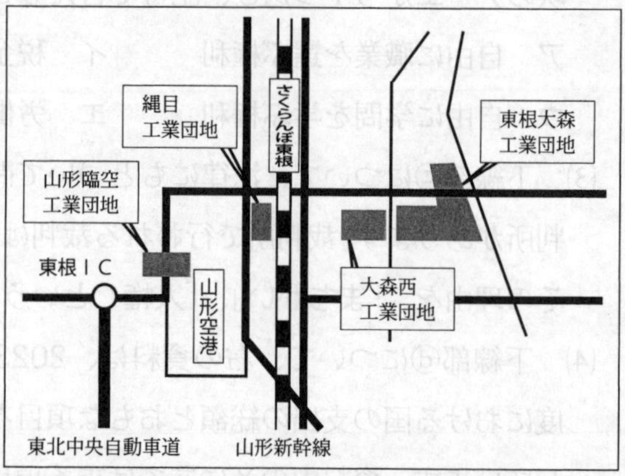

工業団地名	総面積	会社数	製造品目
東根大森工業団地	109.1 ha	17	・半導体
山形臨空工業団地	48.9 ha	18	・光ファイバー
大森西工業団地	14.2 ha	11	・化学工業薬品
縄目工業団地	8.9 ha	9	・食品　など

【東根市の工業団地へのアクセス】
<山形新幹線>
・東京－さくらんぼ東根　　２時間43分（最短）
<航空機>
・東　京（羽田）－山　形　　１時間
・大　阪（伊丹）－山　形　　１時間20分
・名古屋（小牧）－山　形　　１時間　５分

（「東根市の工業団地 INFORMATION」より作成）

資料3　東根市の製造品出荷額等の変化

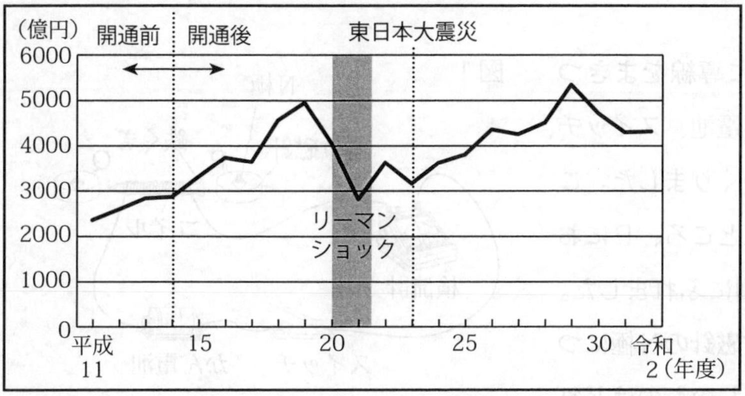

資料4　東根市の業種分類別製造品出荷額等の内訳

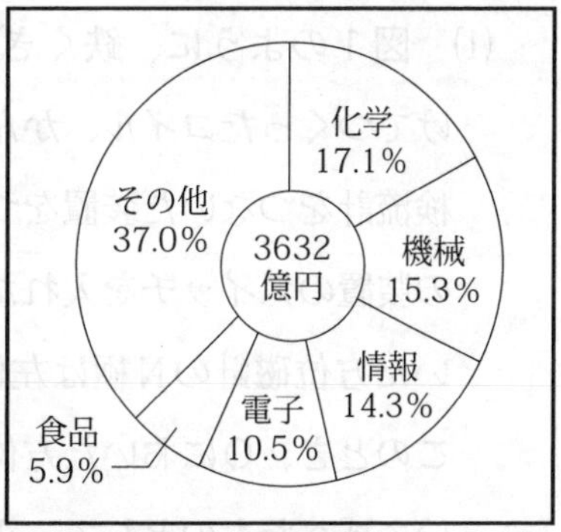

(資料3・資料4は経済産業省「工業統計(市町村編)」より作成)

資料5　さくらんぼの収穫量が多い市町村

市町村	収穫量(トン)	出荷量(トン)
東根市(山形県)	3910	3510
天童市(山形県)	2980	2650
寒河江市(山形県)	2170	1960
山形市(山形県)	1070	947
河北町(山形県)	1070	947
村山市(山形県)	1000	874
南アルプス市(山梨県)	904	865
南部町(青森県)	865	736
上山市(山形県)	756	660
南陽市(山形県)	667	582
山辺町(山形県)	341	303
八戸市(青森県)	327	277
中山町(山形県)	264	236
甲州市(山梨県)	217	212
米沢市(山形県)	180	158

注)平成18年度産

(「e-Stat 政府統計の総合窓口」より作成)

資料6　山形県農協(ＪＡ)職員の話

収穫したさくらんぼは、時間がたてばたつほど鮮度が落ちてしまいます。また、収穫したさくらんぼは箱に入れて運ばれますが、箱どうしがぶつかったりすると、傷がついてしまって商品の価値が下がってしまいます。

そのため、一般道路よりも平らでカーブが少ない東北中央自動車道を利用して、運ぶ時間を短くしています。

資料7　東根市観光果樹園の来園数の変化

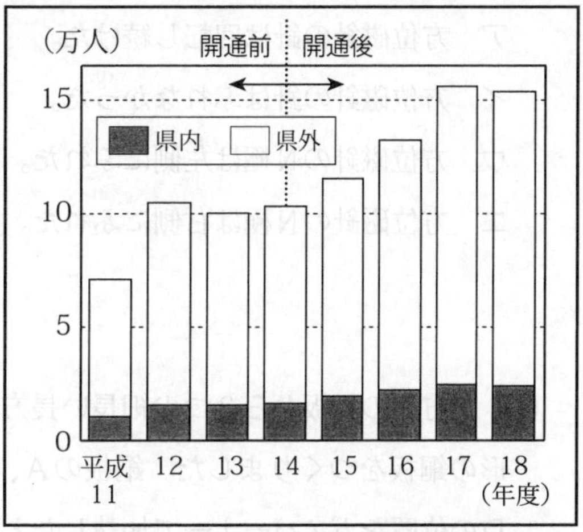

(「山形県統計年鑑」より作成)

資料8　山形県産さくらんぼの占有率の変化(東京都中央卸売市場)

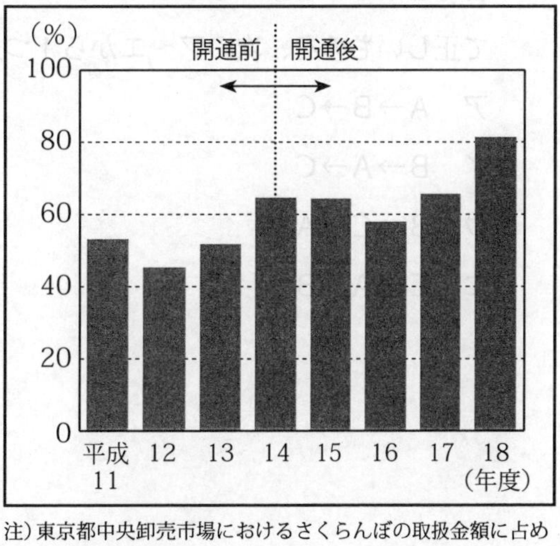

注)東京都中央卸売市場におけるさくらんぼの取扱金額に占める山形県産の割合。

(東京都中央卸売市場「市場統計情報」より作成)

【理　科】〈第２回試験〉(45分)〈満点：100点〉

1 次の各問いに答えなさい。

⑴　図１のように、鉄くぎに導線をまきつけてつくったコイル、かん電池、スイッチ、検流計をつないだ装置をつくりました。この装置のスイッチを入れたところ、Ｐにおいた方位磁針のＮ極は左側にふれました。このとき、Ｑにおいた方位磁針のＮ極について述べたものとして、正しいものはどれですか。次のア～エから１つ選び、記号で答えなさい。

図１

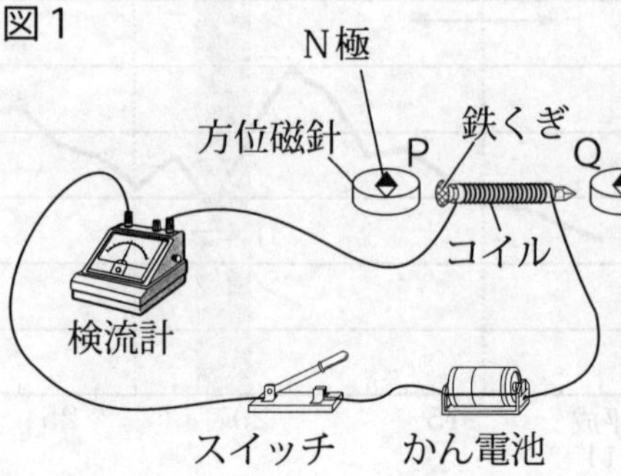

ア　方位磁針の針は回転し続けた。

イ　方位磁針の針はふれなかった。

ウ　方位磁針のＮ極は左側にふれた。

エ　方位磁針のＮ極は右側にふれた。

⑵　正方形の銅板から２つの細長い長方形をきりとり、図２のような形の銅板をつくりました。銅板のＡ、Ｂ、Ｃの位置にろうをぬり、Ｄの位置をガスバーナーで加熱したところ、しばらくしてろうはすべてとけました。何回か同様の実験を行ったところ、ろうはある順番でとけることがわかりました。このとき、ろうがとける順番として正しいものを、次のア～エから１つ選び、記号で答えなさい。

図２

ア　A→B→C

イ　B→A→C

ウ　B→C→A

エ　C→A→B

⑶　図３は、人のうでのつくりを模式的に表したものです。ひじの位置を動かさないように、手を図３の矢印の方向にまげるとき、筋肉Ｐ、筋肉Ｑの動きの正しい組み合わせを、次のア～エから１つ選び、記号で答えなさい。

図３

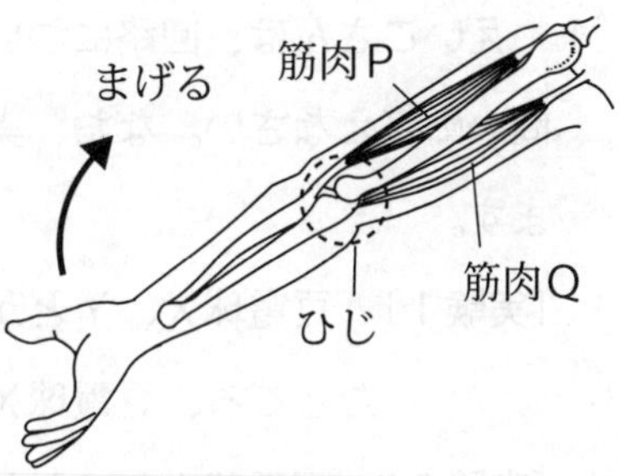

	筋肉Ｐ	筋肉Ｑ
ア	ちぢむように動く	ちぢむように動く
イ	ちぢむように動く	ゆるむように動く
ウ	ゆるむように動く	ちぢむように動く
エ	ゆるむように動く	ゆるむように動く

⑷　ある地点の地層から、図４のようなアサリの貝がらが見つかりました。このアサリの貝がらからわかることについて説明した次の文の［　Ｒ　］、［　Ｓ　］にあてはまる語の正しい組み合わせを、下のア～エから１つ選び、記号で答えなさい。

図４

地層の中から、動物や植物の一部、動物のすみか、あしあとなどが見つかることがある。このようなものを［　Ｒ　］といい、アサリの貝がらが見つかったことから、この場所は大昔に［　Ｓ　］であったことがわかる。

	Ｒ	Ｓ
ア	化石	水の中
イ	化石	陸上
ウ	火山灰	水の中
エ	火山灰	陸上

2 次の各問いに答えなさい。

Ⅰ　えいこさんは、回路について次の実験を行いました。これについて、あとの(1)〜(5)の問いに答えなさい。なお、実験に用いた豆電球とかん電池はすべて同じものであるとします。

〔実験１〕　豆電球Ｘ、Ｙとかん電池、スイッチを図１のようにつないでスイッチを入れたところ、豆電球Ｘ、Ｙはどちらも点灯した。

〔実験２〕　豆電球Ａ〜Ｇとかん電池、スイッチS_1〜S_4を図２のようにつないで、スイッチS_1だけを入れたところ、豆電球Ｄ、Ｅ、Ｇの３つが点灯した。

図１

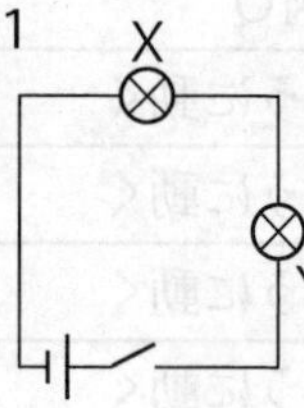

図２

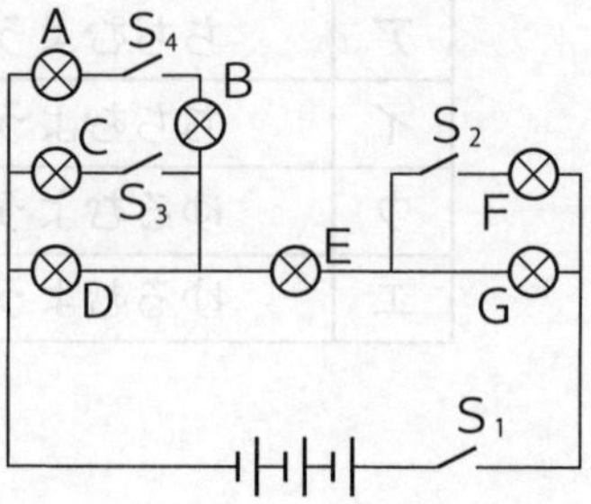

⑴　図１のような豆電球のつなぎ方を何つなぎといいますか。名称を書きなさい。

⑵　図１で点灯した豆電球Ｘ、Ｙの明るさの関係はどのようになりますか。

⑶　図１で、一度スイッチを切り、１本の導線をつなぎたしてスイッチを入れたとき、豆電球Ｘだけが点灯するのは、導線をどのようにつないだときですか。次のア〜エから１つ選び、記号で答えなさい。

ア

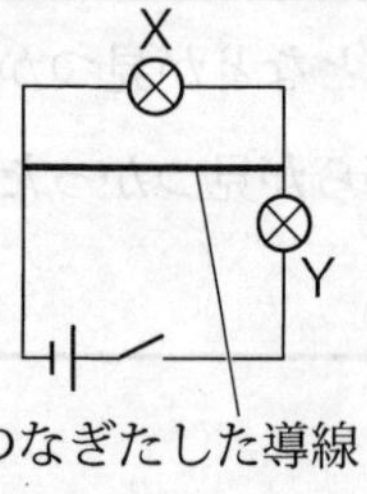

イ

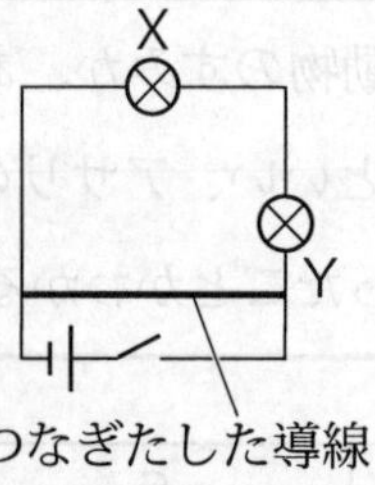

ウ

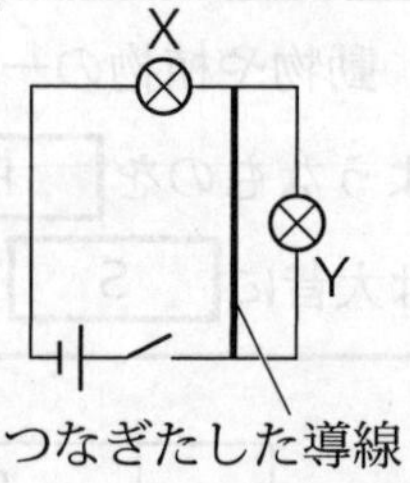

エ

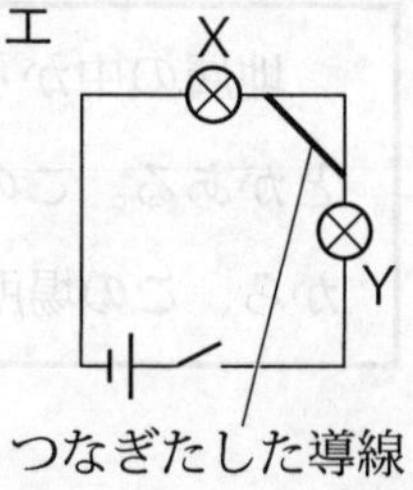

⑷　図２で、スイッチS_1を入れた状態から、さらにS_2〜S_4のうち２つを入れたところ、いくつかの豆電球が点灯し、そのうちの４つの豆電球が同じ明るさでした。このとき入れたスイッチはS_2〜S_4のうちどれとどれですか。

⑸　図２で、スイッチS_1を入れた状態から、さらにS_2〜S_4のすべてのスイッチを入れたところ、Ａ〜Ｇのすべての豆電球が点灯しました。このとき、最も明るく点灯している豆電球はＡ〜Ｇのうちどれですか。

Ⅱ　ひろしさんは、光について次の実験を行いました。これについて、あとの⑴～⑷の問いに答えなさい。

〔実験１〕　図１のように、鏡Ａで太陽の光をはね返して、日かげにおいた板にあてた。次に、鏡Ａの前に黒い板をおいて、日かげにおいた板にあたっている光のようすを調べた。

〔実験２〕　鏡Ａと、鏡Ａと同じ大きさの鏡Ｂ、Ｃを使って太陽の光をはね返して図２のように光を集め、光をあてたところの明るさを調べた。

図１

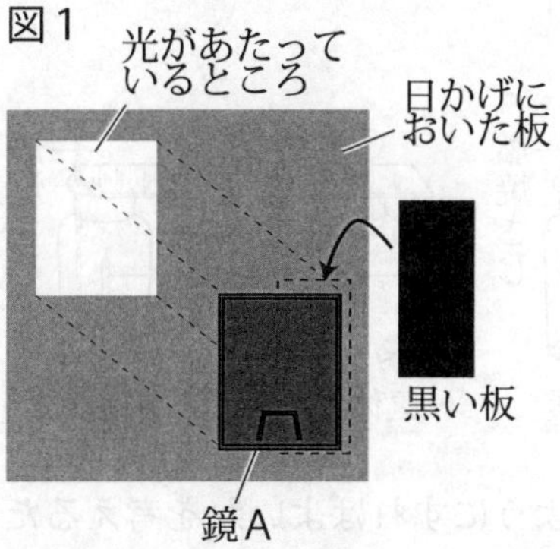

図２

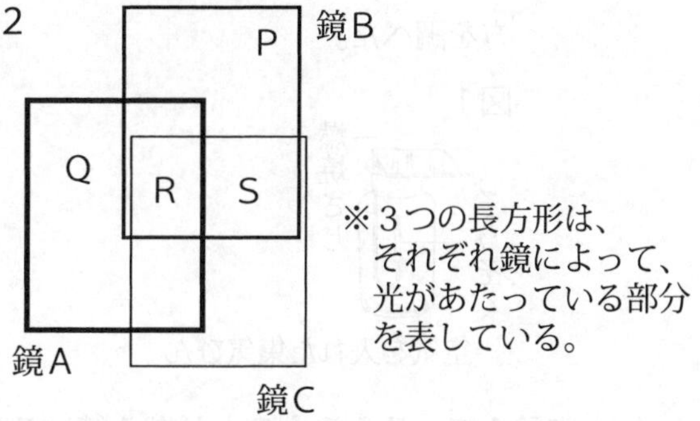

〔実験３〕　図３のように、虫眼鏡を使って太陽の光をダンボール紙に集め、虫眼鏡をダンボール紙に近づけながら、光の集まったところの大きさを調べた。

図３

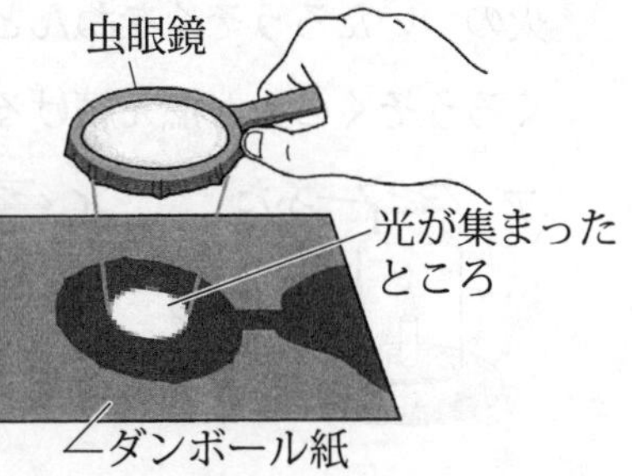

⑴　実験１で、鏡Ａの右側半分の前に黒い板をおいたとき、日かげにおいた板にあたっている光はどのようになりますか。次のア～エから１つ選び、記号で答えなさい。

ア　変化しない。　　　　　　　イ　右側半分がかげになる。

ウ　左側半分がかげになる。　　エ　大きさは変わらないが、全体がくらくなる。

⑵　実験２で、光をあてたところの明るさが最も明るい場所はどこですか。Ｐ～Ｓから１つ選び、記号で答えなさい。

⑶　実験３で、光が集まったところの温度はどのようになりますか。

⑷　実験３で、図３の状態から虫眼鏡をダンボール紙に近づけていったときの、光が集まったところの大きさの変化について正しく述べているものを、次のア～エから１つ選び、記号で答えなさい。

ア　だんだん大きくなる。　　イ　だんだん大きくなったあとだんだん小さくなる。

ウ　だんだん小さくなる。　　エ　だんだん小さくなったあとだんだん大きくなる。

3 次の各問いに答えなさい。

Ⅰ　えいこさんは、ものの燃え方について、次の実験を行いました。これについて、あとの(1)～(5)の問いに答えなさい。

〔実験１〕　図１のように、空気の入った集気びんに火のついたろうそくを入れると、ろうそくはしばらく燃えていたが、やがて火が消えてしまった。

〔実験２〕　図２のように、空気にふくまれている気体のうち、ちっ素、気体X、二酸化炭素を集気びんに集めて、火のついたろうそくを入れたときのろうそくの燃え方を調べた。

図１

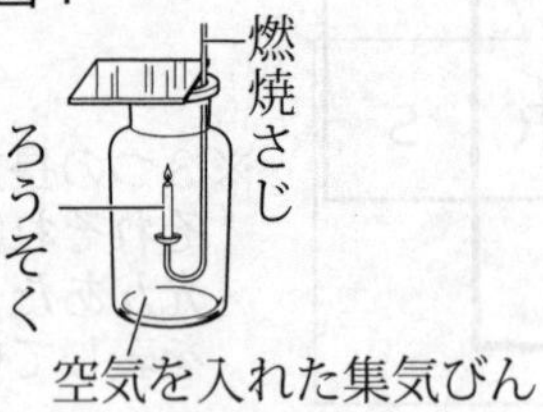

図２

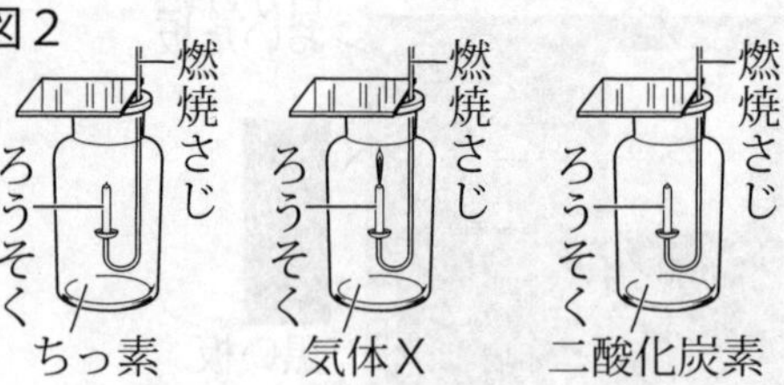

(1)　実験１で、ろうそくの火が燃え続けるにはどのようにすればよいかを考えるため、火のついたろうそくをねんどの上におき、底のない集気びんをかぶせました。最も長くろうそくの火が燃え続けるものを、次のア～エから１つ選び、記号で答えなさい。

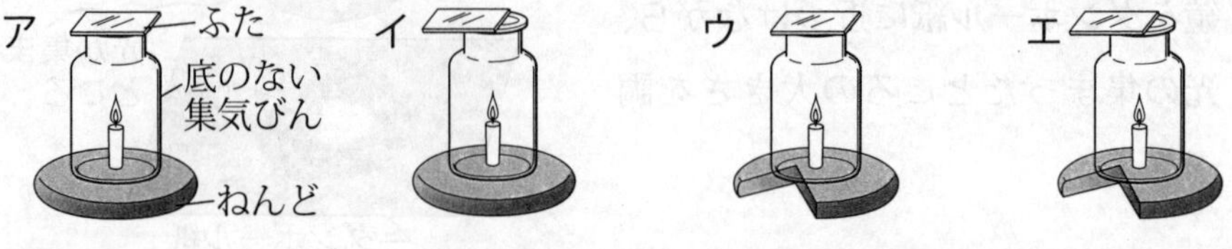

(2)　実験１で、ろうそくの火が消えたあとの集気びんにある液体を入れてふったところ、ある液体が白くにごったことから、集気びんの中の二酸化炭素が増えたことがわかりました。集気びんに入れたある液体は何ですか。その名称を書きなさい。

(3)　実験２では、気体Xを集めた集気びんに入れたろうそくの火だけが激しく燃え、ほかの集気びんに入れたろうそくの火はすぐに消えてしまいました。気体Xは何ですか。その名称を書きなさい。

(4)　実験２で使った、ちっ素、気体X、二酸化炭素のうち、空気中に最も多くふくまれている気体はどれですか。

(5)　実験１でろうそくの火が消えたあとの集気びんの中の、ちっ素と気体Xの割合は、ろうそくを入れる前と比べてそれぞれどのようになりましたか。次のア～ウから１つずつ選び、記号で答えなさい。

ア　ほとんど変わらない　　イ　増えた　　ウ　へった

Ⅱ　ひろしさんは、さまざまな水よう液Ａ～Ｄについて調べるため、次の実験を行いました。これについて、あとの⑴～⑸の問いに答えなさい。ただし、水よう液Ａ～Ｄは炭酸水、アンモニア水、うすい塩酸、食塩水のいずれかであるものとします。

〔実験〕水よう液Ａ～Ｄをそれぞれ別々のビーカーに入れ、見た目とにおいを調べた。次に、図１のように、水よう液Ａ～Ｄをガラス棒の先につけ、赤色リトマス紙と青色リトマス紙につけて、リトマス紙の色が変わるか調べた。そのあと、図２のように、水よう液Ａ～Ｄを浅い皿に少量入れてガスコンロで加熱し、加熱後の皿のようすを調べた。この結果を表にまとめた。

図１
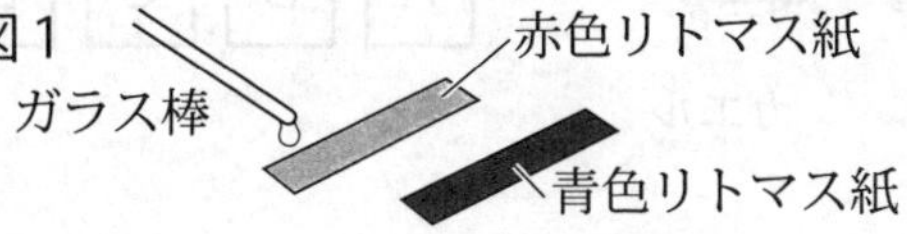

図２
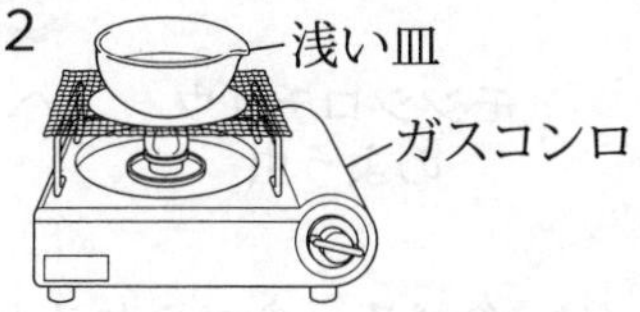

表

	見た目	におい	リトマス紙	加熱後の皿
水よう液Ａ	無色・とうめい	なかった	変化なし	白い固体が残った
水よう液Ｂ	無色・とうめい	少しにおいがした	青色→赤色	何も残らなかった
水よう液Ｃ	無色・とうめい	つんとしたにおい	赤色→青色	何も残らなかった
水よう液Ｄ	あわが出ていた	なかった	青色→赤色	何も残らなかった

⑴　炭酸水で、水にとけているものは何ですか。名称を書きなさい。

⑵　水よう液Ａ～Ｄのうち、水にとけているものが固体のものはどれですか。Ａ～Ｄから１つ選び、記号で答えなさい。

⑶　水よう液Ｃのように、赤色リトマス紙を青色に変える水よう液の性質を何といいますか。その名称を書きなさい。

⑷　水よう液Ａ、Ｂにアルミニウムを入れると、アルミニウムの表面のようすはそれぞれどのようになりますか。次のア～ウから１つずつ選び、記号で答えなさい。

ア　あわが出てとける　　　イ　固体がつく　　　ウ　変化なし

⑸　実験と同様の操作をしたとき、リトマス紙の変化が水よう液Ｃと同じになるものはどれですか。次のア～エからすべて選び、記号で答えなさい。

ア　水道水　　　イ　砂糖水

ウ　石灰水　　　エ　水酸化ナトリウムの水よう液

4 次の各問いに答えなさい。

Ⅰ　えいこさんは、生物のつながりについて調べました。図１のＡ～Ｄは、ある地域における、食べる・食べられるの関係にある生物を表しています。また、図２は、Ａ～Ｄの生物と空気中の気体Ｘの関係を表しています。これについて、あとの(1)～(5)の問いに答えなさい。

図１

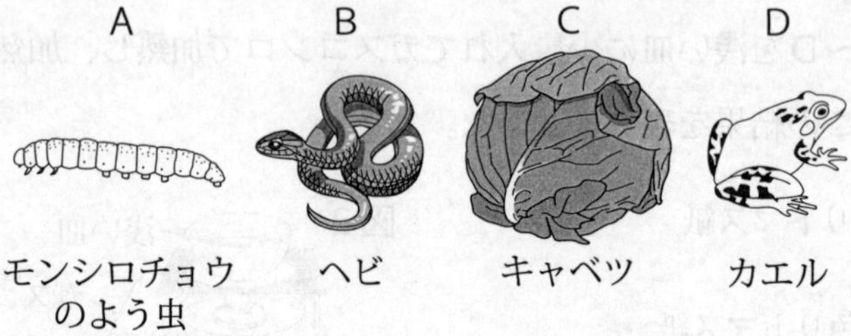

図２

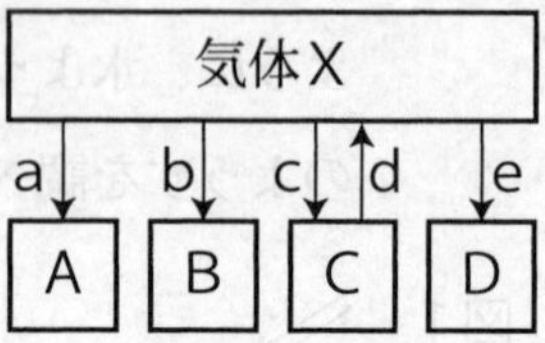

(1)　食べる・食べられるという関係で、１本の線のようになっている生物の間のつながりを何といいますか。その名称を書きなさい。

(2)　図１のＡ～Ｄの生物を、Ｃを出発点として、「食べられる生物→食べる生物」となるように左からならべて矢印でつなげなさい。

(3)　図１の生物のうち、自《みずか》ら栄養分をつくりだすことができる生物はどれですか。図１のＡ～Ｄから１つ選び、記号で答えなさい。

(4)　図２の気体Ｘは何ですか。その名称を書きなさい。また、図２のａ、ｂ、ｃ、ｅの矢印で表されている生物のはたらきは何ですか。その名称を書きなさい。

(5)　Ｃの生物が図２のｃの矢印で表されているはたらきを行っているのはどのようなときですか。次のア～エから１つ選び、記号で答えなさい。

ア　晴れた昼間の、太陽の光があたっているときにだけ行っている。

イ　昼間でも夜間でも、雨が降っているときにだけ行っている。

ウ　天気にかかわらず、夜間の太陽の光があたっていないときにだけ行っている。

エ　天気にかかわらず、昼間の太陽の光があたっているときも、夜間の太陽の光があたっていないときもどちらも行っている。

Ⅱ　ひろしさんは、メダカについて調べるために次の観察を行いました。これについて、あとの⑴～⑸の問いに答えなさい。

〔観察〕 ①　おすのメダカとめすのメダカを10ぴきずつ水そうに入れた。そのうちの２ひきをよく観察すると、図１のＡ、Ｂのようなすがただった。

②　観察を続けていると、ある日、水そうの中に図２のようなたまごを見つけた。

③　たまごを注意深く観察していたところ、たまごは成長し、たまごを見つけてから10日後に図３のような子がたまごのまくを破ってたんじょうした。

図１

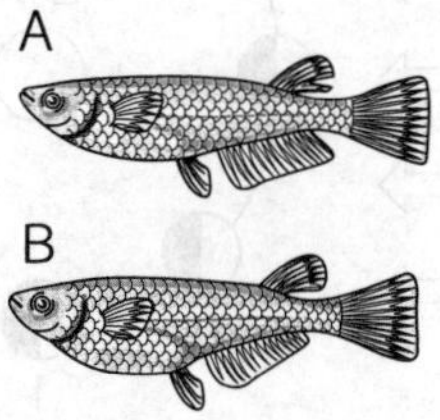

図２

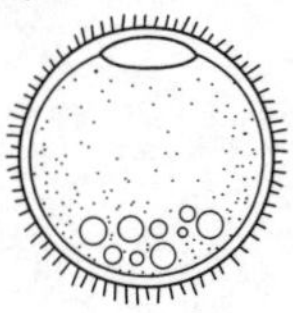

図３

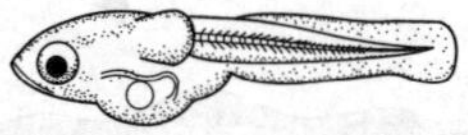

⑴　下線部のように、動物のたまごがかえることを何といいますか。その名称を書きなさい。

⑵　図１のＡ、Ｂがおすかめすかの区別について、正しく述べているものはどれですか。次のア～エから１つ選び、記号で答えなさい。

ア　目の大きさが同じくらいなので、どちらもおすである。

イ　背中のかたちが同じなので、どちらもめすである。

ウ　背びれにきれこみがあるＡがおす、きれこみがないＢがめすである。

エ　しりびれが平行四辺形になっているＡがめす、台形になっているＢがおすである。

⑶　メダカがたまごをうみやすいのはどのようなところですか。次のア～エから１つ選び、記号で答えなさい。

ア　底にしいた石や砂の中　　　イ　水そうの水面近く

ウ　ほかのメダカのからだ　　　エ　水草の表面

⑷　たまごがかえったことから、図２のたまごはおすの精子と結びついたたまごだとわかります。このようなたまごを何といいますか。その名称を書きなさい。

⑸　たまごからかえったばかりのメダカの子は、図３のようにはらがふくれており、えさを食べているようすは見られませんでしたが、メダカは成長を続けました。それはなぜですか。「栄養」という語を使って書きなさい。

5 次の各問いに答えなさい。

Ⅰ　えいこさんは、日本のある地点で月について調べました。図１は、ある日の正午に、東の空の低い位置に見えた月を表しています。また、図２は、地球のまわりをまわる月の位置を、地球の北極側から見て表したもので、図２の左側から太陽の光があたっています。これについて、あとの⑴～⑸の問いに答えなさい。

図１

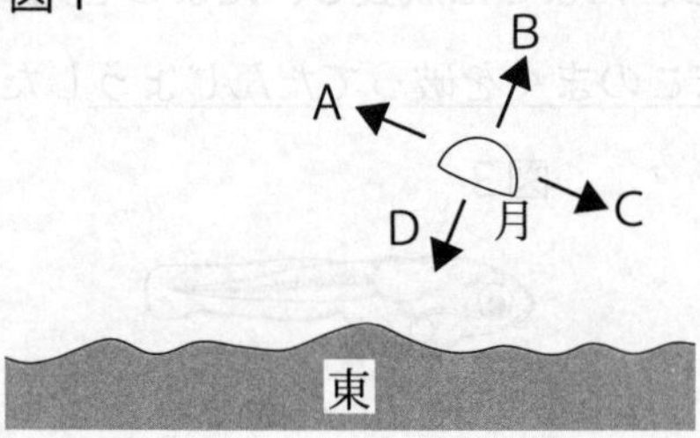

図２

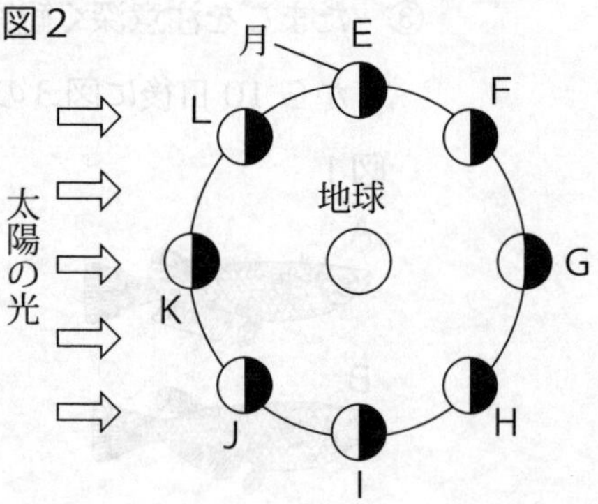

⑴　月の表面には数多くの丸いくぼみがあります。これを何といいますか。その名称を書きなさい。

⑵　図１の状態から、数時間月を観察し続けると、月の見える位置は変化していきました。月の見える位置はどの方向へ変化していきましたか。図１のＡ～Ｄから１つ選び、記号で答えなさい。

⑶　地球から月が図１のように見えるのは、月が図２のＥ～Ｌのうちのどの位置にあるときですか。Ｅ～Ｌから１つ選び、記号で答えなさい。

⑷　月の見えかたについて説明した次の文の［　Ｘ　］、［　Ｙ　］にあてはまる語の正しい組み合わせを、右のア～エから１つ選び、記号で答えなさい。

図１の月が見えた日から１週間、毎日同じ時刻に月を観察し続けると、月が見える高さは毎日少しずつ［　Ｘ　］なり、月の欠けている部分の割合は、毎日少しずつ［　Ｙ　］なる。

	Ｘ	Ｙ
ア	高く	大きく
イ	高く	小さく
ウ	低く	大きく
エ	低く	小さく

⑸　地球と月の位置関係によっては、地球から太陽が欠けて見えたり、太陽がかくれて見えなくなったりすることがあります。この現象を何といいますか。その名称を書きなさい。また、この現象が起こるのは、月が図２のＥ～Ｌのうちのどの位置にあるときですか。Ｅ～Ｌから１つ選び、記号で答えなさい。

Ⅱ　ひろしさんは、流れる水のはたらきについて調べ、次のようにまとめました。これについて、あとの(1)～(4)の問いに答えなさい。

流れる水のはたらきには、次の①～③がある。

①　流れる水には、地面をけずるはたらきがある。

②　流れる水には、土や石を運ぶはたらきがある。

③　流れる水には、流れてきた土や石を積もらせるはたらきがある。

[川原のようす]

図１、図２は、ある川の川原のようすを表している。流れる水のはたらきの強さが変化することで、川原のようすが変わっている。

図１

図２

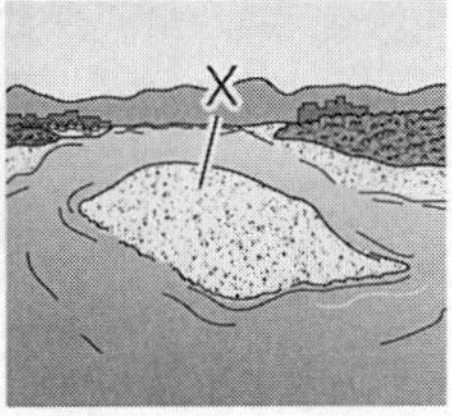

(1)　①のようなはたらきを何といいますか。その名称を書きなさい。

(2)　図３のような川が曲がって流れているところの水深について説明した次の文の［　P　］、［　Q　］にあてはまる語の正しい組み合わせを、右のア～エから１つ選び、記号で答えなさい。

図３

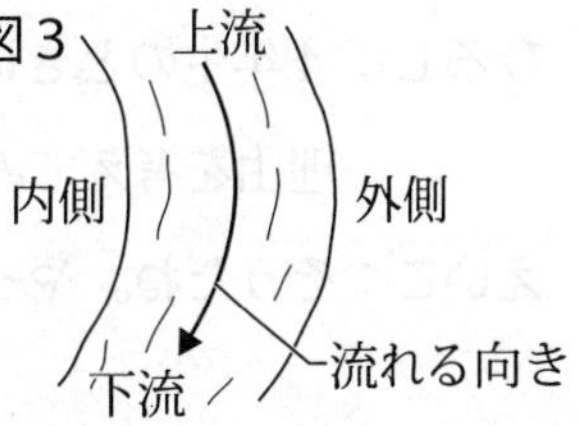

図３のように川が曲がって流れているところの内側と外側を比べると、［　P　］のほうが、流れる水のはたらき①～③のうちの［　Q　］のはたらきが強いので、水深が深くなっていることが多い。

	P	Q
ア	内側	①
イ	内側	③
ウ	外側	①
エ	外側	③

(3)　図１、図２の川原のようすについて、正しく述べているものはどれですか。次のア～エから１つ選び、記号で答えなさい。

ア　ごつごつとした大きな石が見られる図１は、上流の川原のようすである。

イ　ごつごつとした大きな石が見られる図１は、下流の川原のようすである。

ウ　どちらにも小石が多く見られるので、両方とも上流の川原のようすである。

エ　どちらにも小石が多く見られるので、両方とも下流の川原のようすである。

(4)　図２のＸに積もった小石を観察すると、全体に丸くなっていることがわかりました。小石がこのようになるのはなぜですか。その理由を書きなさい。

6 えいこさんとひろしさんは、ペットボトルの飲み物について話をしています。

えいこ：ペットボトルの飲み物は、冷たいものや温かいもの、こおったものなど、いろいろな種類があって便利だよね。

ひろし：ぼくが持っているペットボトルには、こおらせたり高温の場所に置いたりしてはいけないと書いてあるよ。

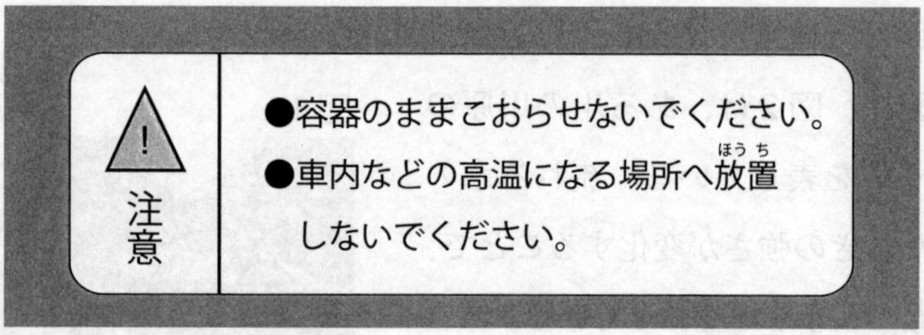

えいこ：本当だね。ペットボトルの種類によってちがうのかな。だけど、なぜこおらせてはいけないのだろう。

ひろし：４年生のときに、水をこおらせる実験をしたよね。あの実験をもう一度やって理由を考えてみようよ。

えいこ：そうだね。やってみよう。

〔実験〕 ①　試験管に水を入れ、水面の位置に印をつけた。

②　図１のように、①の試験管を食塩をまぜた氷水につけて冷やしたところ、しばらくして試験管の中の水がこおり、水面は図２のようになっていた。

図１

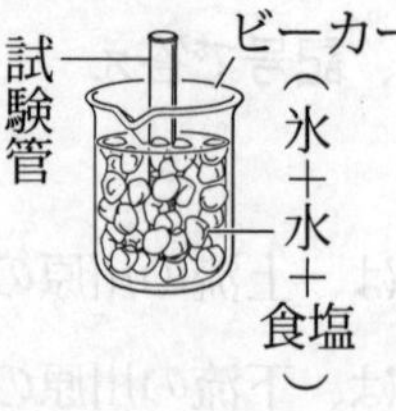

図２

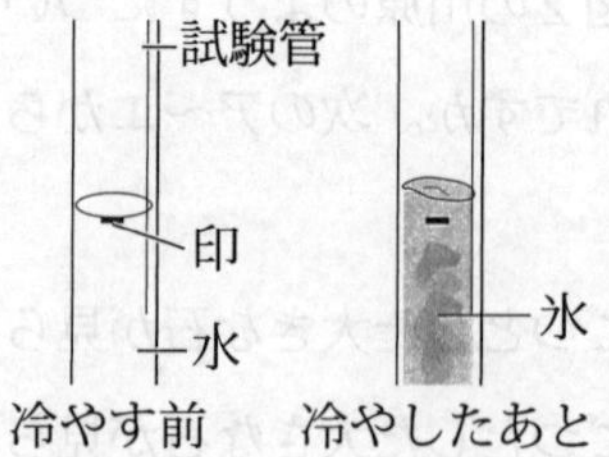

問題　ペットボトルの飲み物をこおらせてはいけないのはなぜですか。「体積」という語を使って書きなさい。

(3)　〔保健委員の話し合い〕中の C にあてはまることばを、「標語」ということばを使って、十五字以上二十五字以内で書きなさい。（句読点を含《ふく》む。）

(4)　保健委員会では、校内のそうじについて全校生徒に呼びかける標語として次の三つの標語案を作成しました。あなたは、この三つの標語案のうち、どれがよいと考えますか。あとの条件に従《したが》って、百字以上百二十字以内で書きなさい。

標語案１　あと３分！　時間いっぱいで　もっときれいに！
標語案２　一人でやらなくて　いいんだよ、私もやるから
標語案３　きれいだね　気持ちいいな　君のおかげ

〔条件〕
①　原稿《げんこう》用紙の正しい使い方に従うこと。
②　二段落構成とすること。
③　一段落目には、あなたがどの標語案を選んだのかを書くこと。
④　二段落目には、選んだ標語案のよさについて、なぜそう考えたのか理由を書くこと。

解答を書き直すときの注意

解答を書き直すときは、例のようにつけくわえたり、けずったりしてもかまいません。
ただし、字数については書き直した文字で数えます。

〔例〕　~~きのう、~~~~きれいな~~ 美しい 夕やけを見 まし た。

〔保健委員の話し合い〕

（あやか）今日は私が司会をします。よろしくお願いします。この時間は、アンケートで出た意見について話し合い、校内のそうじについて全校生徒に呼びかける標語を考えます。アンケートで「校内のそうじ」に不満があると回答した人の上位回答は〔資料２〕の通りです。

（はると）私は、全校生徒のそうじに対する気持ちが変わるような呼びかけがよいと思います。

（そうま）私もそう思います。アンケートで出た［B］という二つの意見から、そうじに対して意識の低い人がいるのが気になりました。だから、全校のみんなが十五分間のそうじにしっかり取り組むような呼びかけにしてはどうですか。

（あやか）確かに、そうですね。ほかの意見はありますか。

（め　い）はい。「そうじの時間に音楽をかけてほしい」という意見があるので、音楽をかけませんか。

（はると）それなら校歌がよいと思います。

（そうま）校歌より、みんなが好きな音楽をかけた方がやる気が出ると思います。

（め　い）だったら、かけてほしい音楽のアンケートを取りましょうよ。

（あやか）音楽をかけることに話がそれていますが、［C］。

（そうま）そうでしたね。話をもどしましょう。

（……この後も話し合いは続いた。）

(1) 〔資料２〕中の［A］にあてはまるものを、次のア～エの中から一つ選び、記号で答えなさい。

ア　質問１で「ない」と答えた人　　イ　質問１で「ある」と答えた人

ウ　質問２で「楽しくない」と答えた人　　エ　質問２で「楽しい」と答えた人

(2) 〔保健委員の話し合い〕中の［B］にあてはまるものを、〔資料２〕のア～カの中から二つ選び、記号で答えなさい。

四

あやかさんの小学校の保健委員会では、「校内のそうじ」について全校生徒にアンケートを取り、アンケート結果について各クラスの保健委員が話し合いをしました。次に示すものは、アンケート用紙〔資料１〕とアンケート結果の一部〔資料２〕、〔保健委員の話し合い〕の一部です。これを読んで、あとの問いに答えなさい。

〔資料１〕　校内のそうじについてのアンケート用紙

質問１
　校内のそうじに不満はありますか
　　・ない
　　・ある
質問１の２
　校内のそうじについてどんなところが不満ですか
　　（　　　　　　　　　　　　　　　　　　　　　）

質問２
　校内のそうじは楽しいですか
　　・楽しくない
　　・楽しい
質問２の２
　校内のそうじのどんなところが楽しいですか
　　（　　　　　　　　　　　　　　　　　　　　　）

〔資料２〕　校内のそうじについて不満なところ（複数回答）

ア	そうじ用具が足りない	82人
イ	そうじに取りかかるのがおそい人がいる	69人
ウ	そうじにまじめに取り組まない人がいる	47人
エ	そうじの時間に音楽をかけてほしい	35人
オ	そうじの場所が広いのに人が少ない	30人
カ	ごみ箱の数を増やしてほしい	20人

（※全校生徒204人にとったアンケートのうち、
［　A　］の上位回答）

(6) 文章中の［ B ］にあてはまることばとして、最も適切なものを、次のア～エの中から一つ選び、記号で答えなさい。

ア　ところが　　イ　なぜなら　　ウ　それとも　　エ　あるいは

(7) ③自分の思いや考えをはっきり言えない子どもや若い人　とありますが、そういう人はどうなると筆者は述べていますか。それを説明した次の文の［　］にあてはまることばを、文章中から十一字で書きぬきなさい。

自分の思ったこと、考えたことを言えないために、自分で［　　］を守ることができなくなる。

(8) この文章の内容と合っているものを、次のア～エの中から一つ選び、記号で答えなさい。

ア　夫婦や親子の間では相手の心が分かるが、心の専門家に話を聴いてもらうことが一番よいと述べている。

イ　外言語には、自分の思ったことや考えたことを言う「話し言葉」と、相手の言葉を書きとどめる「書き言葉」とがある。

ウ　人間関係の経験が非常に少ない今の子どもたちのために、小学校で社会性を育てる訓練をするところもある。

エ　兄弟やいとこ、地域の子どもがたくさんいたころの子どもたちは、人間関係の経験が少なく、傷つきやすかった。

少傷ついたりしますが、それを免疫《めんえき》にして社会性は育っていくんです。

（伊藤一彦『聴く力 話す力 書く力』）

※ 混沌＝いろいろなものが入りまじって区別がつかないさま。

(1) ⓐ――～ⓔ――のカタカナを漢字で書きなさい。

(2) 次の文は、この文章のある段落の終わりからぬき出したものです。この文があてはまるところとして、最も適切なものを、文章中の【ア】～【エ】の中から一つ選び、記号で答えなさい。

ソーシャルスキル・トレーニングとは、社会的技術の訓練です。

(3) 文章中の［A］にあてはまることばを、文章中から九字で書きぬきなさい。

(4) ①心について とありますが、筆者は心をどのようなものだと言っていますか。次の文の［Ⅰ］と［Ⅱ］にあてはまることばを、文章中からⅠは七字、Ⅱは六字で書きぬきなさい。

心は豊かで混沌としているもので、一〇〇人いれば一〇〇の反応があるように［Ⅰ］もので、自分の心も相手の心も絶えず［Ⅱ］ものである。

(5) ②内言語 とありますが、「内言語」について説明した次の文の［　］にあてはまることばを、「読書」ということばを使って、十字以上十五字以内で書きなさい。（句読点を含《ふく》む。）

「内言語」とは、［　］、声に出さないけれども心の中で考えている言葉である。

「内言語」とは、声に出さないけれども心の中で考えている言葉です。考えるというのは専門の先生方が実験しているんですが、やっぱり言葉で考えてるというんです。つまり、心の中で考えるにしてもやはり言葉の働きが非常に重要なんです。

この内言語が、実は人間の人間たる証《あかし》でありまして、これは何によってⓐヤシナわれるかと言うと、実は読書なんです。

本というのは、読もうと思って読むものです。そして考えないと読めないですよね。テレビは見ようと思わなくても目に入ってきて、何となく見ることができますが、本は読もうと思わなければ、その内容がⓑアタマに入ってきません。［B］読もうと思って読んでも心配事があったり、集中していないと進みません。

だから読むというのはものすごく神経を集中して、心を働かせないと読むことができないんです。

外言語は、自分の気持ちを外に表す言葉です。この外言語には「話し言葉」と「書き言葉」の二つがあります。日常生活では、特に「話し言葉」が重要です。これは、自分の思ったこと、考えたことを言う言葉、まさに自己表現です。

自己表現というのは、簡単に言うと、「自主的に、自発的に自分の考えを言う」というのが一般《いっぱん》的な定義と言っていいでしょう。それは内言語でしっかり考えて、そして外言語として音声として発するという、そういうことなんですね。

ところが今、この③自分の思いや考えをはっきり言えない子どもや若い人が多いような気がするんです。

今こういう言い方をする人がいます。「コミュニケーション力のⓒカクサで違いが生じる」。【ア】

つまり自己表現力が豊かだと、自分の思ったこと、考えたことを言えることで自分の人権や自分の利益を守ることができます。ところが自己表現力がないと、自分で自分を守ることができない、ということです。

たとえば今、ソーシャルスキル・トレーニングというものを授業にⓓモり込《こ》んでいる小学校が少なからずあるそうです。【イ】

たとえば「友だちがあなたの大事なものを借りに来ました。でも断るⓔユウキがありません。どうしたらいいですか」。これを実際に授業で演習するんです。【ウ】

断れなくて貸してしまった後、どうなるかと言うと、「あいつが無理に借りに来た」と相手を恨《うら》んでしまう。また、断れなかった自分に対して不愉快《ふゆかい》な気持ちになる。

しかし、「僕は今日これを使うから貸せない。誰《だれ》かほかの人に貸してもらって」と言えたら、友だちも「そうか、じゃあほかの人に借りるよ」と言うでしょう。こういう断り方のソーシャルスキルをトレーニングするわけです。【エ】

それから、お友だちが何人か集まっている。自分もその仲間に入りたいとおもっているけど、「入れてくれ」となかなか言えない。そういうときはどういう声掛《こえか》けをしたらいいか。

大人からすると、「そんなことまで学校でやっているのか」と思われるかもしれません。私たちの年代から上の人は、兄弟がたくさんいたし、いとこもたくさんいました。それから地域の子どももたくさんいて、結構いろんな人間関係の中で生きてきました。

しかし、今の子どもたちは人間関係の経験が非常に少ない。人間関係というのは経験に尽《つ》きます。たくさん人間関係を経験すれば、多

(8) この文章の表現について述べたものとして、最も適切なものを、次のア～エの中から一つ選び、記号で答えなさい。

ア　人でないものの動きを人の動作にたとえることで、空の美しさが印象深く表現されている。
イ　現在の場面と過去の場面を代わる代わる描くことで、物語の展開に深みを出している。
ウ　現在の場面から過去の場面にさかのぼることで、ヒロシの気持ちの変化を強調している。
エ　ヒロシの心の中を話し言葉で表現することで、ヒロシの心情を印象深く表現している。

三　次の文章を読んで、あとの問いに答えなさい。

　表現しなければ、人の心の中は分かりません。日本の代表的なカウンセラーで、文化庁長官をされていた河合隼雄《かわいはやお》先生は、「あなたは心の専門家ですから私の心を何もかも分かっているんじゃないですか？」と言われたとき、「いや違《ちが》います。人の心は分からないということを知っているのが心の専門家なんです」と答えています。専門家は、[A]と知っているから、「君はどういうふうに思っているの？」と一生懸命《けんめい》相手の話を聴《き》くんです。これが心の専門家の一番大事な仕事です。
　普段《ふだん》の夫婦《ふうふ》生活や親子関係では、相手のことを分かっていると思うから、ちゃんと話を聴きませんよね。やっぱり相手のことを分かろうとする、これがおそらく人権尊重の第一歩だと私は思っています。
　皆《みな》さんは、①心について、どうお考えですか。分かるようで分からない。分からないようで分かったと思うときもある。でもまた分からなくなる。そう感じることってありませんか。
　それは当たり前です。というのは、自分の心は自分で作ったものじゃありませんから。だから自分の心を分かろうと思ってもそう簡単には分からない。それだけ我々の心は豊かで※混沌《こんとん》としているということだろうと思うんです。
　もう一つ、心は一人ひとり違うということです。一〇〇人いれば一〇〇の反応がある。むしろ違っていて当然です。また、「心は今日と明日では違う」ということです。絶えず変化します。「お前を許せない」と言ったとしても、「許せない」と言った自分が変わっていくわけです。つまり、ものの見方・考え方は、自分も変わるし、相手も変わるということを踏《ふ》まえておかないといけません。
　そのためには時間が必要ですが、人間は常に変わっていくということを知っているとゆとりのある人間関係ができます。
　そういう、まさに自分でもなかなかコントロールするのが難しい自分の心というものを安定させるのに一番いい働きをするのが言葉です。言葉は大きく「②内言語」と「外言語」に分けられます。

(3) 文章中の[A]にあてはまることばとして最も適切なものを、文章中から三字で書きぬきなさい。

(4) ②先生は勘違いして とありますが、この部分について説明した次の文の[I]と[II]にあてはまることばを、文章中からそれぞれIは十字、IIは四字で書きぬきなさい。

ヒロシは応募作に[I]や夜の空の絵がなかったことにおどろいたのに、先生はヒロシがほかの応募作に[II]を描いたものがなかったと知っておどろいたと思った。

(5) ③うなずいたのか、うなだれたのか とありますが、このときのヒロシの気持ちを説明したものとして、最も適切なものを、次のア～エの中から一つ選び、記号で答えなさい。

ア 先生の言いたいことは理解できるが、絵だけでなく自分を否定されたように感じられ、悲しくてがっかりしている。
イ 先生が心配してくれていることはわかるが、なぜ自分だけに声をかけてくれたのか理由がわからず不思議に思っている。
ウ 先生の絵に対するアドバイスが正しいことに気づき、自分がまちがっていたことをもうしわけなく思っている。
エ 先生の言う通りにすれば入選できるとは思うが、自分の絵を受け入れてくれない先生の態度に対しておこっている。

(6) ④机の上の画用紙は、まだ真っ白なままだった とありますが、このときのヒロシの気持ちを説明した次の文の[I]と[II]にあてはまることばを、文章中からそれぞれIは十五字、IIは九字で書きぬきなさい。

勝ち目がなくても、自分が[I]のままの方がいいのか、コンテストで選ばれて[II]ように、みんなの好みに合う絵に描き直した方がいいのかまよっている。

(7) ⑤シールがゼロではなかったうれしさ とありますが、具体的にはどういう気持ちですか。それを説明した次の文の[　]にあてはまることばを、「きれい」ということばを使って、十五字以上二十五字以内で書きなさい。（句読点を含《ふく》む。）

くもり空を[　]という気持ち。

④机の上の画用紙は、まだ真っ白なままだった。

二十点を超《こ》えた応募作品がキャスター付きの掲示板《けいじばん》に貼《は》られて、昼休みの渡《わた》り廊下《ろうか》に並んだ。作品を応募した子を除く全校児童が、一人一枚ずつ桜の花のシールを持って絵を見て回り、「これがいい」と思う絵の回りに貼っていく仕組みだった。

昼休みが終わりかけた頃、「コンテストの結果が出ました」という校内放送があった。「応募した皆さんは渡り廊下に集合してください」

ヒロシは胸をドキドキさせて渡り廊下に向かった。

掲示板に近づくと、何十枚ものシールに囲まれた作品が目に入った。第一位になって、ポスターに使われることになった作品だ。空の色は――予想どおり、青。

第二位の作品も空の色は青だった。第三位も、第四位も……それより下の順位の絵も、すべて青空を描いていた。

くもり空の絵は、ヒロシの作品だけだった。

最下位。

でも、絵の横に、シールが一枚貼ってあった。

いた。くもり空をきれいだと思う人が、ヒロシ以外にももう一人――たった一人でも、いた。

ヒロシは、しょんぼりと落ち込んでいるような、にんまりと笑っているような、フクザツな表情になった。最下位に終わった悔《くや》しさと、⑤シールがゼロではなかったうれしさが胸の中で入り交じる。

でも、たとえゼロだったとしても――。

絵を描き直さなくてよかった。

うん。やっぱり、絶対に、よかった。

そうだよな、と心の中でつぶやいて、自分がいちばんきれいだと信じている絵を、あらためて見つめた。

細かく描き分けた灰色の空の隣《となり》で、ピンク色の桜の花がちょっとだけ遠慮がちに、春の訪れを告げていた。

（重松清「いちばんきれいな空」）

(1) ⓐ――～ⓔ――の漢字の読みがなをひらがなで書きなさい。

(2) ①くもり空は、雲の色の暗さや、垂れ込める重さや、もこもことした厚みが、細かく違う　とありますが、このようなくもり空を描くためにヒロシが工夫《くふう》した様子を表現した一続きの二文を文章中から探し、初めの五字を書きぬきなさい。

夜にはばたくのもヘンなのだろう。ヒロシは、宮沢賢治《みやざわけんじ》の『銀河鉄道の夜』みたいに、列車が夜空を走っている絵もいいな、と思っていたのだけど。

「まあ、ヒロシくんがどうしてもこの絵を出したいっていうんだったら、もちろんいいわよ」

先生はそう言って、「でも、これだと、ポスターには選ばれないと思うわよ」と続けた。「絵としては確かに上手だけど、みんなの投票の多数決で決めるんだから」

みんなはこの絵を選ばない――。

くもった空をきれいだとは思わない――。

ほんと――？

先生は画用紙の裏にスタンプをおした。

「とりあえず、これで受け付けにするけど、もしヒロシくんがやっぱり描き直したいと思ったら、いつでも遠慮《えんりょ》なく言ってね。提出期限まであと一週間あるんだから」

ヒロシは黙《だま》って、首を小さく前に倒《たお》した。③うなずいたのか、うなだれたのか、自分でもよくわからなかった。

次の日から、ヒロシは一日に何度も空を見上げた。

晴れた日もあった。くもりの日もあった。雨の日もあった。もうじき終わる冬の名残《なごり》で、雪が舞《ま》う日もあった。

朝の空も見た。昼間の空も見た。夕方の空も見たし、夜の空も見た。夜中にトイレで起きたついでに窓のカーテンを開けて眺《なが》めた空は、月が出ていたので、想像していたよりずっと明るかった。お母さんに夜明け前に起こしてもらって、朝日が昇《のぼ》る空も見た。

いろいろな空がある。どれも、きれいだった。

でも、やっぱり、いちばんきれいなのは――。

机の上に広げた真っ白な画用紙を、ヒロシはじっと見つめる。

学校の友だちに「一番きれいな空って、どんな空？」と聞いてみると、ほとんど全員、青空だと答えた。同じ晴れでも、雲一つない快晴が好きな人もいれば、雲がちょっとあるほうがいいと言う人もいる。ただ、とにかく晴れた空は圧倒的《あっとうてき》な人気だった。

夕焼けの空と満天の星空を挙げた人も、少ないけれど何人かいた。でも、くもり空はゼロ。先生の言うとおりだった。

勝ち目がないのに、このままでいいんだろうか。みんなが「これにしよう」と言ってくれそうな絵を描いたほうがいいんじゃないか。ポスターに選ばれれば、先生は喜んでくれるはずだし、お父さんやお母さんもほめてくれるだろう。なにより、自分だってやっぱり、絶対に、うれしい。どうしよう、どうしよう、どうしよう……。

ロー」が、似ているけれど、ビミョーに違うみたいに。「あいにくの空模様でも、きれいな空」って、ないのかな……あってもいいと思うけど……。

「ヒロシくんだって、雨が降ったら校庭で遊べないから、イヤでしょ？」

今度は言葉にして答えた。

「雨はそうだけど……くもりだったら、校庭で遊べるし、暑すぎないから、ぼく、くもりのほうが好きだし……それにやっぱり、くもりの日の空はきれいだと思います」

一所懸命《いっしょけんめい》に説明したのに、「屁理屈《へりくつ》はよくないわよ」と注意されてしまった。

「ふつうは、青い空を、きれいな空って言うの」

先生のⓒ口調は、まるで「1たす1は2」と言い切るみたいだった。

ってことは、ぼくは[A]じゃないんだろうか……。

ちょっと悲しくなった。

先生は、ほかの応募作のことを教えてくれた。

飛行機が空を飛んでいる絵を描いた子もいたし、ツバメを描いた子もいた。第三小の校舎を描いたり、校庭で遊ぶ子どもたちを描いたり……。題材やアイデアはさまざまでも、みんな、晴れた日の青空を描いていたらしい。

「えーっ？」

びっくりした。②先生は勘違《かんちが》いして「でしょ？　くもり空なんて一人もいなかったのよ」と言ったけど、ヒロシがびっくりしたのは別の理由からだった。

「夕焼けって、いなかったんですか？」

先生はきょとんとして「いない、いない」と言った。

夕焼けの空を描いた絵もあるだろうと思っていた。じつを言うと、それがヒロシの第二ⓓ候補──くもり空の絵がうまく描けなかったら、そっちにするつもりだったのだ。

でも、先生は「だって、思いだしてごらん」と言った。「ポスターのキャッチコピーは〈大空にはばたく第三小！〉っていう言葉なのよ？　夕方になって、日がⓔ暮れそうになる頃《ころ》にははばたくのって、ちょっとヘンでしょ」

そうかなあ……。でも、口答えだと思われて叱られるのもイヤだから、「あと、夜の絵もなかったんですか？」と聞いた。「満月のお月さまとか、星空とか」

先生は一瞬《いっしゅん》あきれ顔になって、プッとふきだした。

「やだあ、コウモリやフクロウじゃないんだから」

二　次の文章を読んで、あとの問いに答えなさい。

（これまでのあらすじ）ヒロシの通う第三小学校では、新入生を歓迎《かんげい》するポスターをつくることになり、〈大空にはばたく第三小！〉というキャッチコピーに合わせて、〈きれいな空の絵〉を募集《ぼしゅう》していた。絵の好きなヒロシは、下書きから何日もかけていちばん好きなくもり空の絵を描《か》き、先生に提出した。

「ヒロシくんは、ほんとうに、こんな空が好きなの？」

「はい。好きです」

「まあ、好きなら好きでいいんだけど……でも、先生はきれいな空を描いてほしかったの。雲ばっかりの空なんて、きれいだと思う？」

ヒロシはⓐ意外そうに「きれいじゃないですか？」と聞き返した。「ぼく、いろんな天気の中で、くもった日の空がいちばん好きだし、いちばんきれいだと思います」

これも本気だった。いつも思っていることだ。

よく晴れた空の青は、隅《すみ》から隅まで、ほとんど違《ちが》いはない。でも、①くもり空は、雲の色の暗さや、垂《た》れ込《こ》める重さや、もこもことした厚《あつ》みが、細かく違う。

雨の降りだす前のぎりぎりが、特にいい。雨が降っているときは、晴れの日の青と同じように、べったりと鉛色《なまりいろ》になってしまうから、意外と面白《おもしろ》くない。

色合いがフクザツで、ビミョーで、きれいなのは、やっぱり雨が降る直前。雲に覆《おお》われた空に、お日さまの光がうっすらと透《す》けて明るくなっているところがあったりすると、ほんとうにサイコーなのだ。

この絵はコンテストに応募する作品だった。ヒロシの通う第三小学校では、来月の入学式に合わせて新入生を歓迎するポスターをつくることになった。先に決まったキャッチコピー〈大空にはばたく第三小！〉に合わせて、〈きれいな空の絵〉を募集して、その中でいちばん人気だった絵をポスターに使うのだ。

絵の好きなヒロシは、ⓑ張り切って応募して、下書きから何日もかけて描いた。雲の灰色は白と黒の絵の具を混ぜ合わせてつくり、その割合を細かく変えて、空の中でも暗いところと、かすかに明るいところを描き分けた。ほんのちょっと青を混ぜたり、たっぷりの水で溶いた薄《うす》ーい紫色《むらさきいろ》も使ったりして……われながら自信作ができあがった。

でも、先生はほめてくれなかった。

「きれいな空がくもり空っていうのは、やっぱりヘンだと思うけど。青空のほうがきれいでしょ？　だから、晴れた日を『いいお天気』って言うんだし、くもってたり雨が降ったりしたら『あいにくの空模様』なんて言うのよ」

ヒロシは小さく首をかしげた。「いいお天気の空」と「きれいな空」は別なんじゃないかと思った。「強いヒーロー」と「カッコいいヒー

(5) 「呼吸」と同じ構成の熟語を、次のア～エの中から一つ選び、記号で答えなさい。

ア 映写　イ 老人　ウ 着任　エ 乗降

(6) 漢字が正しく使われていない四字熟語を、次のア～エの中から一つ選び、記号で答えなさい。

ア 一刀両段　イ 千客万来　ウ 一心不乱　エ 千変万化

(7) 次の文の□にあてはまる漢字一字を書きなさい。

・私は今、姉の忠告に□を貸さなかったことを反省している。

(8) 次の短歌に用いられている表現技法の組み合わせを、あとのア～エの中から一つ選び、記号で答えなさい。

狐《きつね》らが火あそびをする彼岸花《ひがんばな》濃《こ》きくれなゐ《（い）》を野山にともす　（吉植庄亮）

ア 擬人法《ぎじんほう》・比喩《ひゆ》　イ 比喩・倒置《とうち》　ウ 倒置・体言止め　エ 体言止め・擬人法

(9) 次の文の＝＝線の語が直接かかることばを、文中のア――～エ――から一つ選び、記号で答えなさい。

・兄が　ア学校から　イ帰ったら　ウ勉強を　エ教わりたい。

(10) 次の文中のア――～エ――の敬語で誤《あやま》った使い方をしているものを一つ選び、記号で答えなさい。

先生からアご指名をイいただいたので、みなさんの前で、私のウお考えをエ発表させていただきます。

2024年度

水戸英宏中学校

【国 語】〈第二回試験〉（四五分）〈満点：一〇〇点〉

一 次の問いに答えなさい。

(1) 次の――線にあてはまる漢字と同じ漢字が含《ふく》まれているものを、下のア～エの中から一つ選び、記号で答えなさい。

・敵の軍を味方の軍がホウイする。

ア 文章のタイイをまとめて書く。
イ 学校のシュウイの様子を写真にとる。
ウ 雨にぬれたイフクを着がえる。
エ 実力テストのジュンイが発表される。

(2) 「体験」という熟語と同じ意味で「体」を用いた熟語を、次のア～エの中から一つ選び、記号で答えなさい。

ア 体重　イ 体質　ウ 体育　エ 体得

(3) 「種」の部首の持つ意味を、次のア～エの中から一つ選び、記号で答えなさい。

ア 穀物　イ 感情　ウ 神事　エ 金属

(4) 「過」を楷書《かいしょ》で書いた時、総画数は何画ですか。次のア～エの中から一つ選び、記号で答えなさい。

ア 十画　イ 十一画　ウ 十二画　エ 十三画

2024年度 水戸英宏中学校 ▶解説と解答

算　数　＜第２回試験＞（45分）＜満点：100点＞

解　答

[1] (1)　396　(2)　9　(3)　$\frac{7}{100}$　(4)　15　(5)　$\frac{1}{4}$　(6)　$\frac{17}{30}$　[2] (1)　$\frac{5}{6}$　(2)　225人　(3)　28　(4)　960cm^2　(5)　45度　(6)　35.75cm^2　(7)　120ｇ　(8)　ア…４，イ…９　[3] (1)　ア…２，イ…9.6　(2)　10分　[4] (1)　６番と７番　(2)　44日目　[5] (1)　225L　(2)　７分12秒

解　説

[1] 四則計算，計算のくふう

(1)　824－428＝396

(2)　50－(36＋20÷４)＝50－(36＋５)＝50－41＝９

(3)　$\frac{17}{20}-\frac{12}{25}-\frac{3}{10}=\frac{85}{100}-\frac{48}{100}-\frac{30}{100}=\frac{7}{100}$

(4)　$A\times C+B\times C=(A+B)\times C$となることを利用すると，８×1.5＋1.5×７－５×1.5＝(８＋７－５)×1.5＝10×1.5＝15

(5)　$2\frac{1}{4}-\left(2\frac{1}{2}-2\frac{1}{3}\right)\times 12=2\frac{1}{4}-\left(2\frac{3}{6}-2\frac{2}{6}\right)\times 12=2\frac{1}{4}-\frac{1}{6}\times 12=2\frac{1}{4}-2=\frac{1}{4}$

(6)　$\frac{5}{8}\times 2.4-0.6\div\frac{9}{14}=\frac{5}{8}\times\frac{12}{5}-\frac{3}{5}\times\frac{14}{9}=\frac{3}{2}-\frac{14}{15}=\frac{45}{30}-\frac{28}{30}=\frac{17}{30}$

[2] 分数の性質，相当算，四則計算，面積，角度，条件の整理，平均とのべ

(1)　$\frac{3}{4}<\frac{□}{6}<\frac{8}{9}$の□にあてはまる数を求める。通分すると，$\frac{27}{36}<\frac{□\times 6}{36}<\frac{32}{36}$となるから，分子に注目すると，27＜□×６＜32となる。よって，27÷６＝4.5，32÷６＝5.3…より，□にあてはまる整数は５とわかるので，求める分数は$\frac{5}{6}$である。

(2)　今年の１年生の人数は昨年の１年生の人数の，１＋0.16＝1.16(倍)である。これが261人だから，昨年の１年生の人数は，261÷1.16＝225(人)と求められる。

(3)　１mは100cmなので，3.5mは350cmである。よって，残った14cmを除くと，12本分の長さの合計が，350－14＝336(cm)とわかる。したがって，１本の長さは，336÷12＝28(cm)と求められる。

(4)　たての長さを$\boxed{3}$，横の長さを$\boxed{5}$とすると，この長方形の周りの長さは，($\boxed{3}$＋$\boxed{5}$)×２＝$\boxed{16}$になる。これが128cmだから，$\boxed{1}$にあたる長さは，128÷16＝８(cm)とわかる。よって，たての長さは，８×３＝24(cm)，横の長さは，８×５＝40(cm)なので，この長方形の面積は，24×40＝960(cm^2)である。

(5)　下の図①で，平行四辺形ABCDのとなり合う角の大きさの和は180度だから，角BCDの大きさは，180－75＝105(度)とわかる。また，三角形EBCは正三角形なので，角BCEの大きさは60度である。よって，㋐の角の大きさは，105－60＝45(度)になる。

(6)　下の図②で，正方形の面積は，10×10＝100(cm^2)である。また，半円の半径は，10÷２＝５(cm)だから，半円の面積は，５×５×3.14÷２＝39.25(cm^2)とわかる。さらに，三角形は，底辺が

10cmで高さが５cmなので，面積は，10×５÷２＝25(cm^2)となる。よって，色をつけた部分の面積は，100－(39.25＋25)＝35.75(cm^2)と求められる。

図①

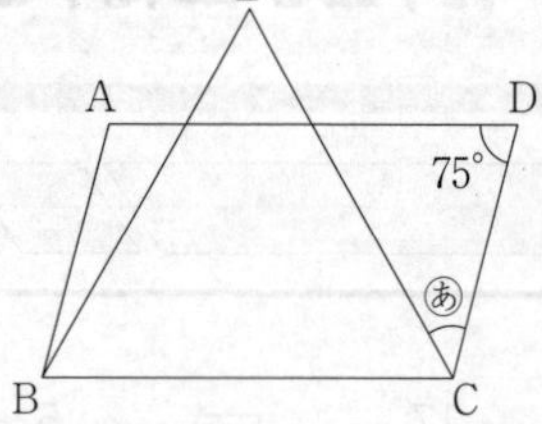

図②

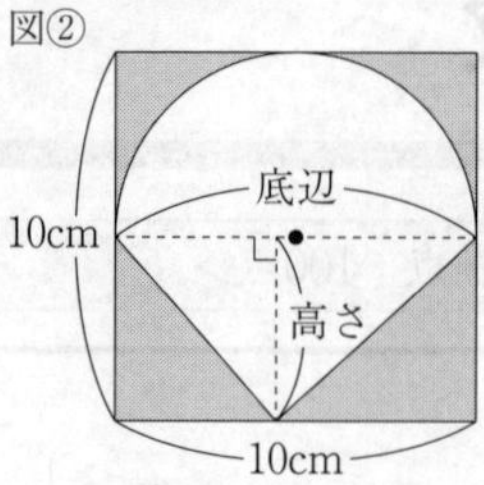

図③

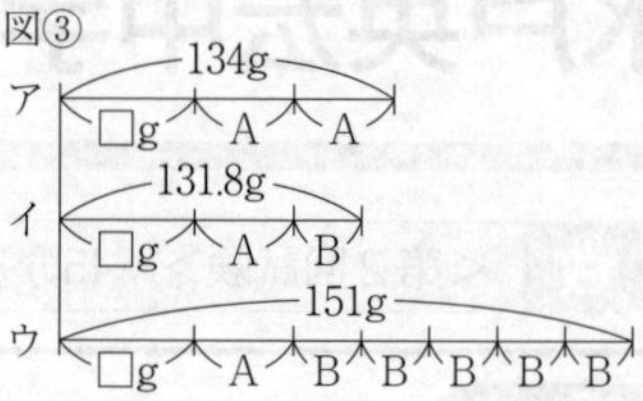

⑺　容器の重さを□gとすると，上の図③のようになる。図③で，イとウの重さの差は，151－131.8＝19.2(g)である。これはメダルBの，５－１＝４(枚分)の重さにあたるから，メダルB１枚の重さは，19.2÷４＝4.8(g)とわかる。また，アとイの重さの差は，134－131.8＝2.2(g)なので，メダルA１枚の重さはメダルB１枚の重さよりも2.2g重いことがわかる。よって，メダルA１枚の重さは，4.8＋2.2＝７(g)と求められる。したがって，アを利用すると，容器の重さは，134－７×２＝120(g)とわかる。

⑻　(平均)＝(合計)÷(人数)より，(合計)＝(平均)×(人数)となるから，30人が読んだ冊数の合計は，２×30＝60(冊)とわかる。そのうち，アとイの人を除いた合計は，２×７＋３×５＋４×３＋５×２＝51(冊)なので，アとイの人の合計は，60－51＝９(冊)と求められる。また，アの人が読んだ冊数は０冊だから，イの人が読んだ冊数の合計が９冊となり，イ＝９÷１＝９(人)とわかる。さらに，アとイの和は，30－(７＋５＋３＋２)＝13(人)なので，ア＝13－９＝４(人)と求められる。

3　速さ

⑴　家から駅まで時速３kmで歩くと40分かかるので，家から駅までの道のりは，$3\times\frac{40}{60}=2$(km)(…ア)とわかる。すると，兄の自転車の速さは分速，$2\div12\frac{30}{60}=\frac{4}{25}$(km)と求められる。これは時速に直すと，$\frac{4}{25}\times60=9.6$(km)(…イ)になる。

⑵　P地点から図書館までの道のりは250m(＝0.25km)なので，この日，はやとさんが歩く道のりの合計は，２＋0.25×２＝2.5(km)になる。よって，この日，はやとさんが歩く時間の合計は，2.5÷５＝0.5(時間)，60×0.5＝30(分)とわかる。したがって，40分で駅まで行くには，図書館にいる時間を，40－30＝10(分)にすればよい。

4　整数の性質

⑴　１日に２人が日直を行うから，19日間で行う人数は全部で，２×19＝38(人)となる。これは２周目に入ってから，38－31＝７(人)が行うときなので，19日目に行う人の出席番号は６番と７番とわかる。

⑵　25番は奇数《きすう》，26番は偶数《ぐうすう》だから，25番と26番の人は１周目にはいっしょに行い，２周目にはいっしょに行わない。また，２と31の最小公倍数は，２×31＝62なので，全部で62人が行うとちょうど２周目が終わり，再び１番と２番の人から始まる。よって，25番と26番の人が２度目にいっしょに行うのは，最初からかぞえて，62＋26＝88(人)が行うときなので，88÷２＝44(日目)と求められる。

5　グラフ―水の深さと体積

⑴　蛇口《じゃぐち》Bだけを使うと18分間で270Lの水が入るから，蛇口Bから１分間に入る水の量は，270÷

18＝15(L)である。よって，蛇口Ｂだけを15分間使って水を入れると，15×15＝225(L)入る。

⑵　蛇口Ａだけを使うと12分間で270Lの水が入るので，蛇口Ａから１分間に入る水の量は，270÷12＝22.5(L)とわかる。よって，蛇口Ａと蛇口Ｂの両方を使うと１分間に，22.5＋15＝37.5(L)の水が入るから，270L入れるのにかかる時間は，270÷37.5＝7.2(分)と求められる。60×0.2＝12(秒)より，これは７分12秒となる。

社会　＜第２回試験＞（45分）＜満点：100点＞

解答

[1]　⑴　①　再生可能エネルギー　②　ア　⑵　2000　⑶　ウ　⑷　(例)　日本開催の国際イベントで日本を訪れる外国人にとってわかりやすくするため。　[2]　⑴　①　リマン海流　②　エ　⑵　ウ　⑶　ア　⑷　①　メディア(マスメディア)　②　ハザードマップ　⑸　イ　⑹　エ　⑺　(例)　台風の強風による被害を防ぐため，住居の周りを石垣で囲んだり，しっくいで屋根瓦を固めたりしている。　[3]　⑴　邪馬台国　⑵　イ　⑶　平城京　⑷　ア　⑸　イ　⑹　エ　⑺　ウ　⑻　(例)　田畑の広さや土地のよしあし，耕作者などを調べる検地と，百姓から武器を取り上げる刀狩によって，武士と百姓・町人の身分が明確に区別された。　⑼　イ　[4]　⑴　9　⑵　イ　⑶　(例)　裁判のまちがいを防ぎ，人権を守るため。　⑷　エ　⑸　ウ　[5]　X　(例)　工業団地の近くに東北中央自動車道が開通したことにより，輸送がしやすくなったため製造品出荷額等が開通前よりも２倍以上増加した。また，東根市を通る東北中央自動車道沿いに山形空港があるので，半導体などの軽くて高価な工業製品を輸送するのに便利になった。　Y　(例)　山形県のさくらんぼは，東北中央自動車道に沿った市町村での収穫量が多く，輸送がしやすくなったため東京への出荷量が増えた。東根市の観光果樹園のように，さくらんぼを目的とした来客数が増加した。　Z　(例)　交通網の発達により，輸送が便利になったことで工業や農業などの産業や観光業も発達し，地元の経済が発展するほか，雇用の面でも大きな期待を持つことができる。

解説

[1]　地形図の読み取りと中部地方についての問題

⑴　①　再生可能エネルギーとは，自然界に常に存在するエネルギーを指し，太陽光や風力のほか，水力，地熱，波力，バイオマスなどがある。発電時に二酸化炭素を排出《はいしゅつ》せず，枯渇《こかつ》もしないため，環境《かんきょう》にやさしいエネルギーとして近年積極的に導入が進められているが，発電効率の悪さや太陽光パネルに有害物質が使われているなどの問題点もある。　②　アの輪島塗《ぬり》は，石川県輪島市で生産されている漆器《しっき》である。石川県では農業ができない冬の時期の副業として漆器や織物などの生産がさかんになり，輪島塗のほか九谷焼や加賀友禅《ゆうぜん》などが伝統的工芸品に指定されている。なお，イの有田焼は佐賀県，ウの高岡銅器は富山県，エの南部鉄器は岩手県の伝統的工芸品である。

⑵　実際の距離《きょり》は，(地形図上の長さ)×(縮尺の分母)で求められる。この地形図の縮尺は２万５千分の１なので，地形図上での８cmの実際の距離は，８×25000＝200000(cm)＝2000(m)である。

⑶　「金沢歌劇座」の付近には，老人ホーム(⌂)がある(ウ…○)。なお，Ｅ地点の下の三角点(△)

には59.3m，Ｆ地点の右上の三角点には30.1mと書かれていることから，Ｅ地点の標高のほうが高いことがわかる(ア…×)。Ｇの地域は果樹園(ó)ではなく，おもに畑(∨)に利用されている(イ…×)。この地形図は方位が示されていないので，北が上，右が東，下が南，左が西にあたる。「野町駅」の右上に「兼六園」があるので，「野町駅」から見て「兼六園」は北東に位置している(エ…×)。

(4)　資料１に示されているような外国人向けの地図記号を日本の地図記号と比べると，Ｂの交番，Ｃの郵便局，Ｄの病院のいずれも，それぞれの施設の特徴《とくちょう》をより視覚的に表しているため誰《だれ》にでもわかりやすい。また資料２より，日本ではこの数年間で，国際的なイベントが多く開催《かいさい》されることがわかる。国土地理院は，増加する訪日外国人旅行者が国内をスムーズに移動し，イベントが滞《とどこお》りなく開催できるように，ホテルやレストランのほか交番・郵便局・病院などの施設について，外国人向けの地図記号を作成した。

2　世界遺産登録地を題材にした地理分野の問題

(1)　①　リマン海流は，樺太《からふと》の南西から北海道の日本海側を南下し，ユーラシア大陸に沿って朝鮮半島の北東あたりまでを流れる寒流である。　②　北海道の北東に位置する択捉《えとろふ》島・国後《くなしり》島・色丹《しこたん》島・歯舞《はぼまい》群島を北方領土という。北方領土は第二次世界大戦でソ連(ソビエト社会主義共和国連邦)に占領《せんりょう》され，現在もロシア(旧ソ連)が不法に占拠《せんきょ》している(エ…○)。北方領土問題が未解決であるため，日本とロシアは平和条約締結《ていけつ》にいたっていない。

(2)　日本の背骨と呼ばれる奥羽《おうう》山脈が東北地方の中央部を南北に走り，その東側には北上高地，西側には出羽山地がある(ウ…○)。なお，アの越後《えちご》山脈は新潟県と関東地方との境に位置する山脈，中央アルプスとも呼ばれるイの木曽《きそ》山脈は，中部地方の中央部を南北に走る山脈である。エの紀伊山地は，近畿地方の紀伊半島南部に位置する。

(3)　浅間山山ろくの嬬恋《つまごい》村(群馬県)は，夏でもすずしい気候をいかして，葉物野菜の抑制栽培《よくせいさいばい》がさかんで，キャベツの生産量が全国第１位である(2021年)(ア…○)。なお，イのみかんは和歌山県・愛媛県・静岡県，ウのももは山梨県や福島県，エのりんごは青森県・長野県などが主な産地である。

(4)　①　マスメディアは，不特定多数の人々に情報を発信する物や手段のことである。マスには「不特定多数の大衆」，メディアには「情報の記録・伝達・保管などに用いられる物や装置」という意味がある。　②　ハザードマップ(防災地図)とは，自然災害による被害を予測して，その範囲や避難《ひなん》場所，避難経路などを表した地図である。防災や危機管理対策の一環として，地方自治体などを中心に作成が進められている。

(5)　日本海側に位置する富山市は，暖流の対馬《つしま》海流と北西の季節風の影響《えいきょう》を強く受け，冬に降雪量が多い(イ…○)。なお，アの雨温図は年平均気温が20℃を上回り，５月から９月にかけて降水量が多いことから那覇市(沖縄県)，ウの雨温図は12～２月の気温が０℃を下回り，本州であれば梅雨の時期にあたる６月に降水量が少ないことから札幌市(北海道)であると判断できる。

(6)　鹿児島県は県の大部分がシラスと呼ばれる火山灰で覆《おお》われており，その土壌《どじょう》は栄養分が少ないうえに水持ちが悪く稲作には向いていないため，畑作や畜産がさかんである。とくに温暖な気候や広大な土地をいかし，畜産業を中心に行っている(Ｗ…エ)。鹿児島県の豚と肉用若鶏《わかどり》の飼育頭(羽)数は全国第１位，肉用牛の飼育頭数は北海道に次いで第２位である(2022年)。なお，Ｘはイの野菜，Ｙはアの米，Ｚはウの果実の割合を表している。

(7)　沖縄県は夏から秋にかけて，暖かい南の海上で発生した台風が勢力を増しながら接近，あるいは通過することが多い。したがって，伝統的な住居では台風による強風の被害から家屋を守るために家屋の周りを木や石垣《いしがき》で囲んだり，屋根瓦《がわら》が飛ばされないようにしっくいで塗り固めて固定したりしている。また，風の影響を受けにくくするために，建物自体の高さを低くするなどの工夫もある。

3　近世までの各時代の歴史的なことがらについての問題

(1)　弥生時代の紀元前３世紀ごろの日本には，邪馬台国《やまたいこく》と呼ばれる連合国家があり，女王の卑弥呼が占《うらな》いやまじないによる政治で治めていたと，中国の歴史書『魏《ぎ》志』倭人《わじん》伝に書かれている。卑弥呼は魏(中国)に使いを送り，魏の王から親魏倭王の称号《しょうごう》と金印を授《さず》けられたとされる。

(2)　飛鳥時代の645年，中大兄《なかのおおえの》皇子(のちの天智天皇)は中臣鎌足らと蘇我氏を滅《ほろ》ぼすと，改新の詔《みことのり》を出して天皇中心の政治を進めるための改革を始めた。この改革を大化の改新という。それより少し前の607年，聖徳太子は隋《ずい》(中国)と対等な関係を結び，大陸の進んだ文化や制度を取り入れるために遣隋使として小野妹子を送った(イ…○)。なお，障子《しょうじ》やふすま，敷《し》きつめられた畳《たたみ》，床の間などを持つことを特徴とする書院造は，室町時代に生まれた建築様式で，現在の和室の原型になっている(ア…×)。稲作は縄文時代末期に日本へ伝わり(朝鮮半島経由や台湾・対馬などの島を経由してきたなど，複数の説がある)，弥生時代に全国的に広がった(ウ…×)。唐《とう》(中国)の高僧《そう》鑑真は，聖武天皇に招かれて奈良時代の753年に来日し，正しい仏教を広めるために力を尽くした(エ…×)。

(3)　平城京は，元明天皇が710年に藤原京から遷都《せんと》した都である。唐の都である長安を手本にしており，碁盤《ごばん》の目のように東西南北に道路が走っていた。

(4)　中尊寺金色堂は，奥州藤原氏初代の藤原清衡《きよひら》が現在の岩手県平泉町につくった阿弥陀《あみだ》堂である(ア…○)。平泉一帯には，奥州藤原氏が栄えたころにつくられた寺院や遺跡《いせき》群が多く残っており，2011年にユネスコ(国連教育科学文化機関)の世界文化遺産に登録された。

(5)　鎌倉幕府を開いた源氏の血筋が３代で途絶えると，政治の実権を朝廷に取り戻《もど》そうと考えた後鳥羽上皇が，1221年に鎌倉幕府第２代執権の北条義時追討《ついとう》命令を出し，承久の乱が起こった(イ…○)。戦いに敗れた後鳥羽上皇は隠岐《おき》に流され，鎌倉幕府の勢力は西国にまでおよぶようになった。なお，アの平治の乱は1159年，ウの保元の乱は1156年，エの応仁の乱は1467～77年に起こった戦乱である。

(6)　元(中国)が攻《せ》めてきたのは，北条時宗の時である(エ…○)。元の皇帝フビライ・ハンが朝貢《ちょうこう》を要求したが，当時政治の実権を握《にぎ》っていた鎌倉幕府第８代執権の北条時宗がこれを拒否《きょひ》・黙殺《もくさつ》したため，元と高麗《こうらい》の連合軍が1274年と1281年の２度にわたって博多湾に襲来《しゅうらい》した。なお，アの源頼朝は鎌倉幕府初代将軍，イの平清盛は武士として初めて太政《だいじょう》大臣の地位についた人物，ウの藤原道長は平安時代に摂関政治の全盛《ぜんせい》期を築いた貴族である。

(7)　室町幕府第３代将軍の足利義満の保護を受けた観阿弥《かんあみ》・世阿弥父子は，田楽・猿楽《さるがく》を芸術まで高め，能(能楽)を大成した(ウ…○)。なお，アの大和絵は平安時代に発達した日本風の絵画，イのすみ絵(水墨《すいぼく》画)は室町幕府第８代将軍の足利義政のころに禅僧である雪舟が大成した絵画，エの狂言は能の合間に演じられる滑稽《こっけい》な対話劇である。

(8)　資料１は，豊臣秀吉が行った太閤検地の様子を描《えが》いたものである。豊臣秀吉は，全国に役人を派遣して田畑や屋敷地の面積，土地のよしあしと耕作者を調べさせ，石高《こくだか》(収穫《しゅうかく》高)を定めて検地帳に記録した。太閤検地によって農民を直接支配するとともに，税を確実に取り立てることが可能になった。また，資料２の刀狩令では，百姓《ひゃくしょう》から武器を取り上げ，一揆の防止や兵農分離を推し進めた。太閤検地と刀狩は武士とそれ以外の身分を区別し，武士を支配階級とする封建《ほうけん》的な身分制度を確立させた。

⑼　当時のヨーロッパでは，キリスト教の中でもプロテスタントが力を増しており，カトリックは勢力を取り戻すためにアジアでの布教活動を積極的に行っていた。スペインやポルトガルはカトリック教国であり日本でも布教を行っていたが，プロテスタントのオランダにはそのおそれがなかったため，鎖国政策がとられた江戸時代にも交易が許された(イ…○)。なお，日本に鉄砲を伝えたのはポルトガルである(ア…×)。朝鮮は，将軍が代わるごとに朝鮮通信使を江戸に送った(ウ…×)。海外渡航《とこう》禁止令(1635年)により日本人の海外渡航と帰国を禁止され，東南アジアでの朱印船貿易も終了したが，オランダの来航を許可したこととは関係ない(エ…×)。

4　日本国憲法や地方自治についての問題

⑴　日本国憲法は前文と第９条において，日本国憲法の三大原則の１つである平和主義について定めている。第９条は，１項で戦争の放棄《ほうき》，２項で戦力の不保持と交戦権の否認《ひにん》を明記している。なお，三大原則とは，平和主義・国民主権・基本的人権の尊重の３つである。

⑵　税金を納めることは，国民の義務であって権利ではない(イ…×)。なお，勤労は国民の義務であると同時に権利でもあり，職業選択の自由によって選ぶこともできる。また，子どもに普通教育を受けさせることは国民の義務であるが，全ての国民はその能力に応じて等しく教育を受ける権利も有している。働く権利や教育を受ける権利は社会権にふくまれる。

⑶　裁判のまちがいを防ぎ，人権を守るために，裁判所が出した判決に不服がある場合は上級の裁判所に対してやり直しを求めることができる。第一審《しん》に不服がある場合は控訴《こうそ》，第二審に不服がある場合は上告ができ，１つの案件について３回まで裁判を受けられる。この制度を三審制という。

⑷　エの社会保障関係費は，国の歳出《さいしゅつ》の中で最も大きな割合を占《し》めている。国民の生存権を守るために社会保障制度の整備は国の義務であり，厚生《こうせい》労働省がこれを担当している。社会保障制度は，社会保険・社会福祉・公的扶助《ふじょ》・公衆衛生からなるが，高齢化や経済格差の拡大が進む中で社会保障関係費はますます増加する傾向《けいこう》にある。

⑸　市町村議会議員の被選挙権年齢は満25歳以上であり(ウ…○)，満18歳以上の住民に認められているのは選挙権である。なお，市町村長，都道府県議会議員，衆議院議員の被選挙権年齢も満25歳以上である。都道府県知事と参議院議員は満30歳以上の国民でなければ立候補できない。

5　東北中央自動車道を題材にした交通網の発達による変化ついての問題

X　資料１より，東北中央自動車道は山形新幹線沿いにあることがわかる。資料２からは，東北中央自動車道の近くには半導体や光ファイバーなどの情報・電子機器類，化学工業薬品や食品などを製造している工業団地が複数あり，東根IC(インターチェンジ)が近くにあることが読み取れる。また，資料３からは東根市の製造品出荷額等が，東北中央自動車道の開通後の2007年には，開通前の1999年と比べて２倍以上に増加していること，資料４からは工業団地で製造されている製品が東根市の工業の中心になっていることがわかる。以上のことから，東北中央自動車道が開通したことで東京へのアクセスが良くなったため，東根市の製造品出荷額等が増加したと考えられる。

Y

資料１と資料５より，東北中央自動車道沿線の市や町は，さくらんぼの収穫量の多いことがわかる。資料６からはさくらんぼの輸送には高速道路が適していること，資料８からは東北中央自動車道の開通後に山形県産のさくらんぼの，東京市場での占有率が増加していることが読み取れる。また，資料７からは，東北中央自動車道の開通後に，県外からの果樹園来園者数が伸《の》びたことがわかる。つまり，東北中央自動車道が開通したことで，山形県産のさくらんぼが東京市場に出荷しやすくなり流通量が増えたことや，さくらんぼを目的とした県外からの来客数が増加したことが読み取れる。　**Z**　山形県では高速道路や新幹線，空港がつくられるなど交通網《もう》が発達したことによって，工業や観光業をはじめとする県内の産業および経済が発展した。また，地域経済が発展したことで新たな雇用《こよう》も生まれ，さらなる経済効果があったと推測できる。

理 科　＜第２回試験＞（45分）＜満点：100点＞

解 答

[1] (1) ウ　(2) イ　(3) イ　(4) ア　[2] Ⅰ (1) 直列(つなぎ)　(2) (例) どちらも同じくらいの明るさである。　(3) ウ　(4) S_2とS_3　(5) E　Ⅱ (1) イ　(2) R　(3) (例) あたたかくなる。　(4) ア　[3] Ⅰ (1) エ　(2) 石灰水　(3) 酸素　(4) ちっ素　(5) **ちっ素**…ア　**気体X**…ウ　Ⅱ (1) 二酸化炭素　(2) A　(3) アルカリ性　(4) **A** ウ　**B** ア　(5) ウ，エ　[4] Ⅰ (1) 食物連さ　(2) (C→) A→D→B　(3) C　(4) **気体X**…酸素　**はたらき**…呼吸　(5) エ　Ⅱ (1) ふ化　(2) ウ　(3) エ　(4) 受精卵　(5) (例) はらにある栄養分を使って育つから。　[5] Ⅰ (1) クレーター　(2) B　(3) I　(4) エ　(5) 日食，K　Ⅱ (1) しん食　(2) ウ　(3) ア　(4) (例) 流されるうちにぶつかり合って角がとれるから。　[6] (例) 水が液体から固体にかわると，体積が大きくなり，ペットボトルが変形したりする危険があるから。

解 説

[1] 小問集合

(1) Pにおいた方位磁針のN極が左側にふれたことから，このコイルはP側がN極，Q側がS極の電磁石になっていることがわかる。よって，Qにおいた方位磁針のN極は，コイルのS極の磁力に引かれて左側にふれる。

(2) 熱は，銅板上のDに近いところから順に各点へ届くので，ろうがとける順番は，B→A→Cとなる。

(3) 筋肉はちぢむことで体を動かしているので，図３の状態からうでをまげるとき，筋肉Pがちぢむように動き，反対側の筋肉Qはゆるむように動く。

(4) 化石とは，生物や生物が生活していたこん跡《せき》などが地層中に残っているもので，地層がたい積した当時のことを知る手がかりとなる。アサリの貝がらが見つかったことから，地層がたい積した当時，この場所が水の中だったことがわかる。

[2] 電気回路，光についての問題

Ⅰ (1) 図１のように，電流の通り道が分かれず１本になるようなつなぎ方を直列つなぎという。

(2) 図１では，どちらの豆電球にも等しく電流が流れるため，どちらも同じくらいの明るさで光る。

(3) ウでは，電流が豆電球Ｙを通らず，つなぎたした導線を通って豆電球Ｘへ流れるので，豆電球Ｘだけが点灯する。なお，アでは，電流が，電池→豆電球Ｙ→つなぎたした導線→電池と流れるので，Ｘは点灯しない。イは，電流が豆電球を通らず，つなぎたした導線だけを通るショート回路なので，豆電球はどちらも点灯しない。エは，つなぎたした導線を電流が通っても，豆電球はどちらも点灯する。

(4) スイッチS_2〜S_4のうち２つを入れるので，スイッチS_2とS_3，スイッチS_2とS_4，スイッチS_3とS_4を入れる３通りがある。スイッチS_2とS_3を入れたときは，豆電球Ｃと豆電球Ｄ，豆電球Ｆと豆電球Ｇがそれぞれ並列つなぎになったものがＥとつながっている。よって，Ｃ，Ｄ，Ｆ，Ｇの４つが同じ明るさになる。なお，スイッチS_2とS_4を入れるとＦ，Ｇには同じ電流が流れるが，スイッチS_4側にＡ，Ｂがつながっているので，ＤにはＦ，Ｇより大きな電流が流れ，４つが同じ明るさになることはない。また，スイッチS_3とS_4を入れると，Ｅ，Ｇが同じ明るさになるが，並列つなぎになるＡ，Ｂに流れる電流は，１つずつのＣ，Ｄより暗くなるので，４つの豆電球が同じ明るさになることはない。

(5) 豆電球Ｅは，回路を流れる電流が１か所にまとまる導線上にあるので，電流が最も多く流れ，最も明るく点灯する。

Ⅱ (1) 黒い板をおくと鏡の右側半分にあたった光は反射されないため，左側にあたった光だけが反射し，右側半分はかげになる。

(2)，(3) ３つの鏡の反射光が重なるＲの部分が最も明るくなる。また，このときＲの部分の温度はしだいに高くなって，あたたかくなる。

(4) 図３でダンボール紙に光が集まったところは，レンズの焦点《しょうてん》(光が１点に集まる点)よりレンズ側に近いので，近づけていくと明るい部分がだんだん大きくなっていく。

3 ものの燃え方，水よう液の性質についての問題

Ⅰ (1) ろうそくが燃え続けるには，新しい空気が必要になる。よって，エのように底のねんどの一部にすき間をつくって上部のふたをずらし，炎《ほのお》の熱であたためられた空気が対流によって入れかわるようにすればよい。

(2) 石灰水は，二酸化炭素と反応して白くにごる性質がある。

(3)，(4) 空気にふくまれている気体は，ちっ素，酸素，アルゴン，二酸化炭素の順に多い。酸素にはものを燃やすのを助けるはたらきがあるので，ろうそくが激しく燃えた気体Ｘは酸素とわかる。

(5) ちっ素は燃焼には使われないので割合がほとんど変わらないが，酸素は燃焼に使われるため割合がへる。

Ⅱ (1) 二酸化炭素を水にとかしたものを炭酸水という。

(2) 加熱後の皿に白い固体が残った水よう液Ａには固体がとけており，リトマス紙に変化がないことからも，水よう液Ａは食塩水とわかる。

(3) 赤色リトマス紙は，アルカリ性の水よう液をつけると青色に変化する。

(4) 青色リトマス紙が赤色に変化する水よう液Ｂは酸性で，においがするため塩酸だとわかる。アルミニウムを入れたとき，水よう液Ａの食塩水では変化が見られないが，水よう液Ｂの塩酸では反

応して水素が発生し，アルミニウムがとける。

(5)　水よう液Ｃはアルカリ性のアンモニア水である。石灰水と水酸化ナトリウム水よう液もアルカリ性なので，青色リトマス紙を赤色に変化させる。なお，水道水と砂糖水は中性である。

4　生物のつながり，メダカについての問題

Ⅰ　(1)　生物の間には，食べる・食べられるという関係があり，このつながりを食物連さという。

(2)　キャベツはモンシロチョウのよう虫に食べられ，モンシロチョウのよう虫はカエルに食べられる。さらに，カエルはヘビに食べられるので，Ｃ→Ａ→Ｄ→Ｂの順になる。

(3)　Ｃのキャベツなどの植物は光合成によって栄養分をつくることができる。

(4)　矢印の向きから，気体Ｘは植物や動物に関係なく全ての生物が取り入れている気体なので，呼吸で取り入れられた酸素だとわかる。

(5)　植物であるＣの，ｃの矢印が示す呼吸のはたらきは，動物と同様に，天気や昼夜にかかわらず一日中行われている。

Ⅱ　(1)　たまごのまくやからを破って，新しい個体が出てくることをふ化という。

(2)　背びれにきれこみがあり，しりびれが平行四辺形をしているＡがおすで，背びれにきれこみがなく，しりびれが台形をしているＢがめすである。なお，背中のかたちや目の大きさでは，メダカのおすとめすの区別はできない。

(3)　めすのメダカはたまごをうむと，しばらくからだにつけたまま泳ぎ，やがて水草の表面にたまごをくっつける。

(4)　めすがうんだたまごとおすが出す精子が結びついたものを受精卵という。

(5)　たまごからかえったばかりのメダカの子のはらには，ふ化後数日間えさがなくても生きていけるように栄養がたくわえられている。

5　月の見え方と流れる水のはたらきについての問題

Ⅰ　(1)　いん石などの衝突《しょうとつ》によってつくられた，月の表面に見られる円形にくぼんだ地形のことをクレーターという。

(2)　月は，太陽などの天体と同じく，東から出て西へしずむ日周運動をしているため，東の空では南の高いところへ向かって，Ｂの方向へ動く。

(3)　図１の月が南中したとき，ちょうど右半分が光っている状態なので，地球から見たときに右半分が照らされているＩの位置とわかる。

(4)　月が次の日に同じ位置にくる時刻は少しずつ遅《おそ》くなっていくので，同じ時刻に観察すると，東の空では毎日少しずつ高さが低くなっていく。また，右半分が光っている上弦《じょうげん》の月は，満月に向かって欠けている分の割合が小さくなっていく。

(5)　太陽が月にかくされて欠けて見える現象を日食といい，地球から見て太陽と月が同じ方向にあるＫの位置(新月)のときに起こることがある。

Ⅱ　(1)　流れる水の作用により，地面などをけずるはたらきのことをしん食(作用)という。なお，土や石を運ぶはたらきを運ぱん(作用)，流れてきた土や石を積もらせるはたらきをたい積(作用)という。

(2)　川が曲がって流れているところでは，曲がりの外側の方が流れが速く，しん食作用が大きくはたらくので，川底がけずられて水深が深くなる。

⑶　川の上流には図１のように大きな岩や石があり，下流には図２のように小さな石や砂がたい積した地形が見られる。

⑷　石は上流から下流へと運ばれる間に，石どうしがぶつかり合って角が取れ，小さくなり，丸みを帯びていく。

6　状態変化についての問題

実験の結果からもわかるように，水は氷になるときに体積が大きくなる。そのため，ペットボトルの飲み物をこおらせると，容器が変形したりこわれたりするため危険である。

国　語　＜第２回試験＞（45分）＜満点：100点＞

解　答

一　⑴　イ　⑵　エ　⑶　ア　⑷　ウ　⑸　エ　⑹　ア　⑺　耳　⑻　ア　⑼　イ　⑽　ウ　二　⑴　ⓐ　いがい　ⓑ　は(り)　ⓒ　くちょう　ⓓ　こうほ　ⓔ　く(れ)　⑵　雲の灰色は　⑶　ふつう　⑷　Ⅰ　夕焼けの空を描いた絵　Ⅱ　くもり空　⑸　ア　⑹　Ⅰ　いちばんきれいだと信じている絵　Ⅱ　ポスターに使われる　⑺　(例)　きれいだと思う人がもう一人いてうれしい　⑻　エ　三　⑴　下記を参照のこと。⑵　イ　⑶　人の心は分からない　⑷　Ⅰ　一人ひとり違う　Ⅱ　変わっていく　⑸　(例)　読書によって養われるもので　⑹　エ　⑺　自分の人権や自分の利益　⑻　ウ　四　⑴　イ　⑵　イ，ウ　⑶　(例)　標語を考えるための意見を出してください　⑷　（／は段落を変える印です。）　(例)　私は，標語案３がよいと思います。／この学校には，そうじに対して意識の低い人が多くいます。そういう人たちに，そうじをすることで人から感謝されるのだと感じてもらえれば，そうじに取り組む意欲が高まるのではないかと考えるからです。

●漢字の書き取り

三　⑴　ⓐ　養(われる)　ⓑ　頭　ⓒ　格差　ⓓ　盛(り)　ⓔ　勇気

解　説

一　同じ漢字をふくむ熟語，漢字の意味，漢字の部首，漢字の画数，熟語の構成，四字熟語の知識，慣用句の完成，表現技法の知識，ことばのかかり受け，敬語の知識

⑴　「包囲」は，周辺を取り囲むこと。イの「周囲」が同じ漢字をふくんでいる。なお，アは「大意」，ウは「衣服」，エは「順位」と書く。

⑵　「体験」と「体得」の「体」は，“身をもって自分のものにする”という意味。なお，「体重」，「体質」，「体育」の「体」は，身体という意味。

⑶　「種」の部首は「禾《のぎ》」で，穀物全般《ぜんぱん》を表す。

⑷　「過」は，右側を九画で，しんにょうを三画で書く。総画数は十二画になる。

⑸　「呼吸」は，反対の意味の漢字を重ねた組み立て。よって，エの「乗降」が同じ。なお，アの「映写」は，似た意味の漢字を重ねた組み立て。イの「老人」は，上の漢字が下の漢字を修飾《しゅうしょく》する組み立て。ウの「着任」は，下の漢字が上の漢字の目的語になっている組み立て。

⑹　ものごとをすばやく処理することを表すアは，「一刀両断」とするのが正しい。なお，イの

「千客万来《せんきゃくばんらい》」は，多くの客が絶え間なくやってくること。ウの「一心不乱」は，一つのことに集中して，ほかのことに気を取られないこと。エの「千変万化」は，さまざまに変化すること。

⑺　「耳を貸す」は，“人の言うことを聞く”という意味。

⑻　「狐《きつね》らが火あそびをする」には，人でないものを人に見立てて表現する技法である擬人法《ぎじんほう》が用いられている。また，「ようだ(な)」「みたいだ(な)」などを使わない比喩《ひゆ》の表現である隠喩《いんゆ》を用いて，彼岸花《ひがんばな》をあかりにたとえている。よって，アが選べる。なお，倒置《とうち》は，語順を入れかえることで，意味を強めたり語調を整えたりする技法。体言止めは，文末を体言で止めることによって余韻《よいん》を生み，印象を深める技法。

⑼　ことばのかかり受けでは，直接つなげてみて意味のまとまる部分が答えになる。「兄が」→「帰ったら」，(私は)「勉強を教わりたい」のだから，イがふさわしい。

⑽　ウの「お考え」は，話し手である「私」の考えをさしているので，「考え」とするのが正しい。なお，アの「ご指名」は尊敬語。イとエの「いただく」は「もらう」の謙譲語《けんじょうご》。

二　**出典：重松清《しげまつきよし》「いちばんきれいな空」(『答えは風のなか』所収)。**くもり空が一番きれいだと信じているヒロシが，先生の反対を押し切ってくもり空を描《か》いた絵を提出する。

⑴　ⓐ　予想と違《ちが》っているさま。　ⓑ　音読みは「チョウ」で，「主張」などの熟語がある。ⓒ　言い方。ことばの調子。　ⓓ　選ばれる可能性のあるもの。　ⓔ　音読みは「ボ」で，「暮色」などの熟語がある。

⑵　後の部分の，ヒロシが絵を描いたときのようすが書かれている場面に注目する。ヒロシは，自分がきれいだと思うくもり空を描くために，「雲の灰色は白と黒の絵の具を混ぜ合わせてつくり，その割合を細かく変えて，空の中でも暗いところと，かすかに明るいところを描き分けた」のである。また，「ほんのちょっと青を混ぜたり，たっぷりの水で溶《と》いた薄《うす》ーい紫色《むらさきいろ》も使ったり」したのである。

⑶　少し前にあるとおり，先生は，「ふつうは，青い空を，きれいな空って言うの」とヒロシに話している。それでは，くもり空をきれいだと思う自分は，「ふつう」ではないのだろうかと思って，ヒロシは，「ちょっと悲しくなった」のである。

⑷　Ⅰ，Ⅱ　続く部分に注目する。先生は，ほかの応募作《おうぼさく》はすべて，「晴れた日の青空」を描いたものであるということを教えてくれた。それを聞いてヒロシは，きっとあるだろうと思っていた「夕焼けの空を描いた絵」がなかったことにおどろいた。しかし，先生は，ヒロシが，「くもり空」を描いた絵がなかったことにおどろいた，と勘違《かんちが》いして，「くもり空なんて一人もいなかったのよ」と言ったのである。

⑸　前の部分に注目する。先生は，みんなはくもり空をきれいだとは思わないから，この絵を選ばないだろうと言った。また，みんなは「くもった空をきれいだとは思わない」のだろうかと考えこんでいることから，ヒロシは，絵だけではなく，くもり空をきれいだと思う自分までも認めてもらえないようで，失望して，落ちこんでしまったのである。

⑹　Ⅰ，Ⅱ　直前に注目する。ヒロシは，絵を描き直した方がいいのだろうかと思って，真っ白な画用紙を机の上に広げた。しかし，自分が「いちばんきれいだと信じている絵」を提出するべきなのか，「ポスターに使われる」ように，みんなが好きそうな絵を描いた方がいいのかと迷い続けていたために，画用紙が「まだ真っ白なままだった」のである。

⑺　自分の「絵の横に，シールが一枚貼《は》ってあった」のを見て，ヒロシは，自分以外にも「くもり空をきれいだと思う人」が，少なくとも一人はいることを知って，うれしかったのである。

⑻　本文の前半に注目する。「『あいにくの空模様でも，きれいな空』って，ないのかな……あってもいいと思うけど……」という部分や，⑶でみた，「ってことは，ぼくはふつうじゃないんだろうか……」のように，ヒロシが心の中で考えたことも，話し言葉で書かれている。このように，ヒロシの気持ちが読者の印象に残るように，表現が工夫されているので，エが正しい。

三　出典：伊藤一彦《いとうかずひこ》『聴《き》く力話す力書く力　伊藤一彦講演集』。言葉には「内言語」と「外言語」があり，なかでも「外言語」には「話し言葉」と「書き言葉」があることが紹介《しょうかい》されており，「話し言葉」，つまり自己表現の大切さが述べられている。

⑴　ⓐ　音読みは「ヨウ」で，「養成」などの熟語がある。　ⓑ　音読みは「トウ」「ズ」で，「口頭」「頭痛」などの熟語がある。　ⓒ　同類のものの間に見られる，程度の違い。　ⓓ　音読みは「セイ」「ジョウ」で，「盛大」「繁盛《はんじょう》」などの熟語がある。　ⓔ　困難や危険を恐《おそ》れない，勇ましい心。

⑵　もどす文には，「ソーシャルスキル・トレーニングとは，社会的技術の訓練」だと書かれている。【イ】に入れると，自己表現力を伸《の》ばす方法の例として，「ソーシャルスキル・トレーニング」を授業に盛り込《こ》んでいる小学校があり，「ソーシャルスキル・トレーニングとは，社会的技術の訓練」だというつながりになるので，文意が通じる。

⑶　直前に注目する。河合隼雄《かわいはやお》は，「人の心は分からないということを知っているのが心の専門家」であり，専門家は，「人の心は分からない」と知っているから，「一生懸命《けんめい》相手の話を聴く」のである。

⑷　Ⅰ，Ⅱ　心は，自分の心ですらそう簡単にはわからず，また，「一人ひとり違う」ものであり，「一〇〇人いれば一〇〇の反応がある」のである。また，「ものの見方・考え方は，自分も変わるし，相手も変わる」のであり，「人間は常に変わっていく」のである。

⑸　続く部分に注目する。「内言語」とは，「声に出さないけれども心の中で考えている言葉」であり，読書によって養われるものである。

⑹「本は読もうと思わなければ，その内容が頭に入って」こないし，または，「読もうと思って読んでも心配事」があるときや，集中できないときは読み進めることはできないという文脈である。よって，同類のことがらを並べ立て，いろいろな場合があることを表す「あるいは」が合う。

⑺　続く部分に注目する。「自己表現力が豊かだと，自分の思ったこと，考えたことを言えることで自分の人権や自分の利益を守ること」ができるが，「自己表現力がないと，自分で自分を守ることができない」のである。つまり，「自分の思いや考えをはっきり言えない」と，「自分の人権や自分の利益を守ること」ができなくなるのである。

⑻　本文の後半にあるとおり，「今の子どもたちは人間関係の経験が非常に少ない」ので，小学校でソーシャルスキルのトレーニングをするところもあると述べられている。よって，ウが正しい。

四　資料の読み取りと課題作文

⑴　〔資料２〕では，「校内のそうじについて不満なところ」の回答を集計しているので，〔資料１〕のアンケートにおいて，校内のそうじに不満があると答えた生徒がさらに回答しているのである。

⑵　続く部分に注目する。「そうじに対して意識の低い人」だとわかる意見を出している回答を選

べばよいので，イとウが選べる。

⑶　保健委員の話し合いの目的は，「アンケートで出た意見について話し合い，校内のそうじについて全校生徒に呼びかける標語を考え」ることである。話し合いの方向が，音楽をかけることにそれていたので，司会のあやかが，話し合いの流れを，本来の目的である，標語を考えることに引きもどそうとしたのである。

⑷　たとえば，「標語案１」を選んだ場合は，「そうじに取りかかるのがおそい人」であっても，この標語を見れば，最後の３分ぐらいはがんばると思われるから，という理由があげられる。「標語案２」を選んだ場合は，「そうじにまじめに取り組まない人」はあきらめて，せめて一人でそうじをしている人に協力しようという雰《ふん》囲《い》気《き》が生まれるから，という理由が考えられる。〔条件〕にしたがうほか，誤字・脱《だつ》字《じ》，文脈のねじれなどにも気をつけながら書くこと。

Memo

2023
年度

水戸英宏中学校

【適性検査Ⅰ】〈第１回試験〉（45分）〈満点：100点〉

1 さくらさんとひろとさんは、**図１**に示す７種類の液体**A**～**G**を区別する方法について先生と話しています。

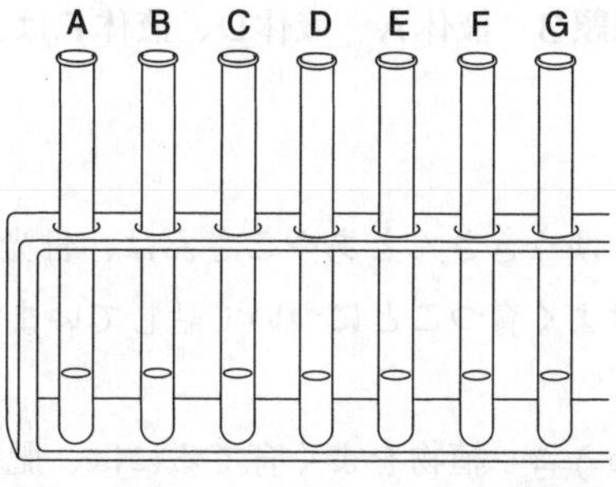

図１　液体Ａ～Ｇを入れた試験管

先　生：液体**A**～**G**は、アンモニア水、さとう水、炭酸水、うすい水酸化ナトリウム水よう液、食塩水、うすい塩酸、石灰水のどれかであることがわかっています。どのようにして区別できるでしょうか。

さくら：まず、液体を見ただけで、液体**C**はどの水よう液であるかがわかりました。

ひろと：そうだね。では、残りの液体は、どんな方法で区別できるかな。

さくら：においを調べるのはどうかな。

（２人で液体のにおいを調べてみた。）

さくら：実際ににおいを調べてみたら、液体**E**、**G**のグループと液体**A**、**B**、**D**、**F**のグループの２つに分けることができたね。

ひろと：ほかの方法はどうかな。たとえば、リトマス紙を使う方法はどうかな。

さくら：それもよい方法ね。赤色リトマス紙と青色リトマス紙のうち一方だけを使うとどうなるか考えてみようか。

ひろと：［　あ　］色リトマス紙だけを使うと液体**E**、**G**のグループは区別できるけれど、液体**A**、**B**、**D**、**F**のグループは何も区別できないね。

さくら：たしかにそうね。でも、［　い　］色リトマス紙だけを使うと、液体**E**、**G**のグループは区別できて、液体**A**、**B**、**D**、**F**のグループはさらにいくつかのグループに分けることができるよ。

ひろと：［　い　］色リトマス紙だけを使うと、液体**E**、**G**のグループでは液体**G**で色が変わり、液体**A**、**B**、**D**、**F**のグループでは液体**A**、**D**の色が変わったよ。

さくら：最後に、液体**B**、**F**のグループと液体**A**、**D**のグループをそれぞれ区別する方法を考えよう。

ひろと：液体**B**、**F**を少量ずつスライドガラスにとって水を蒸発させてみたら、どちらも白いつぶが残ったよ。このうち、液体**B**のつぶをけんび鏡で観察すると、**図２**のような形をしていたよ。

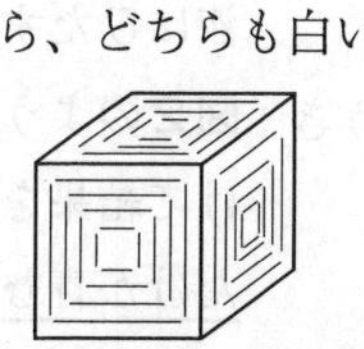
図２　けんび鏡で観察した結しょう

さくら：**図２**の結しょうの形から、液体**B**がどの水よう液であるかがわかるね。液体**A**、**D**に液体**C**を数てき入れてみたら、液体**A**は見た目の変化はなかったけれど、液体**D**は白くにごったよ。

問題１　下線部の（液体を見ただけで、液体**C**はどの水よう液であるかがわかりました）について、液体**C**はどの水よう液ですか。また、液体**C**を区別することができた理由を書きなさい。

問題２　会話文中の［**あ**］、［**い**］にあてはまる色をそれぞれ書きなさい。

問題３　液体**A**、液体**D**、液体**F**は、それぞれどの水よう液ですか。

２　ゆうきさんとあやこさんは、日光を当てずに育てた植物と比べて、日光を当てて育てた植物はよく育つことについて話しています。

ゆうき：植物をよく育てるには、肥《ひ》料《りょう》をあたえるだけではなく、日光に当てることが大切だね。

あやこ：そうだね。インゲンマメの場合、肥料をあたえて日光に当てずに育てた場合と比べて、肥料をあたえて日光を当てて育てた場合には、葉の数が多く、色はこい緑色で、大きくなることが多いよね。

ゆうき：それから、くきの太さは太くて背たけが高くなることが多いよ。日光を当てると、どうして植物がよく育つのかな。

あやこ：種子にふくまれていたでんぷんは発芽や成長のために使われてなくなるから、植物が成長するため、日光が当たったときに新たにでんぷんができるんじゃないかな。

ゆうき：そうかもしれないね。**図１**のように、葉の一部にアルミニウムはくをかぶせて、日光に当ててみよう。葉に緑色でない部分（ふの部分）がある葉を使うよ。

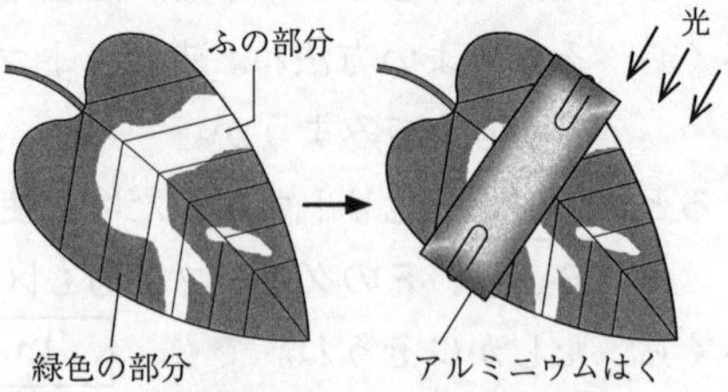

図１　葉にアルミニウムはくをかぶせたようす

あやこ：日光に当てる前に、①植物を一晩《ひとばん》暗い部屋に置いておくことを忘れないようにしないといけないね。

ゆうき：そうだね。光を当てたあとは、葉を切りとって湯につけて、あたためたエタノールに入れるよ。

あやこ：そのあと葉を湯で洗ってから、ヨウ素液にひたすんだね。

ゆうき：**図２**のように、葉を**A**～**D**の部分に分けて結果を調べたところ、②**A**の部分だけが青むらさき色に変化したよ。

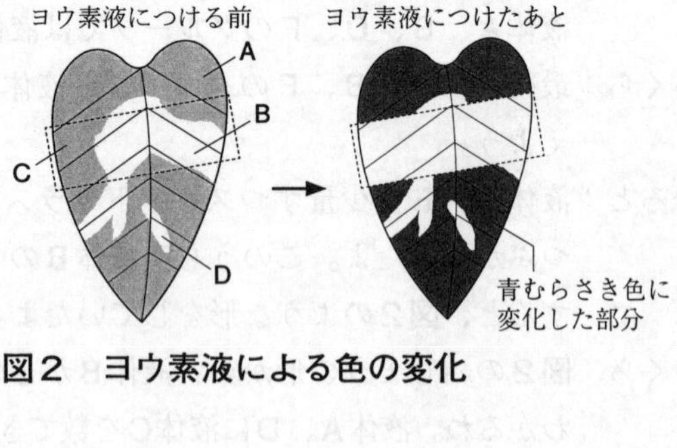

図２　ヨウ素液による色の変化

問題１　下線部①の（植物を一晩暗い部屋に置いておく）について、この操作を行わないで同じ実験を行うと、どのような結果になると考えられますか。**ア～エ**の中から正しいものを一つ選び、記号を書きなさい。また、そのような結果になる理由を書きなさい。

ア　**イ**　**ウ**　**エ**

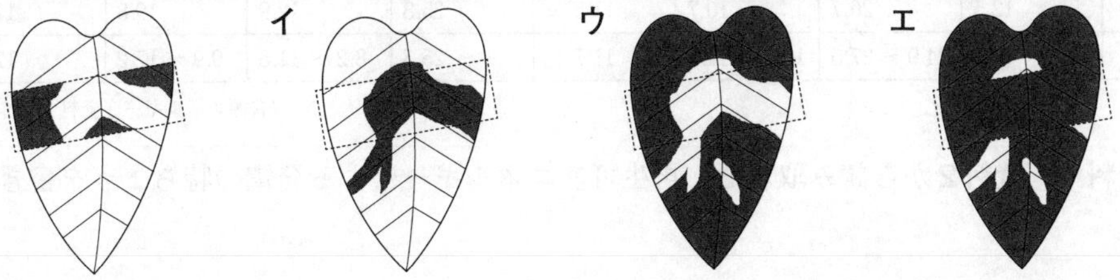

問題２　下線部②の（**A**の部分だけが青むらさき色に変化したよ）について、**A**と**C**、**A**と**D**の結果を比べることで、どのようなことがわかりますか。それぞれ簡単に書きなさい。

3

まさとさんとひかりさんのクラスでは、総合的な学習の時間に「発電」をテーマにして発表会を行いました。

まさと：電気は、私たちの生活に欠かせないもので、身のまわりのいろいろなところで使われているね。

ひかり：そうだね。電気をつくる方法には、これまで日本の電力を支えていた水力、火力、原子力による発電のほかに、太陽光や風力、地熱などの再生可能エネルギーを使った新しい発電があり、環境《かんきょう》への配慮《はいりょ》や安全性への心配などからだんだん増えているのよ。

まさと：再生可能エネルギーによる発電方法にはどのような特ちょうがあるのかを調べてみようよ。

ひかり：**資料１**は、発電方法別の二酸化炭素排出量を、**資料２**は、発電方法別の発電コストをまとめたものよ。これらの資料から、どのようなことが読み取れるかな。

資料１　発電方法別の二酸化炭素排出量（１キロワットの電気を得るときに排出される量）

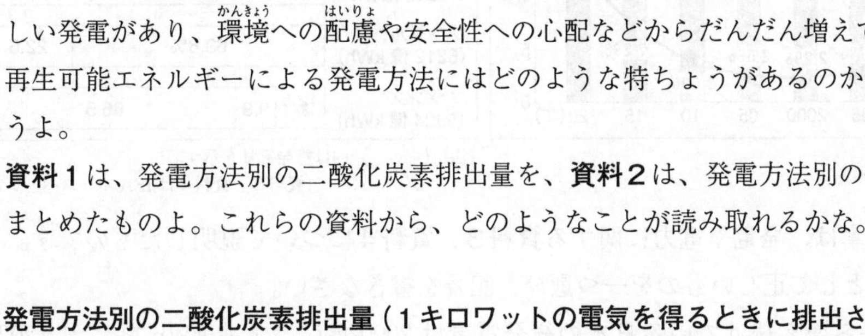

（電力中央研究所「日本における発電技術のライフサイクル CO_2 排出量総合評価（2016.7）」をもとに作成）

資料２　発電方法別の発電コスト（１キロワットの電気を得るために必要な費用）

（単位：円）

	火力			原子力	再生可能エネルギー			
	石炭	石油	天然ガス		水力	太陽光	風力	地熱
2020 年	12.5	26.7	10.7	11.5 ～	25.3	12.9	19.8	17.4
2030 年（試算）	13.4 ～ 22.4	24.9 ～ 27.5	10.7 ～ 14.3	11.7 ～	25.3	8.2 ～ 11.8	9.9 ～ 17.2	17.4

（資源エネルギー庁資料より作成）

問題１　**資料１**、**資料２**から読み取れる、再生可能エネルギーによる発電の特ちょうを書きなさい。

まさと：再生可能エネルギーにはそのような特ちょうがあるんだね。
ひかり：そうだね。2015 年９月の国連サミットで採択された「SDGs（持続可能な開発目標）」の一つに「7　エネルギーをみんなに　そしてクリーンに」とあるように、世界中でもエネルギー問題に関心が高まっているんだよ。
まさと：世界各国のエネルギーの状況も知りたいね。

資料３　日本の総発電量と再生可能エネルギー割合の変化

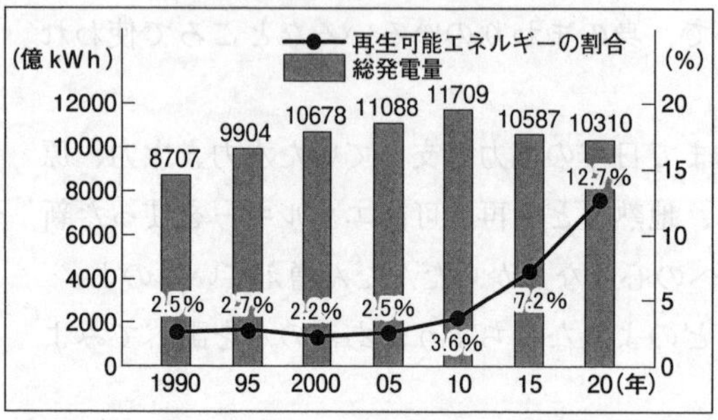

資料４　世界の発電の内訳（2020 年）

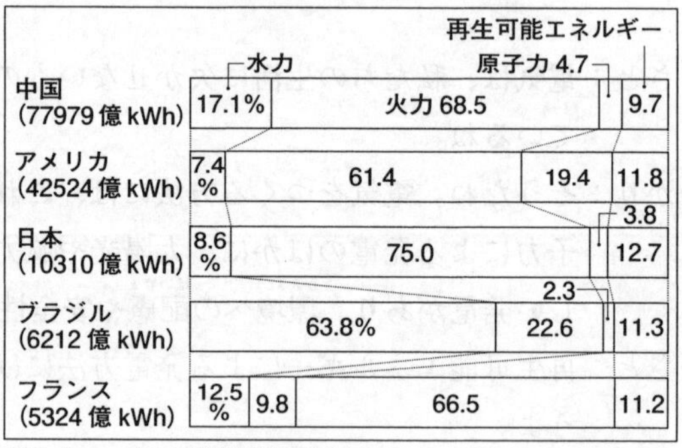

（注）（　　　　）内は総発電量を示す。

（**資料３**、**資料４**は IEA ホームページより作成）

問題２　次の文章は、発電や電力に関する**資料３**、**資料４**について説明したものです。**ア～エ**の中から説明として正しいものを一つ選び、記号を書きなさい。

ア　1990 年から増え続けている日本の総発電量は 2000 年には１兆 kWh をこえ、2020 年の総発電量は、アメリカの総発電量よりも多くなっている。

イ　日本の再生可能エネルギーによる発電量は年々増加し続け、2020 年の再生可能エネルギーによる発電量は、1990 年の発電量の 10 倍以上である。

ウ　2020 年のブラジルの総発電量にしめる割合が最も高いものは水力であり、ブラジルの水力による発電量はフランスの総発電量よりも多い。

エ　**資料４**の５か国の中で、総発電量にしめる原子力の割合が最も高い国は、総発電量にしめる火力の割合が最も低い。

まさと：日本の発電は火力が中心だから、発電するときに環境への影響《えいきょう》が大きいみたいだね。
ひかり：使用する電力の量を減らすことで、環境への影響をおさえることができるね。茨城県庁でも、節電の取り組みをしているみたいだよ（**資料５**）。

資料５　茨城県庁の電気を節約するための取り組みに関するホームページ

年度	使用した電力量
1999	1490万kWh

県庁舎の使用電力量については、2020年度は、1999年度の県庁舎開庁時に対して40%さく減されています。気候変動、災害発生などによる変動はありますが、全体的には減少方向に推移《すいい》しています。

（茨城県ホームページより作成）

まさと：茨城県庁では積極的に節電しているんだね。

ひかり：１世帯が１年間に使用する電力が4000kWhと言われているから、1999年度と比べて2020年度でさく減された電力量は、［　　］世帯分の１年間の電力量にあたるね。

問題３　会話文中の［　　］にあてはまる数字を書きなさい。

問題４　あなたができる節電の具体的な取り組みを２つ書きなさい。

4　かなこさんの学校では、文化祭のために、ろう下のけい示板を利用して、みんながかいたポスターの展示を行うことになりました。そこで、どのように並べてけい示をするのかについて、かなこさんとしんじさんで次のように話し合いをしています。

かなこ：まずは、４種類のポスター**Ａ**～**Ｄ**（**図１**）の形と大きさを確認してみましょう。

しんじ：そうだね。何枚並べられるかを計算してからけい示することにしよう。

かなこ：４種類のポスター**Ａ**～**Ｄ**は、**Ａ**と**Ｂ**、**Ｃ**と**Ｄ**がそれぞれ同じ大きさで、**Ａ**と**Ｃ**が横向き、**Ｂ**と**Ｄ**がたて向きになっていて、どれも長方形だね。

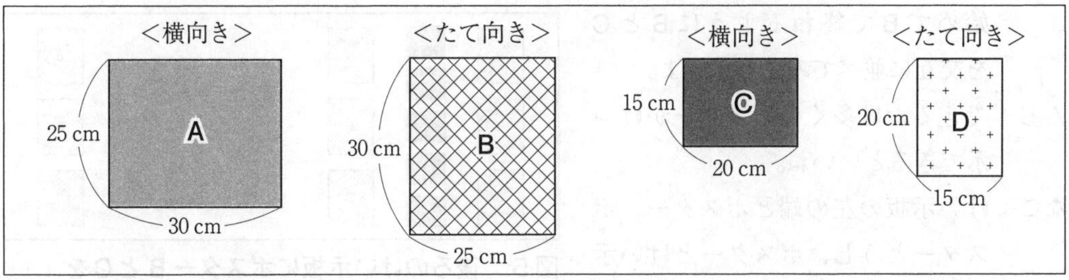

図１　ポスターの種類とサイズ

しんじ：４種類のポスター**Ａ**～**Ｄ**をけい示板に並べることになったよ。それぞれのポスターを１種類だけで並べるか、混《ま》ぜて並べるかを考えてみよう。

かなこ：その前に、ろう下のけい示板の大きさを調べなくてはいけないね。

しんじ：けい示板は、たてが120 cm、横が

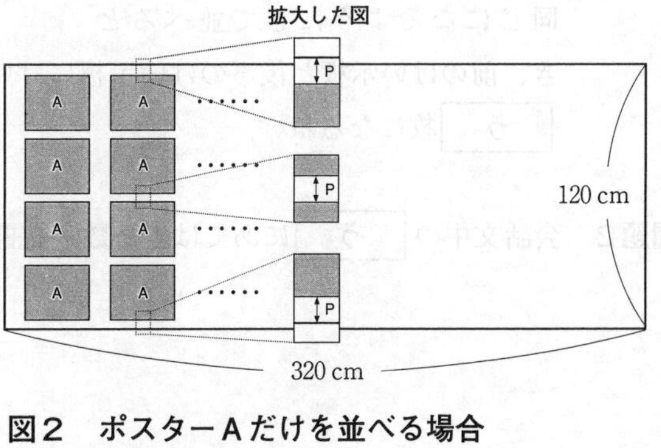

図２　ポスターＡだけを並べる場合

320 cmの長方形で、ろう下の前と後ろの２か所にあるよ。

かなこ：**A**と**B**をそれぞれ１種類だけ並べる場合を考えてみましょう。そのとき、けい示板の上の端《はし》とポスター、ポスターどうし、ポスターとけい示板の下の端の間の長さがすべて同じになるようにして並べると、たての列に**A**は４枚（**図２**）、**B**は３枚（**図３**）並べることができそうね。

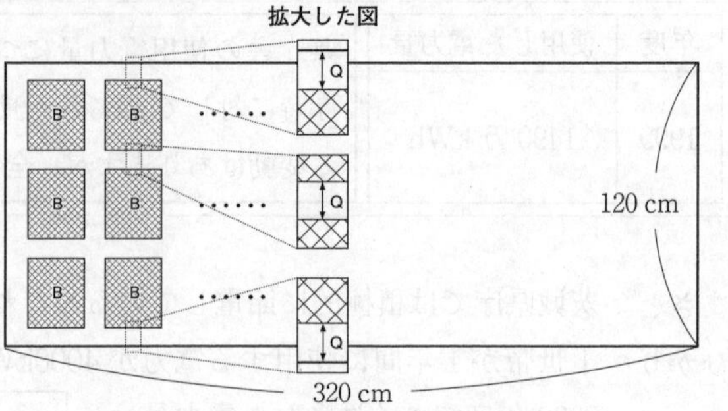

図３　ポスターBだけを並べる場合

しんじ：このとき、**図２**の**P**の長さは [あ] cm、**図３**の**Q**の長さは [い] cmになるね。

問題１　会話文中の [あ] 、[い] にあてはまる数字を書きなさい。

しんじ：ところで、２種類のポスターを組み合わせて交互に並べていくとバランスがいいと思うけど、どうかな。

かなこ：ろう下のけい示板は２か所あるから、前のけい示板には、**図４**のように**A**から始めて**A**で終わるように**A**と**D**を交互《こうご》に並べ、後ろのけい示板には、**図５**のように**B**から始めて**B**で終わるように**B**と**C**を交互に並べてみましょうよ。

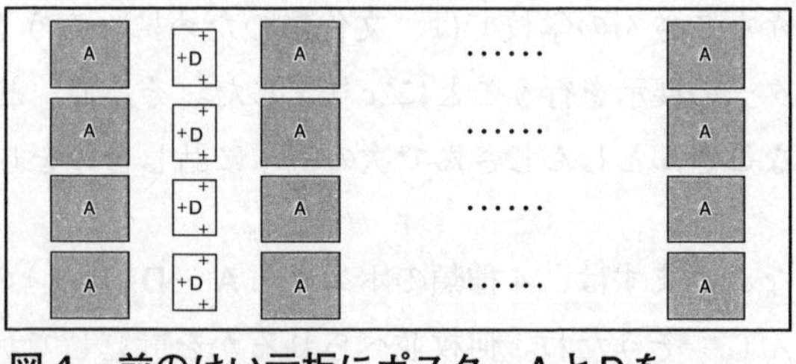

図４　前のけい示板にポスターAとDを並べる場合

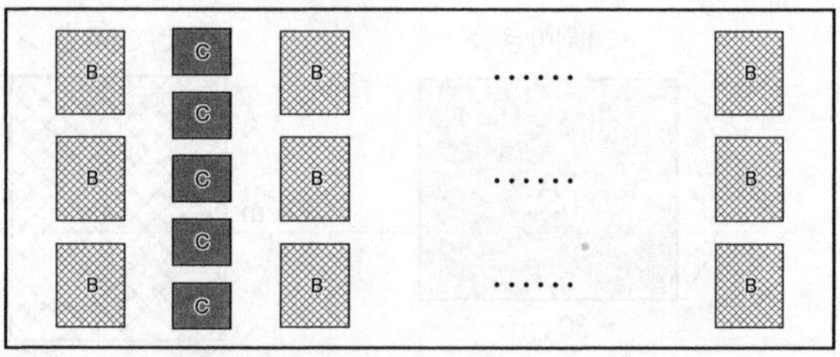

図５　後ろのけい示板にポスターBとCを並べる場合

しんじ：できるだけ多くのポスターがけい示できるといいね。

かなこ：けい示板の左の端とポスター、ポスターどうし、ポスターとけい示板の右の端の間の長さがすべて同じになるようにして並べるとき、前のけい示板と後ろのけい示板にけい示できるポスターの枚数の合計は、最大で [う] 枚になるね。

問題２　会話文中の [う] にあてはまる数字を書きなさい。

5 美化委員のたくやさんとあおいさんは、月曜日から金曜日までのそうじ当番の割り振りについて、次のように話し合いをしています。

たくや：クラスには１班から５班までの５つの班があるから、班ごとに月曜日から金曜日までを割り振ればいいね。

あおい：曜日を決めるのに、あみだくじを使ってみるのはどうかしら。

たくや：それはおもしろいアイデアだね。

あおい：毎回作るのは大変だから、小さなあみだくじ（**図１**）を組み合わせて、毎週くじをしてみようと考えているのよ。あみだくじのパターンを５つ作ってみたわ。

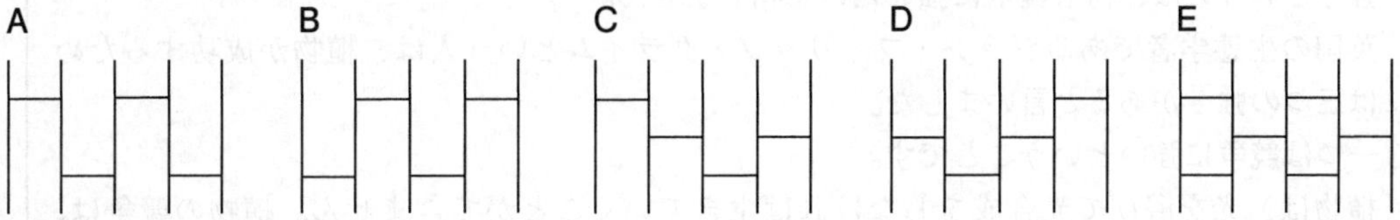

図１　小さなあみだくじ

たくや：あみだくじって、線を下にたどっていって、横線にぶつかったときに横線にそって曲がりながら下方向へ進んで、その先に結果がわかるくじのことだよね。

あおい：そうよ。左から順に１班から５班の場所があって、くじの組み合わせを毎回変えてみましょう。たとえば、**A**のあみだくじでは**図２**のように、**B**、**C**の順に組み合わせると**図３**のように、それぞれ５つの班の曜日が決まるの。

たくや：２つのあみだくじを組み合わせて、月曜日から順に、５班、４班、３班、２班、１班とすることはできるかな。

あおい：わかったわ。**図４**のように、**A**、**E**の順に組み合わせればいいんだわ。

たくや：よくわかったね。それ以外にも、組み合わせはもう一つあるよ。

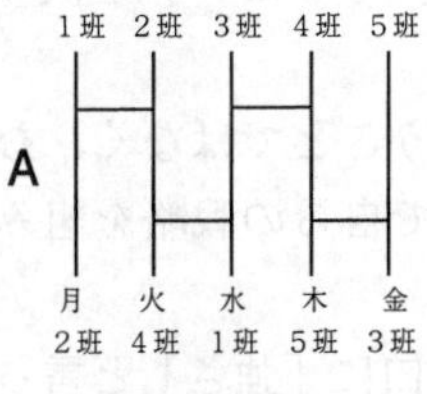

図２　Aのあみだくじ

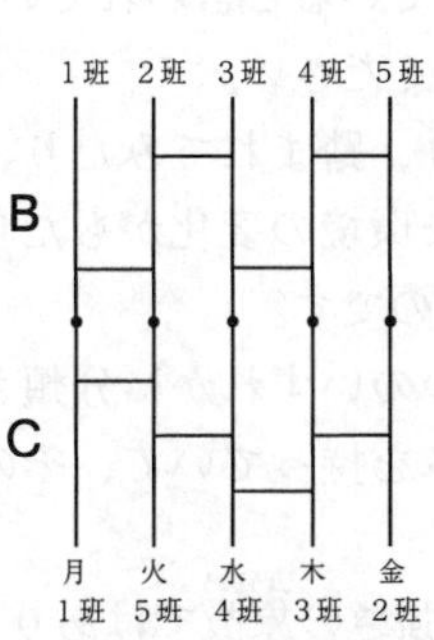

図３　B、Cの順に組み合わせたあみだくじ

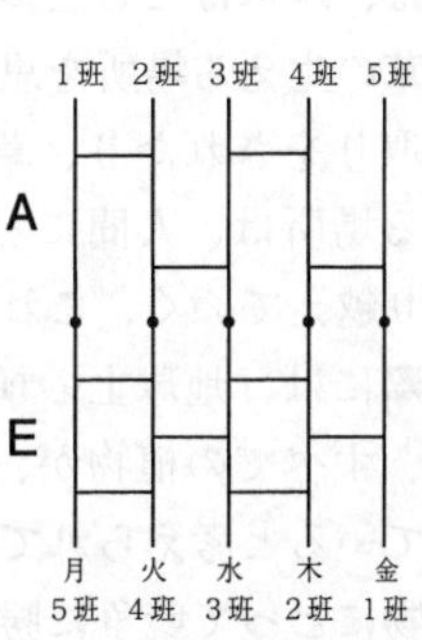

図４　A、Eの順に組み合わせたあみだくじ

問題　下線部について、あみだくじ**A**～**E**をどのように組み合わせればよいですか、答えなさい。ただし、上から**A**、**B**の順に組み合わせるときは、（**A**、**B**）のように答えることとする。

【適性検査Ⅱ】〈第１回試験〉（45分）〈満点：100点〉

1 ゆうまさんとはるなさんは、理科の時間に植物の成長について学びました。その後、植物や生物に関心を持つようになり、先生と話しています。

ゆうま：植物の成長のためにはさまざまな条件がかかわっていたのですね。
はるな：家でも実際に花を植えてみようと思います。
先　生：植物に関して興味深い文章がありますので、紹介しますね。

> 強くなければ生きていけない自然界で、弱い植物である雑草ははびこっています。これはなぜでしょう。
>
> 強さというのは、何も競争に強いだけを指しません。
>
> 英国の生態学者であるジョン・フィリップ・グライムという人は、植物が成功するためには三つの強さがあると言いました。
>
> 一つは競争に強いということです。
>
> 植物は、光を浴びて光合成をしなければ生きていくことができません。植物の競争は、まずは光の奪《うば》い合いです。成長が早くて、大きくなる植物は、光を独占《どくせん》することができます。もし、その植物の陰《かげ》になれば、十分に光を浴びることはできません。植物にとって、光の争奪《そうだつ》に勝つことは、生きていく上でとても大切なことなのです。
>
> しかし、この競争に強い植物が、必ずしも勝ち抜《ぬ》くとは限りません。競争に強い植物が強さを発揮《はっき》できない場所もたくさんあるのです。それは、水がなかったり、寒かったりという過酷《かこく》な環境《かんきょう》です。
>
> この環境にじっと耐《た》えるというのが二つ目の強さです。
>
> たとえば、サボテンは水がない砂漠《さばく》でも枯《か》れることはありません。高い雪山に生える高山植物は、じっと氷雪に耐《た》え忍《しの》ぶことができます。厳しい環境に負けないでじっと我慢《がまん》することも、「強さ」なのです。
>
> 三つ目が変化を乗り越《こ》える力です。
>
> さまざまなピンチが訪れても、次々《つぎつぎ》にそれを乗り越えていく、これが三つ目の強さです。じつは、雑草はこの三つ目の強さに優れていると言われています。
>
> 雑草の生える場所を思い浮《う》かべてみてください。
>
> 草取りをされたり、草刈《か》りをされたり、踏《ふ》まれてみたり、土を耕されたり。雑草が生えている場所は、人間にとってさまざまな環境の変化がもたらされます。そのピンチを次々に乗り越えていく、これが雑草の強さなのです。
>
> 実際には、地球上の植物が、この三つのいずれかに分類されるということではなく、むしろ、すべての植物が、この三つの強さを持っていて、そのバランスで自らの戦略を組み立てていると考えられています。
>
> 植物にとって競争に勝つことだけが、強さの象徴《しょうちょう》ではありません。一口に「強さ」と言っても、本当にいろいろな強さがあるのです。
>
> （稲垣栄洋『はずれ者が進化をつくる　生き物をめぐる個性の秘密』による）

ゆうま：雑草についてこれだけ深く書かれているのはおもしろいですね。
先　生：そうですね。この文章ではまず英国の生態学者の意見を引用していますね。どのような意見だったか読み取れましたか。

はるな：ジョン・フィリップ・グライムは、植物が成功するためには、[ア]と言っていますね。

問題１　はるなさんは、この文章を読んで、ジョン・フィリップ・グライムの意見をどのようにまとめたと考えられますか。会話が成り立つように、[ア]に入る内容を本文中の言葉を使って、30字以上50字以内で書きなさい。ただし、「、」や「。」も１字に数え、文字に誤りがないようにしなさい。

ゆうま：身近なことが題材になっていて、わかりやすく書かれている文章ですね。クラスのみんなにも読んでもらいたいです。

先　生：それでは、次のクラス会の時間にみんなでこの本を読むことにしましょう。ジョン・フィリップ・グライムの意見の部分を、はるなさんに発表してもらいたいと思います。

はるなさんが発表した後の質問

> ともき：ジョン・フィリップ・グライムの意見についてよくわかりました。理科の授業で学ぶ植物の成長の条件とは違った角度からの話で、とても興味深く聞けました。
> はるな：植物の強さについてのジョン・フィリップ・グライムの意見について、何か質問はありますか。
> ともき：三つの強さのうち、[イ]。
> はるな：ジョン・フィリップ・グライムは、雑草が生える場所は人間によってさまざまな変化がもたらされるので、それを乗り越えていく強さが特に優れていると言っています。

問題２　クラス会での話し合いが成り立つように、[イ]に入る質問を考えて、この場面にふさわしい言葉づかいで書きなさい。

先　生：はるなさん、ありがとうございました。植物や雑草の「成長」についての本を読みましたが、今日はここで人間の「成長」についても考えてみたいと思います。中国の古典を読みやすくした形で三つの言葉を紹介します。

資料　人間の成長のためについての言葉

> **A**「誠実に行動するとは、正しい心で自分をごまかさないことだ。」
> 　(其《そ》の意《い》を誠《まこと》にすとは、自《みずか》ら欺《あざむ》くこと毋《な》きなり　『大学《だいがく》』より)
> **B**「間違いを犯《おか》したら、他人の目など気にせず、ためらうことなく改めるべきだ。」
> 　(過《あやま》ちては、則《すなわ》ち改むるに憚《はばか》ることなかれ　『論語《ろんご》』より)
> **C**「もう少しで完成というときに止めてしまったとしたら、ほかの誰でもない自分が悪いのだ。」
> 　(未《いま》だ一簣《いっき》を為《な》さざるも、止《や》むは吾《わ》が止むなり　『論語』より)

問題３　ゆうまさんとはるなさんのクラスは、人間の成長についても話し合いました。**資料**の**A**～**C**の中からあなたが大切にしたいと思う言葉を選び、それを選んだ理由を、80字以上100字以内で書きなさい。ただし、「、」や「。」も１字に数え、文字に誤りがないようにしなさい。

2 ひろとさんとさくらさんのクラスでは、総合的な学習の時間に「自動車と私たちのくらし」をテーマにして学習することになりました。情報を集めるために、近くの自動車工場に見学に行き、作業員の人に案内してもらいました。

ひろと：社会科の授業で日本の自動車工業について学習したのですが、実際に工場を見学するのは初めてです。
作業員：そうなのですね。では、工場の中に入りましょう。
ひろと：入口にスケジュール（**資料１**）が貼《は》ってありますが、人によって勤務時間がちがうのですか。
作業員：はい。朝から勤務する人と夜から勤務する人に分けてあります。勤務時間を分けることでどのような良い点があるか、わかりますか。
さくら：勤務を朝からと夜からに分けることで、長い時間工場を動かすことができます。それによって、［　A　］ことが良い点だと思います。
作業員：そうですね。その他に気づいたことはありますか。
ひろと：自動車工場では、ロボットがたくさん使われていますね。
作業員：ロボットの作業と人間の作業を分けることで、効率よく自動車が生産されています。
さくら：さまざまな工夫が取り入れられているのですね。

資料１　自動車工場の作業員のスケジュール

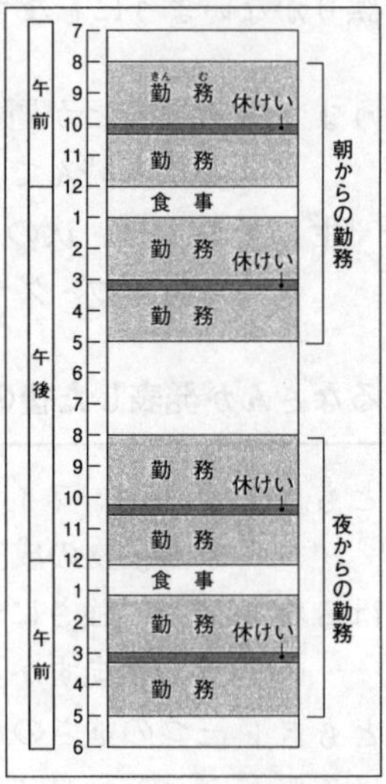

問題１　会話が成り立つように、［　A　］に入る内容を、「生産」という語を用いて書きなさい。

問題２　会話文中の下線部について、次の(1)、(2)の問題に答えなさい。

(1) 自動車は、一つの流れの中でつくられています。その流れにある作業のうち、ようせつと組み立てを表しているものを、次の**ア**～**エ**の中から一つずつ選び、記号を書きなさい。

ア　　イ　　ウ　　エ

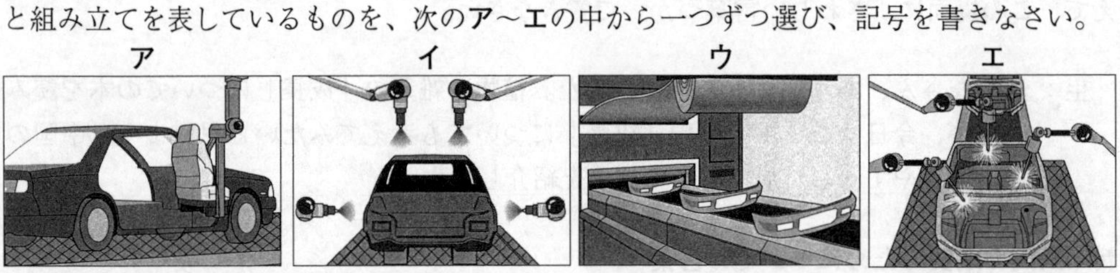

(2) 自動車の部品は、関連工場でつくられることがわかりました。ひろとさんは、**資料２**を見ながら、自動車工場や関連工場がある場所の特ちょうについてまとめました。［　B　］に当てはまる、関連工場がある場所の特ちょうを、その場所にある理由もふくめて、**資料２**から読み取れることをもとに、「部品」という語を用いて書きなさい。

> 自動車工場は、自動車の輸送に便利な高速道路沿いにあり、関連工場は、［　B　］。

資料２　自動車工場と関連工場の位置（2017年）

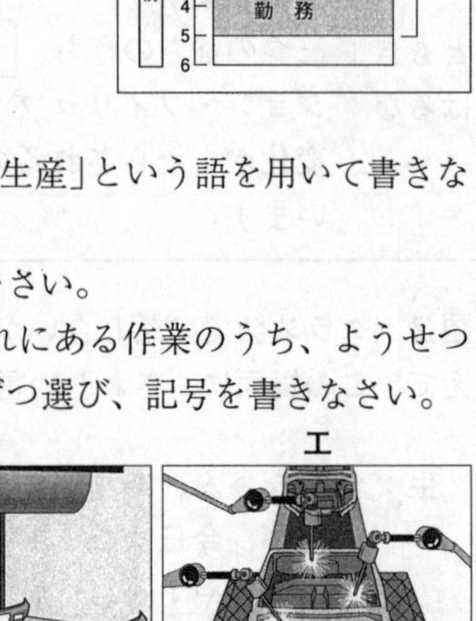

（自動車会社資料より）

問題３　ひろとさんは、日本の自動車について調べている中で、**資料３**を見つけました。自動車には必ずナンバープレートがついていますが、近年、**資料３**のような図柄《ずがら》の入ったナンバープレートが登場しました。ナンバープレートに図柄を入れることでどのような効果がありますか、「み力《りょく》」という言葉を使って書きなさい。

資料３　図柄入りのナンバープレートの例

（国土交通省資料より）

問題４　さくらさんは、自動車工場からの帰りに歩いていると、「ラウンドアバウト」とよばれる円形の交差点を見つけました。さくらさんは、「信号交差点」と「ラウンドアバウト」について調べている中で、**資料４**～**資料６**を見つけました。

さくらさんは、それぞれの交差点の特ちょうやその利点について、ひろとさんと話し合っています。会話が成り立つように、[C]、[D]に入る内容をそれぞれ書きなさい。ただし、[C]には「横断歩道」、[D]には「速度」という語を用いること。

資料４　交差点の種類（一部）

信号交差点

ラウンドアバウト

資料５　交差点の特ちょう

信号交差点	○信号機が設置されている ○歩行者用の信号機には、目の不自由な人のために、音声で信号を知らせる工夫がある
ラウンドアバウト	○信号機が設置されていない ○自動車は時計回りに一方通行で走行し、外に出るときは必ず左折する

ひろと：「信号交差点」と「ラウンドアバウト」の特ちょうやその利点について、歩行者の立場になって話し合いましょう。

さくら：「信号交差点」は、信号機が設置されていたり、目の不自由な人のために、音声で信号を知らせる工夫があるなど、[C]ね。

ひろと：それに対して、「ラウンドアバウト」は、時計回りに一方通行で走行するため、自動車同士が交差することがなく、信号交差点と比べて[D]ので、自動車にまきこまれる事故が減りそうだね。

資料６　交差点進入前の自動車の速度

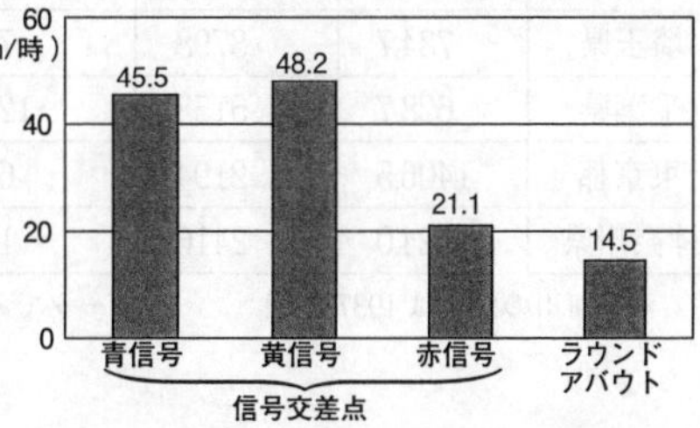

（飯田市資料より）

3 ひかりさんとまさとさんは、日本の農業や食料自給率について話しています。

ひかり：この前の社会科の授業で学習した日本の農業について、調べたりわかったりしたことを話し合いましょう。

まさと：農業は、気温や降水量などの気候が大きくかかわっているから、気候について考えることは大切だね。

ひかり：日本の気候は、北海道の気候、太平洋側の気候、①日本海側の気候、中央高地の気候、瀬戸内海の気候、南西諸島の気候の６つに分けることができるよ。

まさと：茨城県は、太平洋側の気候に属しているね。

ひかり：太平洋側は気温が高く、夏や秋にたくさんの雨が降るけれど、この気候は茨城県の特産品であるれんこんやピーマンにとって最適みたいだよ。

まさと：そうなんだね。②茨城県は農業がさかんに行われているよね。

ひかり：**資料１**、**資料２**で示した関東地方の人口や耕地面積、東京からのきょりを調べて比べてみても、茨城県で農業がさかんに行われている理由がわかるね。

まさと：農業がさかんな理由は、気候だけでなく人口や面積、地形も関係しているんだね。

ひかり：けれども、近年は都市部の気温がそのまわりの気温よりも高くなるヒートアイランド現象がおこっていることで、都市部のまわりで行われている農業に悪い影響《えいきょう》をおよぼすことが心配されているみたいだよ。

まさと：そうなんだね。③都市部の気温を下げる取り組みが必要だね。

資料１　関東地方の都県の人口と面積（2020 年）

	人口（万人）	総面積（km^2）		
			耕地面積	湖・河川の面積
茨城県	286.9	6097	1636	451
栃木県	193.4	6408	1220	214
群馬県	194.0	6362	668	141
埼玉県	734.7	3798	741	211
千葉県	628.7	5158	1235	170
東京都	1406.5	2194	653	69
神奈川県	924.0	2416	184	72

（注）湖・河川の面積は 1987 年度　　（「データでみる県勢 2022」より）

資料２　関東地方の地形と東京からのきょり

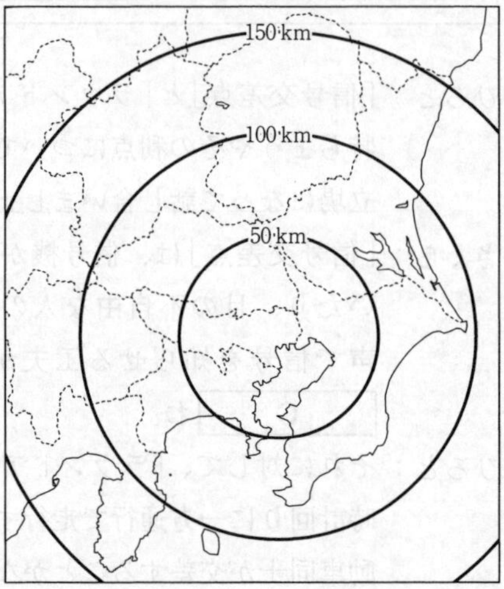

問題１　会話文中の下線部①（日本海側の気候）の特ちょうについて述べた文として、最も適しているものを、次の**ア**～**エ**の中から一つ選び、記号を書きなさい。

ア　北西の季節風の影響で、冬に雪が多い。
イ　北西の季節風の影響で、夏に雨が多い。
ウ　南東の季節風の影響で、冬に雪が多い。
エ　南東の季節風の影響で、夏に雨が多い。

問題２　**資料１**、**資料２**をもとに、会話文中の下線部②（茨城県は農業がさかんに行われている）の理由を、「耕地面積」、「河川」、「都市部」の三つの言葉を使って書きなさい。

問題３　会話文中の下線部③（都市部の気温を下げる取り組み）について、具体的な取り組みを一つ書きなさい。

ひかり：次に、日本の食料生産についてくわしく調べてみましょうよ。

まさと：**資料３**は、日本の農産物に関する資料だよ。日本は、輸入にたよっている農産物が多いんだね。

ひかり：地元で生産した農産物を地元で消費する「地産地消」を進めることは、農産物を輸入にたよる状況を改善するだけでなく、④地球温暖化を防ぐことにも役立つのよ。

資料３　日本の農産物の生産量・輸入量・消費量

	生産量（千トン）	輸入量（千トン）	消費量（千トン）
米	8145	814	7857
小麦	949	5521	6412
⑤野菜	11474	2946	14361
大豆	219	3139	3498
牛肉	479	845	1329
⑥牛乳・乳製品	7434	4987	12215
豚肉	1310	1298	2644

（「日本国勢図会 2022/23 年版」より）

問題４　**資料３**の７つの農産物のうち、消費量に占める輸入量の割合が最も高い農産物を選びなさい。

問題５　会話文中の下線部④（地球温暖化を防ぐことにも役立つ）について、「地産地消」を進めることが地球温暖化を防ぐことに役立つのはなぜですか。**資料４**、**資料５**から読み取れることをもとに考え、「きょり」、「二酸化炭素」の二つの言葉を使って書きなさい。

資料４　石川県金沢市の中心部において、豚肉の野菜巻きをつくる際に、地元産農産物のみを使用した場合と、輸入農産物のみを使用した場合の輸送きょりを比べた例

おもな食材	地元産農産物のみ使用（鉄道・トラック）		輸入農産物のみ使用（船・航空）	
	産地	輸送きょり〔km〕	産地	輸送きょり〔km〕
豚肉（200 g）	石川県かほく市	22	アメリカ合衆国	19,422
しいたけ（40 g）	石川県小松市	33	中国	2,878
にんじん（40 g）	石川県小松市	33	中国	2,878

（農林水産省ホームページより作成）

資料５　貨物１トンを１ｋｍ輸送するときの二酸化炭素排出量

輸送方法	鉄道	トラック	船	航空
二酸化炭素排出量（g-CO_2/トンキロ）	22	312	38	1472

（国土交通省ホームページより作成）

問題６　**資料３**の下線部⑤(野菜)について、まさとさんは、宮崎平野で行われている農業について調べている中で、**資料６**を見つけました。宮崎平野では、ビニールハウスできゅうりなどを生産していますが、このような栽培方法で行われる農業にはどのような利点がありますか。**資料６**を参考にして、「出荷」の言葉を使って書きなさい。

資料６　大阪府中央卸売市場へのきゅうりの出荷量（2018年）

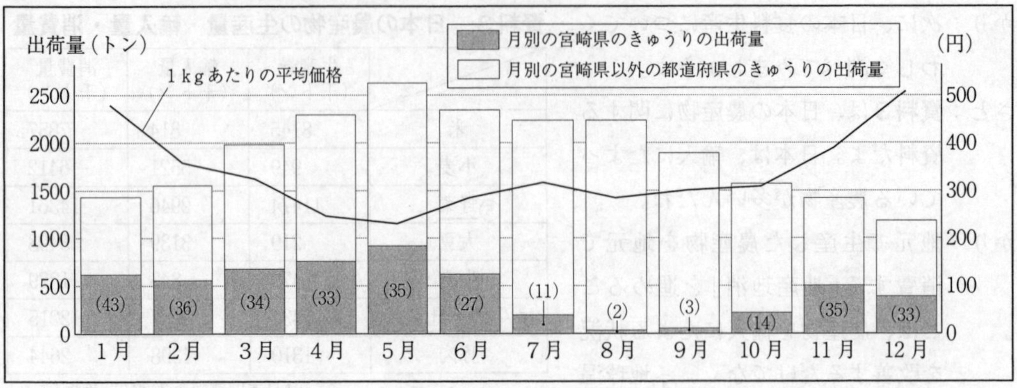

(注)（　　）内の数値は、月別出荷量全体に占める宮崎県の出荷量の割合（%）を示す。

(大阪府中央卸売市場「市場年報」より)

問題７　**資料３**の下線部⑥(牛乳・乳製品)について、ひかりさんは、北海道と東北地方の酪農《らくのう》について調べて、**資料７**、**資料８**を作成しました。東北地方と比べたとき、北海道の酪農にみられる特ちょうとその理由を、**資料７**、**資料８**を参考にして、「きょり」、「時間」の二つの言葉を使って書きなさい。

資料７　地方別牛乳消費量（2019年）

	牛乳販売本数（万本）	全国に占める割合（%）
北海道	19591	2
東北	53088	7
関東	294957	36
中部	158911	19
近畿	145179	18
中国・四国	66034	9
九州	73727	9

(「日本のミルクサプライチェーン2021」より作成)

資料８　北海道・東北地方における生乳の用途別割合（2020年）

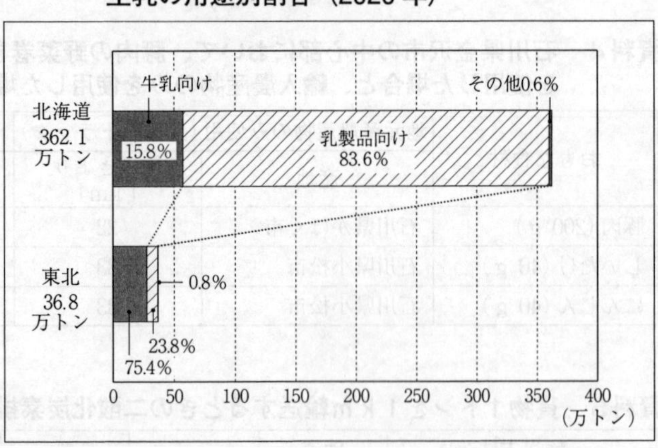

(注)生乳＝乳牛からしぼったままの何も手を加えない乳
牛乳＝生乳を加熱して殺菌したもの
乳製品＝チーズやヨーグルトなど、牛乳を加工して作られる製品

(注)**資料８**に示した生乳の量（＝処理量）は、生産量から出荷されない分を除いた量である。

(農林水産省資料より作成)

2023年度

水戸英宏中学校 ▶解　答

※　編集上の都合により，第１回試験の解説は省略させていただきました。

適性検査Ⅰ　＜第１回試験＞（45分）＜満点：100点＞

解　答

1　**問題１　液体Ｃ**…炭酸水　　**理由**…(例)　あわが出ていたから。　　**問題２　あ**　青　　**い**　赤　　**問題３　液体Ａ**…うすい水酸化ナトリウム水溶液　　**液体Ｄ**…石灰水　　**液体Ｆ**…さとう水　　2　**問題１　記号**…ウ　　**理由**…(例)　Ｃの部分にもともとあったでんぷんとヨウ素液が反応するため。　　**問題２**　(例)　**ＡとＣ**…葉にでんぷんができるためには，光が当たることが必要であること。　　**ＡとＤ**…葉にでんぷんができるのは，葉の緑色の部分であること。　3　**問題１**　(例)　二酸化炭素排出量は火力発電より少なく，発電コストも下がっている。　**問題２**　エ　　**問題３**　1490　　**問題４**　(例)　エアコンの温度をこまめに調節したり，タイマー機能を使ったりする。／照明も電化製品も必要なときだけ使い，使わない場合はこまめにスイッチを切る。　　4　**問題１　あ**　4　　**い**　7.5　　**問題２**　103　　5　(Ｅ、Ｂ)

適性検査Ⅱ　＜第１回試験＞（45分）＜満点：100点＞

解　答

1　**問題１**　(例)　競争に勝つ強さ，環境にじっと耐える強さ，変化を乗り越える強さの三つの強さがある　　**問題２**　(例)　雑草はどの強さに優れているのでしょうか　　**問題３**　(例)　**選んだ言葉**…Ｃ／**理由**…歴史で習う有名な人もくわしく調べてみると，何があっても決してあきらめなかったというエピソードを聞くことが多いからだ。私も，この言葉の通りに自分で決めたことはしっかり最後までやろうと思う。　　2　**問題１**　(例)　自動車の生産台数を増やすことができる　　**問題２**　(1)　**ようせつ**…エ　　**組み立て**…ア　　(2)　(例)　自動車の部品をすぐに運ぶことができるように，沿岸部もしくは自動車工場の近くに建てられている　　**問題３**　(例)　ナンバープレートに図柄を入れることで，その地域のみ力を発信することができる。　　**問題４　Ｃ**　(例)　安全に横断歩道を渡ることができる　　**Ｄ**　(例)　自動車の交差点に進入する前の速度が遅い　　3　**問題１**　ア　　**問題２**　(例)　人口が多い東京都や神奈川県などの都市部へ時間をかけずに新鮮な野菜を届けることができる上に，耕地面積が広く，湖や河川の水を使うことができるから。　　**問題３**　(例)　都市部を緑化することで，ビルなどのコンクリートでできた建物から発生する熱を減らす。　　**問題４**　大豆　　**問題５**　(例)　食材の輸送きょりが短くなるので，輸送するときに発生する二酸化炭素の量を減らすことができ，地球温暖化の進行をおさえることができる。　　**問題６**　(例)　ビニールハウスで栽培することで，高い価格で売れる時期に出荷できる。　　**問題７**　(例)　大消費地である関東地方までのきょりが遠く，輸送に時間がかかってしまうことから，牛乳向けに使われる生乳の割合は東北地方よりも少なく，生乳の大部分が乳製品として加工されている。

2023年度 水戸英宏中学校

【算　数】〈第２回試験〉(45分)〈満点：100点〉

注意　答えはすべて解答用紙に記入してください。

1 次の計算をしなさい。

(１) $622-266$

(２) $13+3\times(24-15\div 3)$

(３) $\frac{19}{36}-\frac{16}{45}-\frac{1}{18}$

(４) $3.42\times 7.5-6.84\times 3.2+3.42\times 3.9$

(５) $\left\{\left(\frac{1}{3}+\frac{1}{15}\times 3\right)-\frac{2}{15}\right\}\times 3$

(６) $1\frac{1}{2}\times\left(2.2+4\frac{2}{5}\right)-\left(\frac{3}{5}-0.3\right)\times 3$

2 次の問いに答えなさい。

(1)　２，４，５，８の４つの数を、下の $\square$ に和がいちばん小さくなるように１つずつあてはめて分数のたし算をつくりました。そのときの和を答えなさい。

$$\frac{\square}{\square}+\frac{\square}{\square}$$

(2)　１個30円のお菓子《かし》があり、その中にシールが１枚入っています。シールが６枚集まると、必ずお菓子が１個もらえます。お菓子を1080円分買ったとき、お菓子は何個手に入れることができますか。

(3)　かおりさんの国語、算数、社会、理科の４教科のテストの平均点は86点でした。次の表は、それぞれの教科の点数をまとめたものです。社会と理科の点数はどちらも x 点でした。x にあてはまる数は何ですか。

表

教科	国語	算数	社会	理科
点数(点)	88	94	x	x

(4)　右の図において、㋐の角の大きさは何度ですか。

図

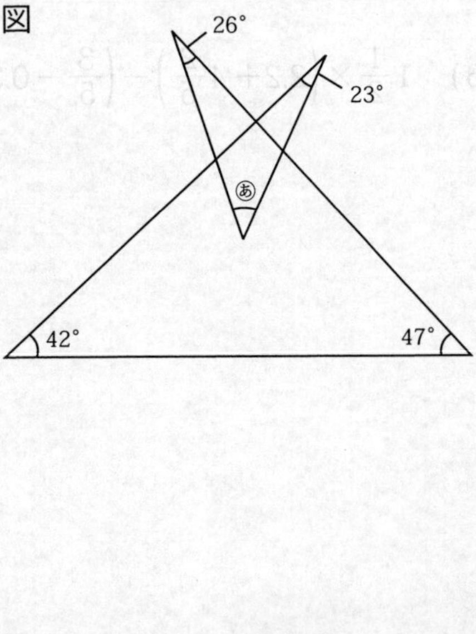

(5)　右の図のように、正三角形の１辺と半円の直径が重なっています。色をつけた部分の面積は何cm^2ですか。ただし、円周率は3.14とします。

図

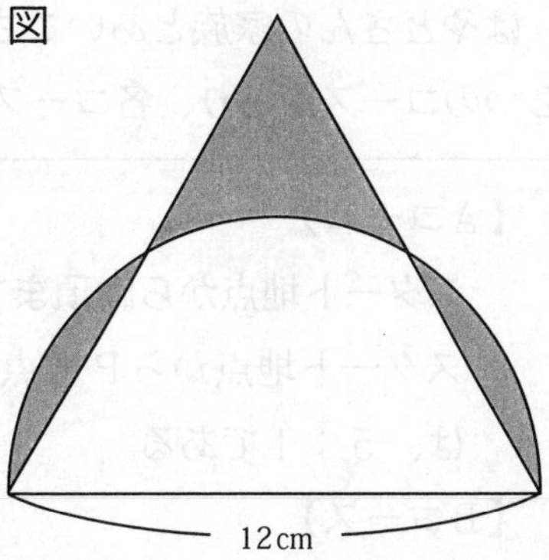

(6)　ある印刷を仕上げるのに、印刷機Ａだけで行うと１時間30分、印刷機Ｂだけで行うと２時間30分かかります。この印刷を、はじめに印刷機Ａだけで１時間行い、残り全部を印刷機Ｂだけで行うとき、印刷機Ｂは何分間動かしますか。

(7)　右の図のように、長方形ＡＢＣＤは７個の正方形に分けることができます。ＡＤ＝48cmのとき、ＡＢの長さは何cmですか。

図

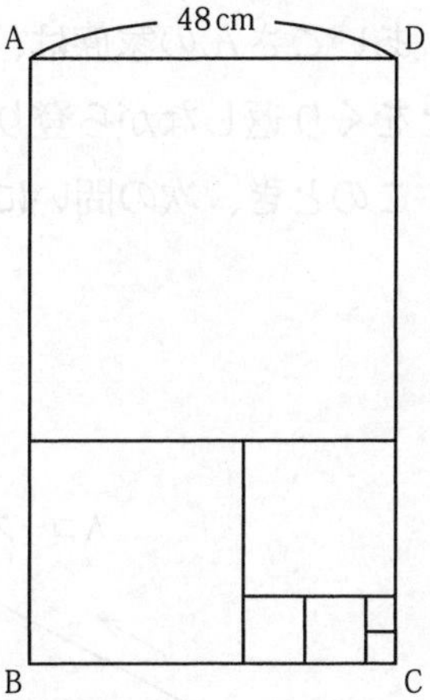

(8)　27人のクラスで、キャンプに行ったことがある人と、海水浴に行ったことがある人の人数を調べました。キャンプと海水浴の両方に行ったことがある人は９人で、この人数はキャンプに行ったことがある人の$\frac{3}{4}$、海水浴に行ったことがある人の$\frac{3}{7}$にあたります。キャンプと海水浴のどちらにも行ったことがない人は何人ですか。

3 はやとさんの家族とあいこさんの家族は登山に行きました。山には山頂までＡ、Ｂ２つのコースがあり、各コースは次のようになっています。

> 【Ａコース】
> 　スタート地点から山頂までの道のりは９ km で、途中にＰ地点がある。
> 　スタート地点からＰ地点までの道のりとＰ地点から山頂までの道のりの比は、５：１である。
> 【Ｂコース】
> 　スタート地点から山頂までの道のりは 8.4km である。

　はやとさんの家族はＡコースを、あいこさんの家族はＢコースを登ります。はやとさんの家族とあいこさんの家族は、午前８時にそれぞれのコースのスタート地点を出発しました。

　はやとさんの家族は、Ｐ地点までは分速50mで休けいをとらないで登り、Ｐ地点から山頂までは、分速30mで15分間歩いたあとに５分間休けいすることをくり返しながら登りました。

　あいこさんの家族は、ある一定の速さで、30分間歩いたあとに５分間休けいすることをくり返しながら登り、はやとさんの家族より15分早く山頂に着きました。

　このとき、次の問いに答えなさい。

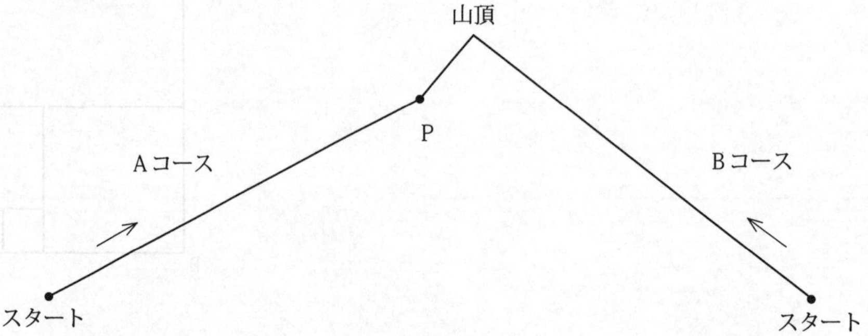

(1)　はやとさんの家族が山頂に着いたのは、午前何時何分ですか。

(2)　次の ア 、 イ にあてはまる数はそれぞれ何ですか。図や表、数、式、言葉などを使って説明しなさい。ただし、(1)で求めた答えは説明せずに用いてもよい。

　あいこさんの家族は、山頂に着くまでに ア 回休けいをとりました。このとき、あいこさんの家族は、分速 イ mで歩いていることがわかります。

4 下の図のように、ある規則にしたがってマス目に●をかいていきます。Ａを１つの頂点としてマス目を□で囲んだときの四角形を考えます。例えば、図のときの四角形は、「３行と２列でできる長方形」と呼ぶことにします。このとき、次の問いに答えなさい。

図

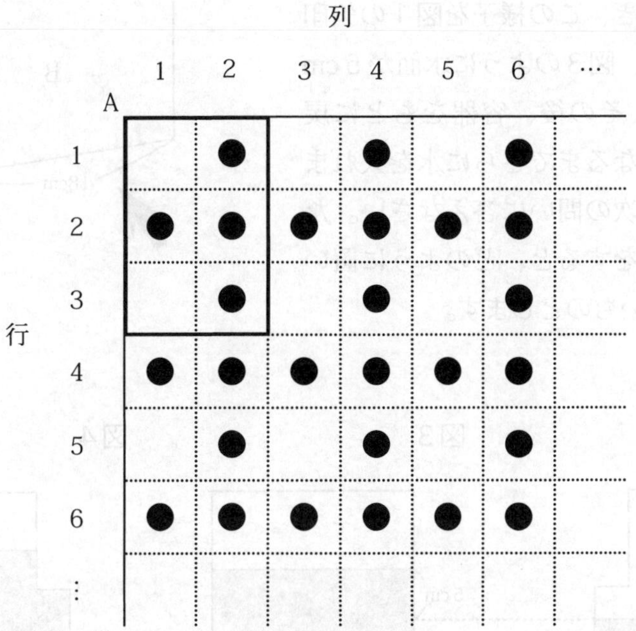

（1）「４行と10列でできる長方形」の中に、●は何個ふくまれますか。

（2）「17行と17列でできる正方形」の中に、●は何個ふくまれますか。図や表、数、式、言葉などを使って説明しなさい。ただし、(1)で求めた答えは説明せずに用いてもよい。

5 右の図１のような、底面が１辺12cmの正方形である直方体Ａと、底面が１辺18cmの正方形である直方体Ｂをつなぎ合わせた容器があります。この容器に水を入れてからふたをし、この様子を図１の矢印の方向から見ると、図２のようになりました。次に、この容器を逆さにして置き、この様子を図１の矢印の方向から見ると、図３のように水面が５cm高くなりました。その後、容器をもとに戻《もど》し、図４のようになるまでさらに水を入れました。このとき、次の問いに答えなさい。ただし、容器にふたをすると、どのように置いても水はこぼれないものとします。

図１

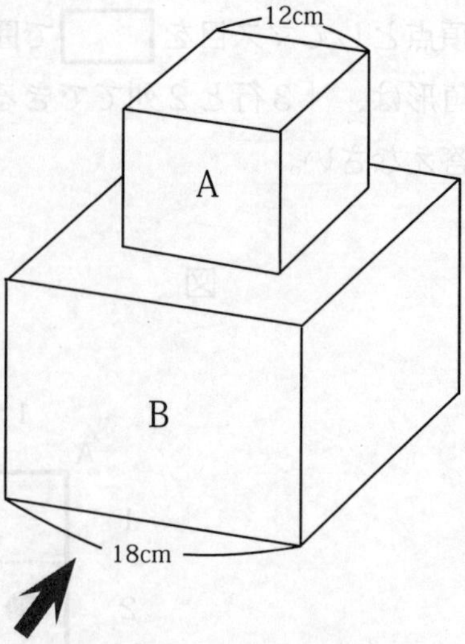

図２　　図３

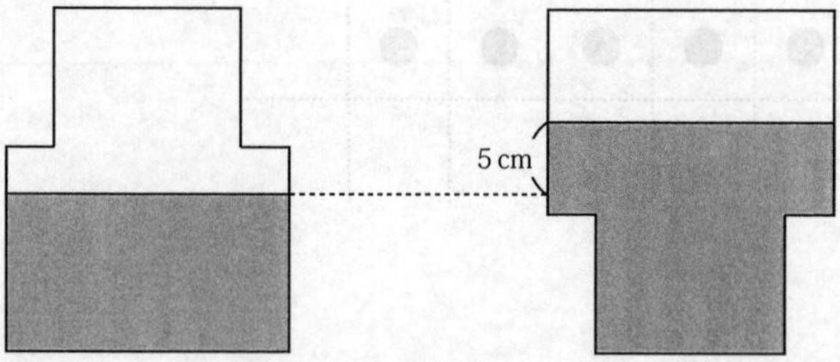

図４

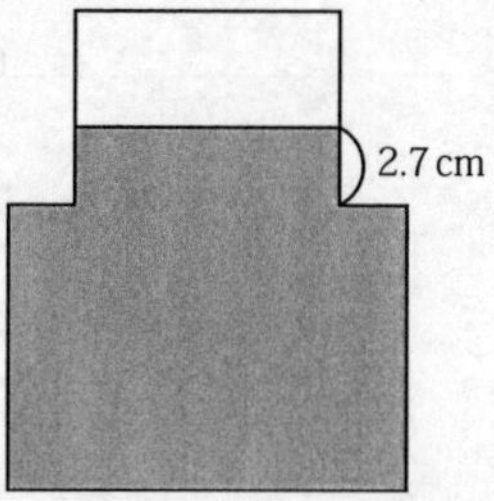

(1)　直方体Ａの高さは何cmですか。

(2)　図４の状態から再び容器を逆さにして置くと、図４のときと比べて、水面は何cm高くなりますか。図や表、数、式、言葉などを使って説明しなさい。ただし、(1)で求めた答えは説明せずに用いてもよい。

【社　会】〈第２回試験〉（45分）〈満点：100点〉

1　次の縮尺２万５千分の１の地形図を見て、あとの問いに答えなさい。

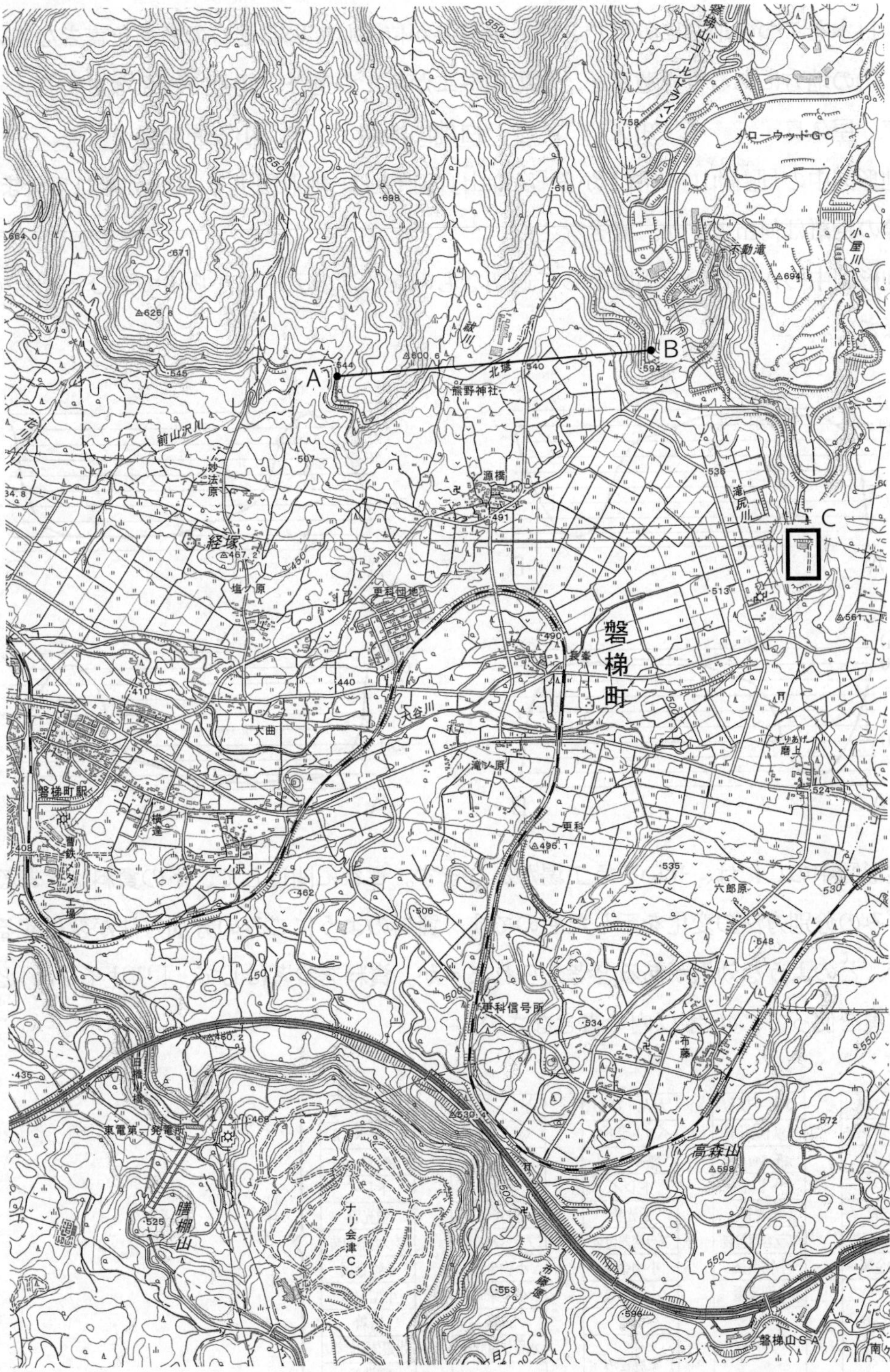

（国土地理院発行「猪苗代」２万５千分の１地形図により作成）

〈編集部注：編集上の都合により実際の入試問題の80％に縮小してあります。〉

⑴　地形図は、福島県猪苗代町の一部を示したものです。福島県について、次の①、②に答えなさい。

①　日本を７つの地方に分けたとき、福島県が位置している地方の名前を書きなさい。

②　①の地方にある世界遺産を、次のア～エから１つ選び、記号で答えなさい。

ア　屋久島　　　イ　知床　　　ウ　白神山地　　　エ　小笠原諸島

⑵　地形図中の「膳棚山《ぜんだなやま》」の頂上から「高森山《たかもりやま》」の頂上は、地形図上で 10 cm 離れています。実際の距離は何mですか。書きなさい。

⑶　地形図中のＡ―Ｂの断面図として適切なものを、次のア～エから１つ選び、記号で答えなさい。

ア

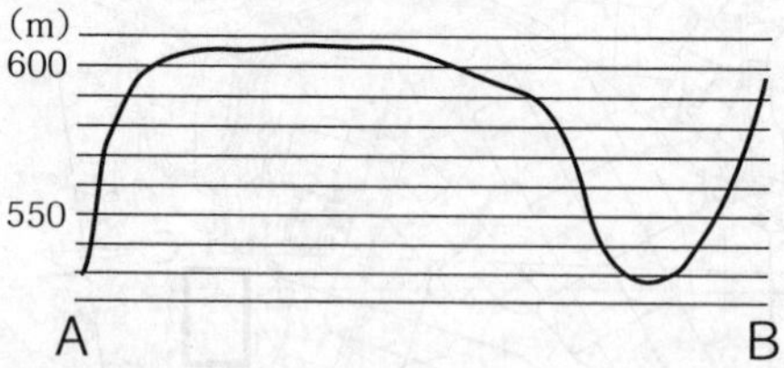

イ

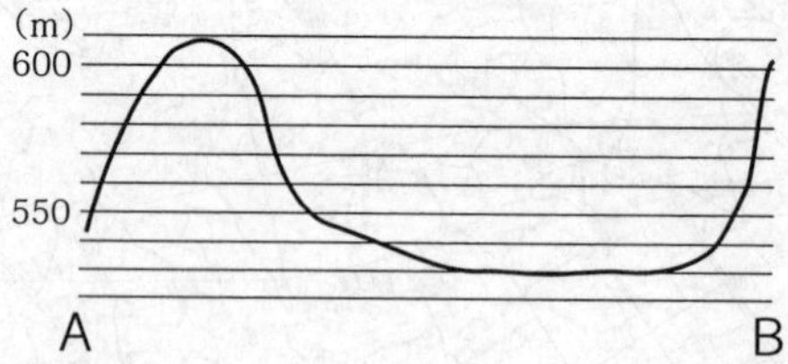

ウ

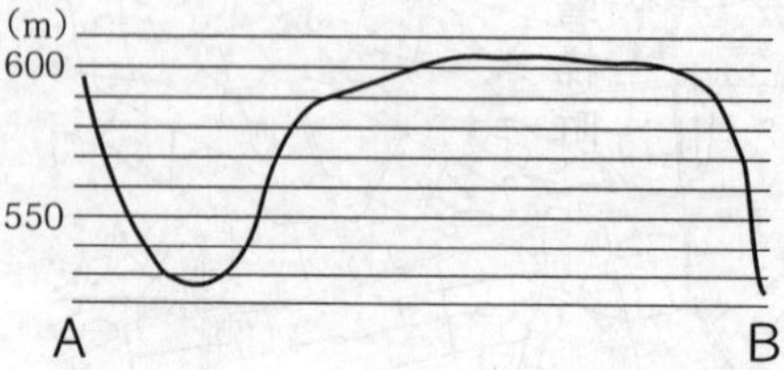

エ

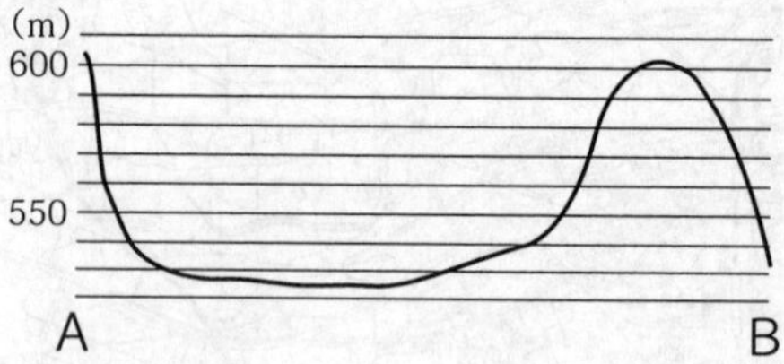

⑷　地形図中のＣには、せいそう工場があります。これに関連して、下の資料は、ある市のごみの分別方法の変化を示したものです。資料のようにごみの分別方法が変化することで、どのような効果があると考えられますか。資料を参考にして、「リサイクル」という言葉を使って、40 字以内で書きなさい。

資料

平成18年	平成25年	平成26年	平成29年	令和３年	
かん・びん	かん・びん	かん・びん	かん・びん	かん・びん	リサイクル
ペットボトル	ペットボトル	ペットボトル	ペットボトル	ペットボトル	
紙パック	紙パック	紙パック	紙パック	紙パック	
トレイ	トレイ	トレイ	トレイ	トレイ	
蛍光管	蛍光管	蛍光管	蛍光管	蛍光管	
プラ容器包装	プラ容器包装	プラ容器包装	プラ容器包装	プラ容器包装	
小物金属	小物金属	小物金属	小物金属	小物金属	
	小型家電	小型家電	小型家電	小型家電	
		古着	古着	古着	
			水銀体温計等	水銀体温計等	
				電池類	
家庭ごみ	家庭ごみ	家庭ごみ	家庭ごみ	家庭ごみ	もやす

2 日本の工業地域・工業地帯を工業出荷額（2019年）の多い順に並べた次の表を見て、あとの問いに答えなさい。

工業地域・地帯名	工業出荷額 （億円）	含まれる都府県	さかんな工業
中京工業地帯	589,550	愛知県・三重県	ⓐ機械工業
阪神工業地帯	336,597	大阪府・兵庫県	金属工業
関東内陸工業地域	320,161	ⓑ栃木県・ⓒ群馬県・埼玉県	機械工業
Ｘ	311,899	ⓓ岡山県・広島県・山口県 香川県・愛媛県	機械工業 ⓔ化学工業
京浜工業地帯	252,929	東京都・ⓕ神奈川県	印刷業
東海工業地域	172,749	ⓖ静岡県	機械工業
北陸工業地域	142,904	ⓗ新潟県・富山県・ⓘ石川県 福井県	せんい工業 伝統的な工業
京葉工業地域	125,846	ⓙ千葉県	化学工業
北九州工業地域	99,760	福岡県	機械工業

（「日本国勢図会」2022/23年版より作成）

⑴　表中のＸにあてはまる工業地域・地帯名を書きなさい。

⑵　下線部ⓐについて、中京工業地帯では、自動車をつくる機械工業がさかんです。自動車の開発について述べた次の文中の □ にあてはまる語句を書きなさい。

> およそ100年前に生まれた自動車は、時代とともに変化してきました。環境《かんきょう》への意識が高まると、水素と酸素から電気をつくり、水だけを排出《はいしゅつ》する □ 自動車や、電気でモーターを回す電気自動車などが生まれました。

⑶　下線部ⓑ、ⓒの県の県庁がある都市名の組み合わせとして正しいものを、次のア～エから１つ選び、記号で答えなさい。

ア　ⓑ－仙台市　ⓒ－前橋市　　イ　ⓑ－仙台市　ⓒ－甲府市

ウ　ⓑ－宇都宮市　ⓒ－前橋市　　エ　ⓑ－宇都宮市　ⓒ－甲府市

(4)　次のア～ウは、下線部ⓓ、ⓕ、ⓘのいずれかの県に位置する都市の気温と降水量を示したものです。下線部ⓓの県に位置する都市の気温と降水量を示しているものをア～ウから1つ選び、記号で答えなさい。

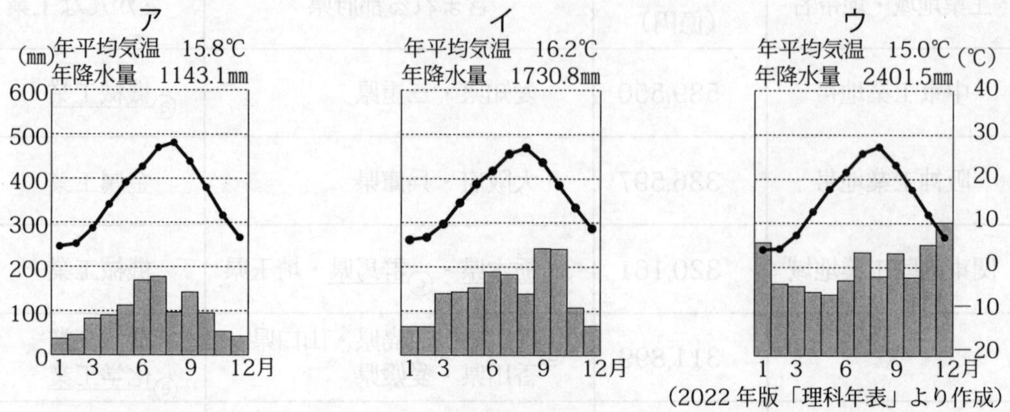

(2022年版「理科年表」より作成)

(5)　下線部ⓔについて、化学工業では原油が使われています。日本の原油輸入先1位(2020年)となっている国を、次のア～エから1つ選び、記号で答えなさい。

ア　オーストラリア　　イ　中国　　ウ　サウジアラビア　　エ　アメリカ合衆国

(6)　下線部ⓖの県について述べた次の文中の[　　　]にあてはまる語句を書きなさい。

> この県の中部に位置する焼津市は、遠くの海に出かけて、長い期間にわたって行われる[　　　]がさかんなため、水産業との結びつきが強くなっています。

(7)　下線部ⓗの県が都道府県別の生産量1位(2020年)となっている農産物を、次のア～エから1つ選び、記号で答えなさい。

ア　りんご　　イ　米　　ウ　みかん　　エ　レタス

(8)　下線部ⓙの県に位置する、日本で最も貿易額が多い空港の名前を書きなさい。

(9)　右の資料は、表中の工業地域・地帯を示したものです。資料から読み取れる日本の工業地域・地帯の分布の特色について述べた次の文中の[　　　]にあてはまる内容を、「原材料」、「製品」という言葉を使って、20字以内で書きなさい。また、表中の9つの工業地域・工業地帯のうち、太平洋ベルトに位置していない工業地域・地帯を1つ選び、その工業地域・地帯名を書きなさい。

資料

> 日本の主な工業地域・地帯は、[　　　]ため、海沿いに多く分布している。

3 右の年表を見て、次の問いに答えなさい。

西暦	できごと
593	ⓐ聖徳太子が天皇を助ける役職につく
645	ⓑ中大兄皇子らが蘇我氏をたおす
741	ⓒ聖武天皇が国分寺を建てる命令を出す
1016	ⓓ藤原道長が天皇を助ける役職につく
1274	ⓔ元がせめてくる
1467	ⓕ応仁の乱がおこる
1576	ⓖ織田信長が安土城を築く
1615	ⓗ武家諸法度が定められる
1641	平戸のオランダ商館をⓘ出島に移す

(1) 下線部ⓐについて、この人物が行ったことについて述べた文として正しいものを、次のア～エから１つ選び、記号で答えなさい。

ア　国を治めるための法律である律令を定めた。

イ　家柄に関係なく能力や功績で役人を取り立てるために冠位十二階を定めた。

ウ　中国にならって藤原京という日本で最初の本格的な都をつくらせた。

エ　進んだ制度や文化、学問を取り入れるために小野妹子らを使者として唐に送った。

(2) 下線部ⓑについて、こののち中大兄皇子らが始めた、天皇を中心とする国づくりを進めた政治の改革を何というか。

(3) 下線部ⓒについて、聖武天皇が国分寺を建てる命令を出した理由を、「仏教」という言葉を使って、30字以内で説明しなさい。

(4) 下線部ⓓについて、この人物のむすめに教育係として仕えた紫式部が書いた作品を、次のア～エから１つ選び、記号で答えなさい。

ア　万葉集　　　イ　枕草子　　　ウ　古事記　　　エ　源氏物語

(5) 下線部ⓔについて、次の先生とみなとさんの会話文中の□に共通してあてはまる語句を書きなさい。

先　生：元がせめてきたのち、幕府と武士の関係はどうなりましたか。
みなと：この時代の幕府と武士は、□と奉公の関係で結ばれていましたが、活やくした武士たちに□として新しい領地を与えることができなかったので、この関係はくずれました。

(6)　下線部ⓕについて、このころ中国にわたって本格的な水墨画を学び、帰国後に日本の自然の美しさをえがいた人物を、次のア～エから 1 人選び、記号で答えなさい。

ア　雪舟　　イ　世阿弥　　ウ　観阿弥　　エ　鑑真

(7)　下線部ⓖについて、商工業をさかんにするなどのため、織田信長が安土城の城下町で商人たちに自由に商売をすることを認めた政策を何というか。

(8)　下線部ⓗについて、1635 年に徳川家光がこの決まりに加えた、大名が行列を組んで江戸と領地の間を行き来する制度を何というか。

(9)　下線部ⓘについて、出島がつくられた場所を、次の地図中のア～エから 1 つ選び、記号で答えなさい。

地図

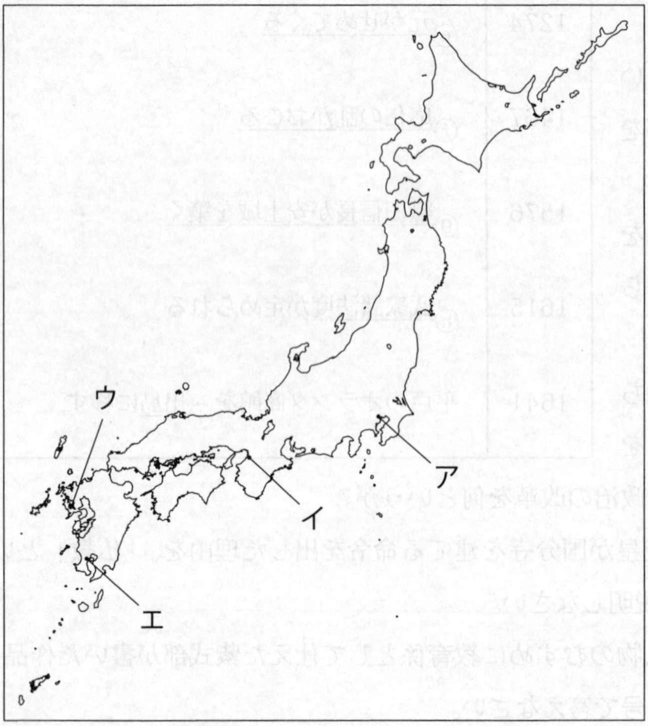

4 次の先生とみなとさん、つむぎさんの会話を読んで、あとの問いに答えなさい。

先　生：日本の国や国民生活の基本を定めたものが日本国憲法です。日本国憲法の三つの原則を知っていますか。

みなと：一つ目は［　　　　］の尊重です。そのために、日本国憲法では、さまざまなⓐ国民の権利を保障していますが、同時に国民が果たさなければならないⓑ義務についても定められています。

つむぎ：二つ目は国民主権です。日本国憲法では国の政治を進める主権は国民にあると定められており、日本国憲法がつくられる前まで主権をもっていたⓒ天皇は日本の国や国民のまとまりの象徴とされています。

先　生：そうですね。三つ目は二度と戦争をしないという国民の決意を示したⓓ平和主義です。

(1)　会話文中の［　　　　］にあてはまる語句を書きなさい。

(2)　下線部ⓐについて、国民の権利のうち、健康で文化的な生活を営む権利の名前を書きなさい。

(3)　下線部ⓑについて、国民の義務について述べた文として誤っているものを、次のア～エから１つ選び、記号で答えなさい。

ア　子どもに教育を受けさせる義務　　イ　働く義務

ウ　税金を納める義務　　エ　選挙で投票する義務

(4)　下線部ⓒが行う、日本国憲法に定められている仕事について述べた文として正しいものを、次のア～エから１つ選び、記号で答えなさい。

ア　法律や条約などを公布すること。

イ　衆議院の解散を決めること。

ウ　法律が憲法に違反していないかを調べること。

エ　内閣総理大臣を指名すること。

(5)　下線部ⓓに関係する次の文中の［　　　　］にあてはまる語句を書きなさい。

かつて日本は、広島と長崎に原爆を落とされ、多くのぎせい者を出した、世界でただ一つの被爆国として、日本は核兵器を「もたない、つくらない、もちこませない」という［　　　　］をかかげています。

5 かんたさんは、「食から見る世界」というテーマを設定し、ブラジルの大豆に関する資料１～資料７を見つけました。そして、それらから読み取れることを下に示すまとめノートのように整理しました。まとめノート中の［X］～［Z］にあてはまる文章を書きなさい。

まとめノート

［資料から読み取ったこと］

○資料１～資料４から読み取れる、日本がブラジルと共同で実施した農業開発協力事業によるブラジルの変化

［X］

○資料５から読み取れる、ブラジルの貿易の変化

［Y］

○資料６・資料７から考えられる、大豆に関するブラジルと中国の関係

［Z］

資料１　日本がブラジルと共同で実施した農業開発協力事業の内容

ブラジルでは、1970年代から日本とブラジルによる農業開発協力事業が行われている。この事業により、日本からは農業の専門家が派遣《はけん》され、現地では輸出港までの道路などの整備もふくめた大規模な開発が進められている。

資料２　ブラジルの大豆の生産量

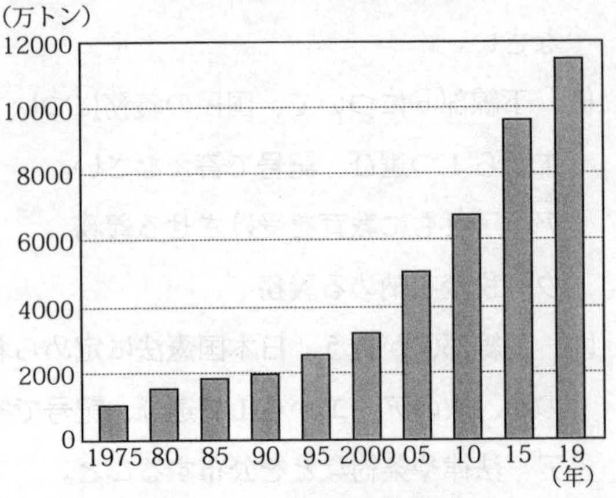

(「世界国勢図会」などより作成)

資料３　大豆の生産量の国別割合

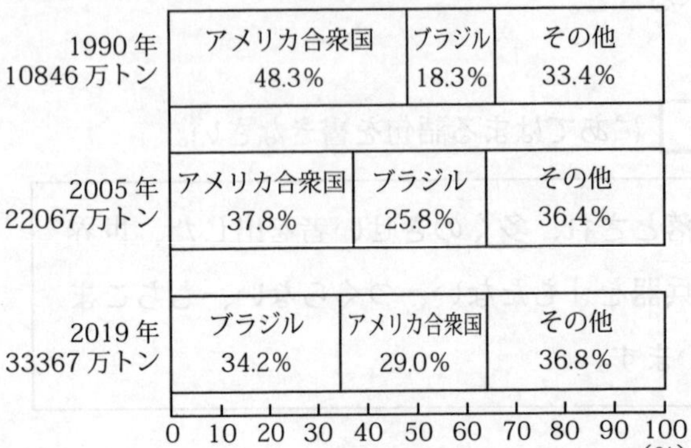

(「FAO資料」などより作成)

資料４　ブラジルのＧＤＰ(国内総生産)の変化

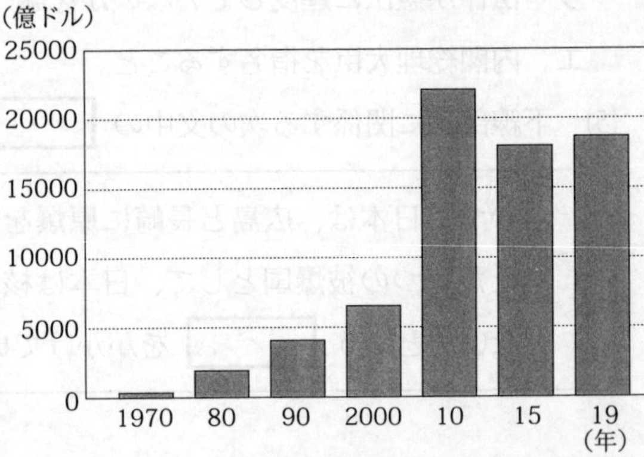

(「世界国勢図会 2021/22年版」より作成)

資料5　ブラジルの輸出相手国と輸出品目の変化

2000年

輸出相手国	輸出額（億ドル）	輸出総額に占める割合（%）
アメリカ合衆国	134	23.8
アルゼンチン	62	11.1
オランダ	28	5.0
輸出品目	**輸出額（億ドル）**	**輸出総額に占める割合（%）**
機械類	75	13.6
自動車	44	7.9
鉄鋼	37	6.7

2019年

輸出相手国	輸出額（億ドル）	輸出総額に占める割合（%）
中国	623	28.0
アメリカ合衆国	295	13.3
オランダ	100	4.5
輸出品目	**輸出額（億ドル）**	**輸出総額に占める割合（%）**
大豆	261	11.6
原油	242	10.7
鉄鉱石	227	10.1

（「世界国勢図会 2021/22年版」などより作成）

資料6　大豆の輸出国・輸入国の変化

2000年

輸出国	輸出量（万トン）	輸出総量に占める割合（%）
アメリカ合衆国	2719	57.4
ブラジル	1152	24.3
アルゼンチン	412	8.7
輸入国	**輸入量（万トン）**	**輸入総量に占める割合（%）**
中国	1272	26.3
オランダ	538	11.1
日本	483	10.0

2019年

輸出国	輸出量（万トン）	輸出総量に占める割合（%）
ブラジル	7407	47.7
アメリカ合衆国	5239	33.7
アルゼンチン	1005	6.5
輸入国	**輸入量（万トン）**	**輸入総量に占める割合（%）**
中国	8859	58.4
メキシコ	485	3.2
アルゼンチン	455	3.0

（「世界国勢図会 2021/22年版」などより作成）

資料7　ブラジルから中国に輸出された大豆の量の変化

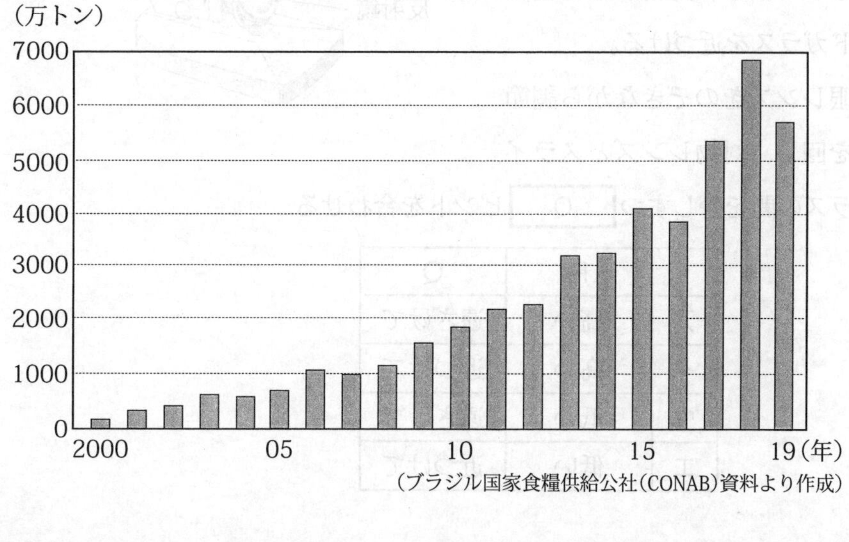

（ブラジル国家食糧供給公社（CONAB）資料より作成）

【理　科】〈第２回試験〉(45分)〈満点：100点〉

1　次の各問いに答えなさい。

(1)　図のようなふりこをつくり、おもりの重さ、ふれはば、ふりこの長さをいろいろと変えて、ふりこが10往復する時間をはかりました。ふりこが往復する時間が最も長くなると予想できるものはどれですか。次のア～エから１つ選び、記号で答えなさい。

図

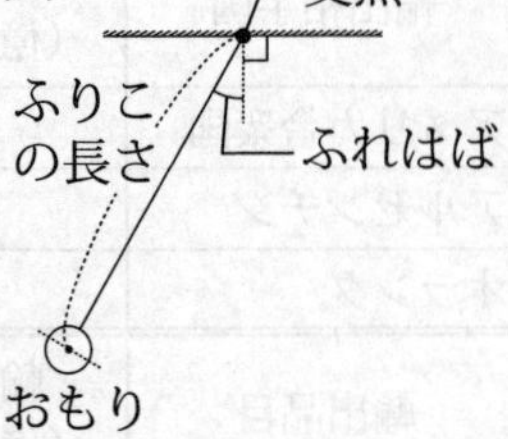

	おもりの重さ〔g〕	ふれはば〔°〕	ふりこの長さ〔cm〕
ア	10	30	20
イ	30	10	60
ウ	30	20	40
エ	20	10	40

(2)　図のようなけんび鏡を用いて観察を行いました。けんび鏡の操作の手順について述べた〔観察〕の［　P　］、［　Q　］にあてはまる語の正しい組み合わせを、下のア～エから１つ選び、記号で答えなさい。

〔観察〕①　対物レンズを最も［　P　］倍率にし、接眼レンズをのぞきながら、反射鏡を調節する。

②　ステージにスライドガラスを置き、横からのぞきながら調節ねじを少しずつ回し、対物レンズとスライドガラスを近づける。

③　接眼レンズをのぞきながら調節ねじを回し、対物レンズとスライドガラスの間を少しずつ［　Q　］ピントを合わせる。

図

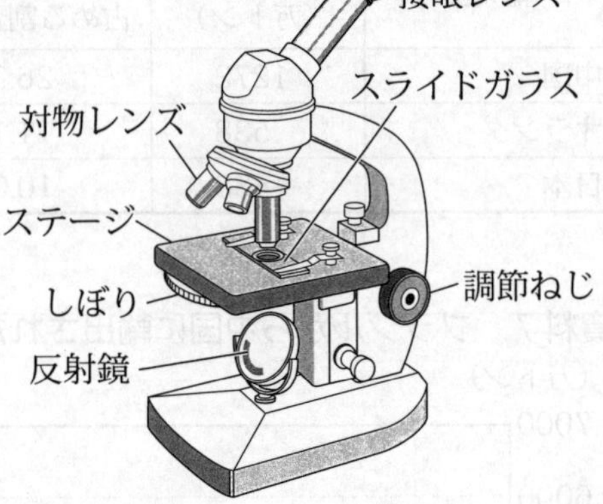

	P	Q
ア	高い	遠ざけて
イ	高い	近づけて
ウ	低い	遠ざけて
エ	低い	近づけて

(3)　図のように食塩と氷水を入れたビーカーの中に、水が入った試験管を入れ、１分ごとに水の温度を調べました。正しい実験結果を、次のア～エから１つ選び、記号で答えなさい。

図

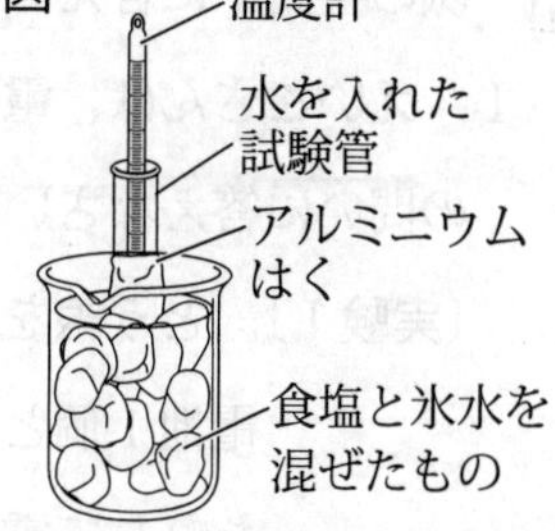

ア

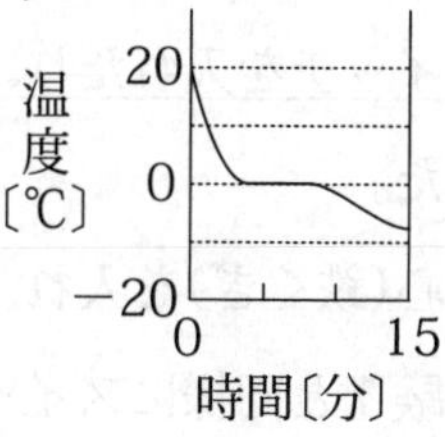

イ

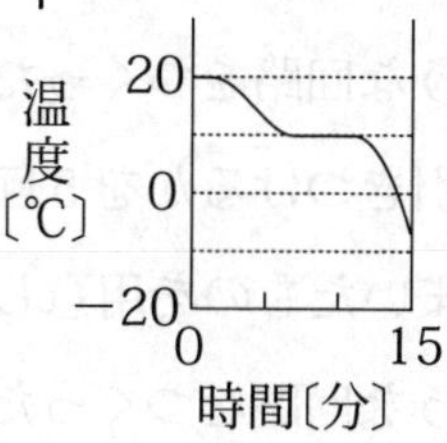

ウ

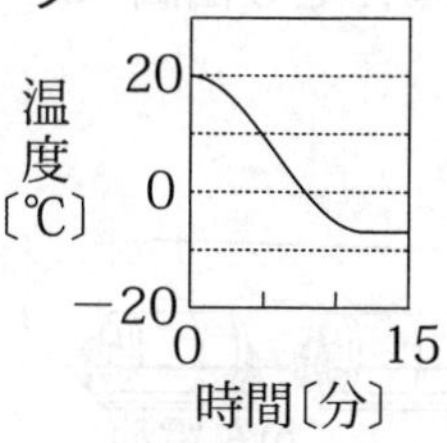

エ

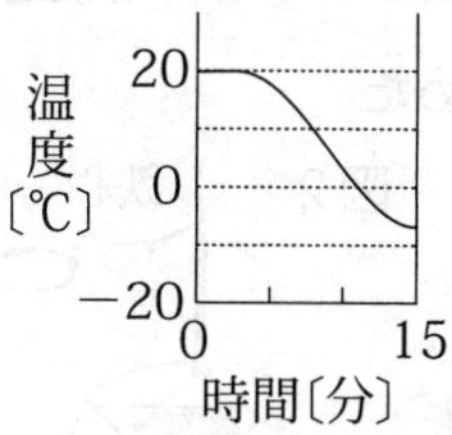

(4)　気温のはかり方について説明した次の文の［　R　］、［　S　］にあてはまる語の正しい組み合わせを、下のア～エから１つ選び、記号で答えなさい。

気温のはかり方

　気温は温度計を用いて調べる。温度計は、風通しのよい場所の地面から［　R　］ｍの高さではかる。このとき、日光が温度計に直接［　S　］ようにする。

	R	S
ア	0.2 ～ 0.5	当たる
イ	1.2 ～ 1.5	当たる
ウ	0.2 ～ 0.5	当たらない
エ	1.2 ～ 1.5	当たらない

2 次の各問いに答えなさい。

Ⅰ　えいこさんは、電磁石について次の実験を行いました。これについて、あとの(1)~(5)の問いに答えなさい。

〔実験1〕　どう線を同じ向きに50回まいたものを用意し、鉄心(鉄くぎ)を入れ、かん電池1個とつないで図1のような回路をつくった。スイッチを入れたり、消したりして電磁石がクリップを引きつけるかを5回調べた。

〔実験2〕　どう線を同じ向きに50回まいたものを用意し、鉄心(鉄くぎ)を入れ、かん電池2個とつないで図2のような回路をつくった。実験1と同様にスイッチを入れたり、消したりして電磁石がクリップを引きつけるかを5回調べた。

実験1、2の結果を表にまとめた。

図1

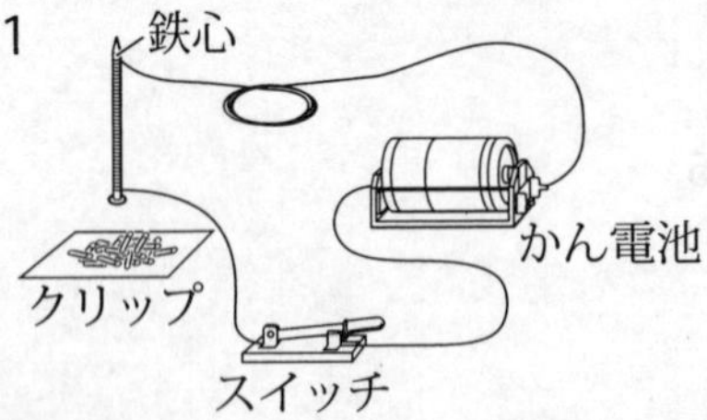

図2

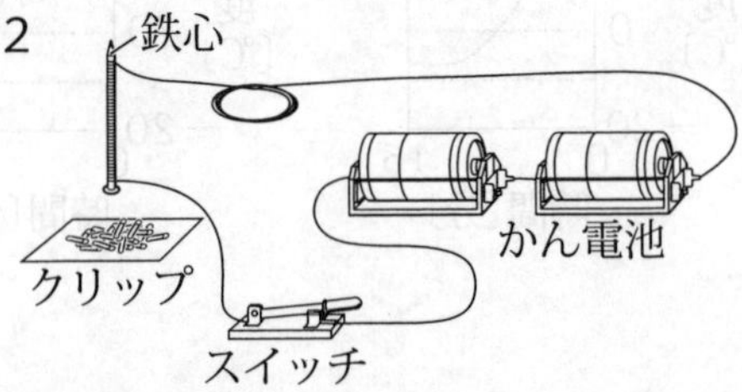

表

	1回目	2回目	3回目	4回目	5回目
実験1で引きつけられたクリップの数〔個〕	3	4	3	2	3
実験2で引きつけられたクリップの数〔個〕	9	8	9	10	9

(1)　実験1で用いたどう線を同じ向きに何回もまいたものを何といいますか。名称を書きなさい。

(2)　実験1の下線部のような操作を行ったのはなぜですか。書きなさい。

(3)　表より、実験2での電磁石が引きつけたクリップの数の平均は何個ですか。

(4)　表について説明した次の文の□にあてはまる内容を「電流」、「電磁石」という語を用いて書きなさい。

実験1よりも実験2の方がクリップを多く引きつけたのは、□ためである。

(5)　どう線を同じ向きに25回まいたものと100回まいたものを用意し、それぞれ実験1と同じ操作をすると、引きつけられるクリップの数の大小関係はどのようになりますか。次のア~エから1つ選び、記号で答えなさい。ただし、どう線を25回まいたときに引きつけられるクリップの数をx個、50回まいたときに引きつけられるクリップの数をy個、100回まいたときに引きつけられるクリップの数をz個とします。

ア　$x < y < z$　　イ　$x > y > z$　　ウ　$x < y = z$　　エ　$x = y = z$

Ⅱ　ひろしさんは、てこについて次の実験を行いました。これについて、あとの(1)～(4)の問いに答えなさい。ただし、ひもの重さは考えなくてよいものとします。

〔実験１〕　太さが一定である20gの木の棒を用意し、図１のように左端《ひだりはし》に40gの黒いおもりを、右端《みぎはし》に白いおもりをつるしたところ、棒が水平につり合った。

〔実験２〕　実験１で用いた20gの木の棒と10gの木の棒を２本用意し、さまざまな重さのおもりをつるしたところ、図２のようにそれぞれ棒が水平につり合った。

図１

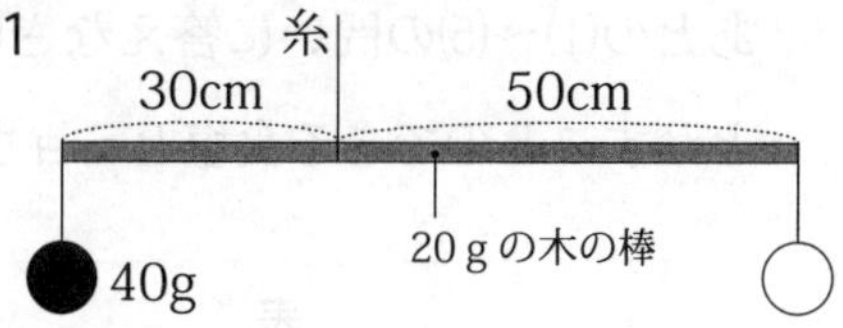

図２

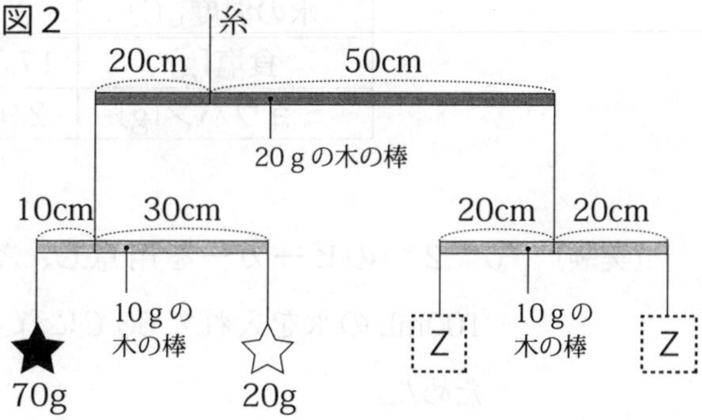

(1)　次の文の[X]にあてはまる語を書きなさい。また、[Y]にあてはまる語を、下のア～エから１つ選び、記号で答えなさい。

図１のてこで、糸でつるした位置を支点、白いおもりをつるした位置を力点とすると、黒いおもりをつるした位置は[X]となる。てこのはたらきを利用した道具は身のまわりにたくさんあり、図１のてこと支点、力点、[X]のならびが同じ道具として[Y]がある。

ア　せんぬき　　イ　ペンチ　　ウ　ピンセット　　エ　トング

(2)　実験１で用いた白いおもりの重さは何gですか。

(3)　図１の状態から黒いおもりを、右に18cm移動させた位置につるしたところ、棒がかたむきました。棒を水平につり合わせるには、白いおもりを図１の位置から左に何cm移動させたところにつるせばよいですか。

(4)　図２のZにはどの重さのおもりをつるしたと考えられますか。次のア～エから１つ選び、記号で答えなさい。

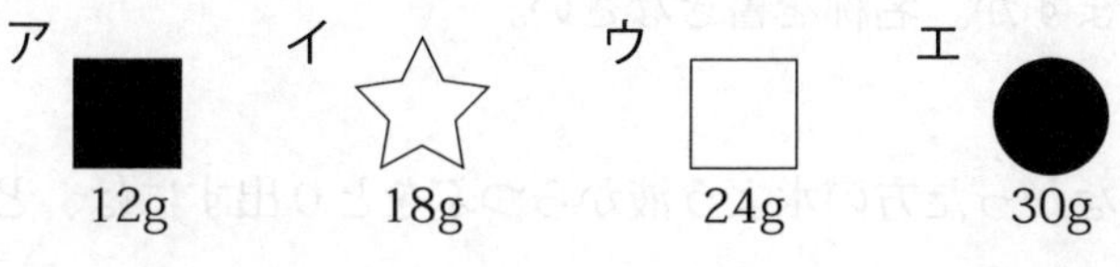

3 次の各問いに答えなさい。

I　えいこさんは、食塩とミョウバンを用いて、次の実験を行いました。これについて、あとの(1)〜(5)の問いに答えなさい。ただし、下の表は、いろいろな温度の水 50mL にとかすことのできる食塩とミョウバンの量をそれぞれまとめたものです。

表

水の温度〔℃〕	0	20	40	60
食塩〔g〕	17.8	17.9	18.2	18.5
ミョウバン〔g〕	2.9	5.7	11.9	28.7

〔実験〕 ①　2つのビーカーを用意し、それぞれに100mL の水を入れて60℃になるまであたためた。

②　水の温度を保ちながら一方には食塩35.0gを、もう一方にはミョウバン 35.0g を加えてそれぞれをよくかき混ぜたところ、食塩もミョウバンもすべて水にとけた。

図

③　2つの水よう液を冷やして、温度を60℃から0℃まで下げたところ、一方の水よう液の中にだけつぶが出てきた。

④　水よう液の中に出てきたつぶを、図のようにしてろ紙でこして取り出した。

(1)　②でつくった食塩がとけた水よう液の重さは何gですか。

(2)　③で、水よう液の中に出てきたつぶは、食塩とミョウバンのどちらですか。書きなさい。

(3)　(2)で出てきたつぶは何gですか。

(4)　④で行った操作《そうさ》を何といいますか。名称を書きなさい。

(5)　〔実験〕で、つぶをとり出せなかった方の水よう液からつぶをとり出すには、どのようにしたらいいですか。その方法を書きなさい。

Ⅱ　ひろしさんは、さまざまな気体Ａ～Ｄについて調べるため、次の実験を行いました。これについて、あとの(1)～(5)の問いに答えなさい。ただし、気体Ａ～Ｄは酸素、二酸化炭素、アンモニア、ちっ素のいずれかであるものとします。

〔実験１〕　図１のように、気体Ａを①ある水よう液が入ったびんに入れてよくふったところ、その水よう液が白くにごった。

図１

〔実験２〕　気体Ｂ、Ｃを同じ大きさのびんにそれぞれ入れて、図２のように火のついたろうそくを入れたところ、気体Ｂでは火がすぐに消え、②気体Ｃではほのおが大きくなり、しばらくして火が消えた。

図２

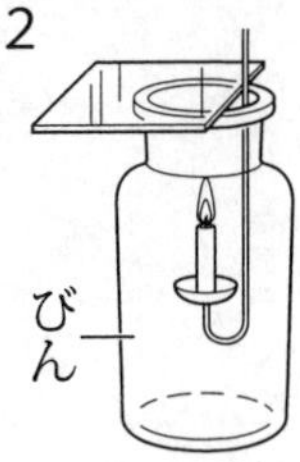

〔実験３〕　気体Ｄを水にとかしてつくった水よう液にＢＴＢ液を数滴加えてよくふったところ、水よう液が青色に変化した。

(1)　実験１の下線部①について、ある水よう液は何ですか。次のア～エから１つ選び、記号で答えなさい。

ア　食塩水　　イ　塩酸　　ウ　石灰水　　エ　水酸化ナトリウム水よう液

(2)　実験２の下線部②について、火が消えたあと、びんの中で体積の割合が増えたのは気体Ａ～Ｄのうちどれですか。Ａ～Ｄから１つ選び、記号で答えなさい。

(3)　実験２について、気体Ａを用いて同じ実験を行うと結果はどのようになりますか。次のア～エから１つ選び、記号で答えなさい。

ア　ほのおが大きくなり、長い時間燃え続ける。

イ　ほのおは大きくなるが、火はすぐに消える。

ウ　ほのおは大きくならないが、長い時間燃え続ける。

エ　火はすぐに消える。

(4)　実験３でつくった気体Ｄを水にとかし、その水よう液を赤色リトマス紙と青色リトマス紙にそれぞれつけるとどのようになりますか。次のア～ウから１つずつ選び、記号で答えなさい。

ア　赤色に変化する。　　イ　青色に変化する。　　ウ　変化なし。

(5)　気体Ａ～Ｄのうち、空気中に最も多くふくまれている気体はどれですか。Ａ～Ｄから１つ選び、記号で答えなさい。

4 次の各問いに答えなさい。

Ⅰ　えいこさんは、植物と光の関係について調べるために、次の実験を行いました。これについて、あとの⑴～⑸の問いに答えなさい。

図１

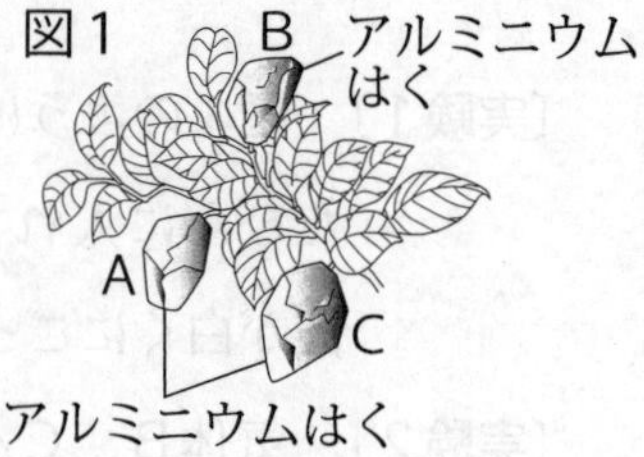

図２

〔実験〕①　１日中暗い部屋に置いておいたジャガイモの鉢《はち》植えを用意した。

②　図１のように３枚の葉Ａ～Ｃを選び、それぞれに形のちがう切れこみを入れた。その後、それぞれをアルミニウムはくでおおって日当たりのいい場所に半日おいた。

③　次の日の朝に、葉Ａはアルミニウムはくを外して切りとり、やわらかくなるまで煮《に》た。また、葉Ｂはアルミニウムはくを外して日光に当て、葉Ｃはアルミニウムはくを外さずそのままにし、それぞれ５時間置いた。

④　葉Ｂ、Ｃを切りとり、やわらかくなるまで煮た。

⑤　葉Ａ～Ｃを、図２のようにある液体につけたところ、葉Ａ、Ｃは色の変化がなかったが、葉Ｂは色の変化が見られた。

⑴　⑤の下線部で用いた液体は何ですか。次のア～エから１つ選び、記号で答えなさい。

ア　ムラサキキャベツ液　　イ　ヨウ素液　　ウ　炭酸水　　エ　ＢＴＢ液

⑵　⑤の結果から、葉Ｂには何ができたことがわかりますか。その名称を書きなさい。

⑶　⑵で答えたものは、植物のからだで何に使われますか。書きなさい。

⑷　実験で、葉Ａを準備したのはなぜですか。次のア～エから１つ選び、記号で答えなさい。

ア　①で、暗い部屋に置いた影響《えいきょう》がなかったことを示すため。

イ　②で、葉に切れこみを入れた影響がなかったことを示すため。

ウ　②で、日光の影響がなかったことを示すため。

エ　③で、葉をやわらかくした影響がなかったことを示すため。

⑸　私たちがふだん食べているジャガイモは、植物のくきの部分にあたります。同じくくきの部分を食べている植物を、次のア～オから２つ選び、記号で答えなさい。

ア　レンコン　　イ　ハクサイ　　ウ　ニンジン

エ　ゴボウ　　オ　サトイモ

Ⅱ　ひろしさんはこん虫について調べ、次のようにまとめました。これについて、あとの(1)〜(5)の問いに答えなさい。

成長のしかた

カブトムシは、たまごからよう虫になり、[P]になる。やがて[P]から出てくるものをせい虫という。

体のつくり

こん虫は、からだが[X]、[Y]、[Z]の３つの部分に分かれている。はねとあしは[X]についており、[Y]はいくつかのふしからできている。

(1)　[P]にあてはまる語を書きなさい。

(2)　カブトムシと同じように成長するモンシロチョウを、成長する順にア〜エの記号を左から並べて書きなさい。

ア
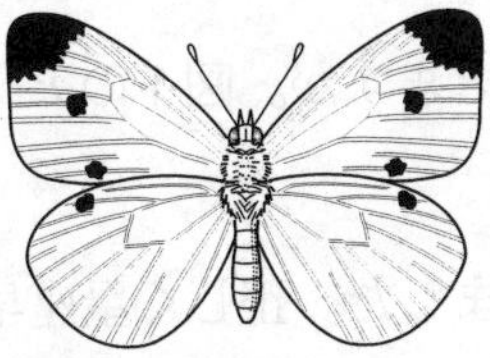
イ
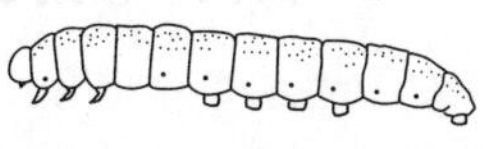
ウ

エ
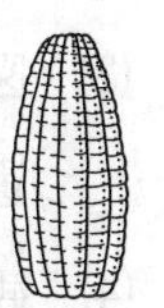

(3)　[X]、[Y]、[Z]にあてはまる語の正しい組み合わせを、右のア〜エから１つ選び、記号で答えなさい。

	X	Y	Z
ア	むね	はら	頭
イ	むね	頭	はら
ウ	はら	むね	頭
エ	はら	頭	むね

(4)　下線部について、カブトムシのはねとあしの数をそれぞれ数字で書きなさい。

(5)　カブトムシのせい虫が見られる時期に観察することができるものはどれですか。次のア〜エから１つ選び、記号で答えなさい。

ア　ヒキガエルのオタマジャクシ　　　イ　ハクチョウ

ウ　オオカマキリのたまご　　　エ　ツバメ

5 次の各問いに答えなさい。

Ⅰ　えいこさんは、星について調べるために、水戸市のある地点で次の観察を行いました。これについて、あとの(1)～(5)の問いに答えなさい。

〔観察１〕　ある季節の夜に東の空を観察したところ、図１のような３つの星座を観察することができた。

〔観察２〕　４月20日の午後８時に北の空を観察したところ、図２のように北極星とカシオペヤ座と北斗七星を観察することができた。

図１

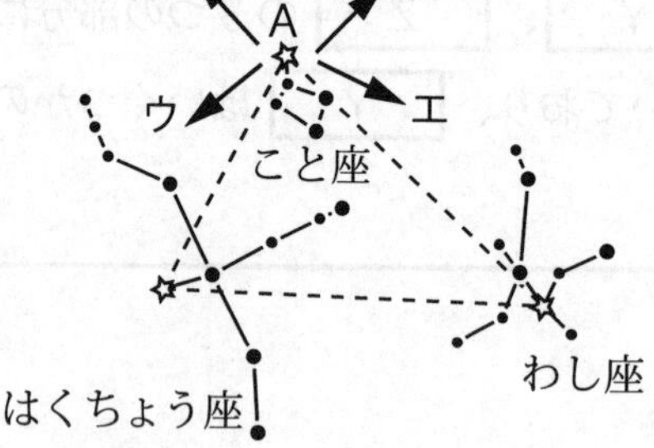

図２

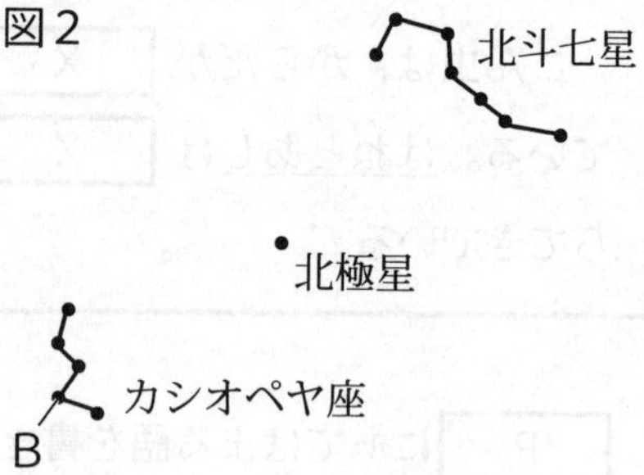

(1)　観察１を行った季節はいつですか。その季節を書きなさい。

(2)　図１のAの星を何といいますか。その名称を書きなさい。

(3)　図１のAの星は時間がたつとどの方向へ移動していきますか。図１のア～エから１つ選び、記号で答えなさい。

(4)　観察２を行った日時に星座早見を用いて空を観察しました。正しく星座早見を使っているのはどれですか。次のア～エから１つ選び、記号で答えなさい。

ア

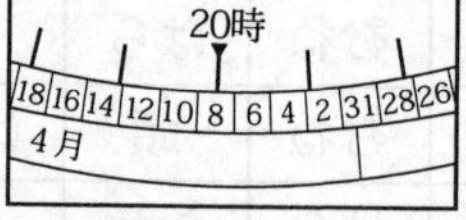

イ

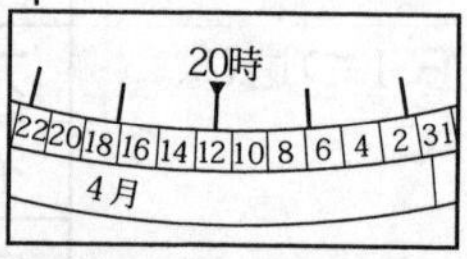

ウ

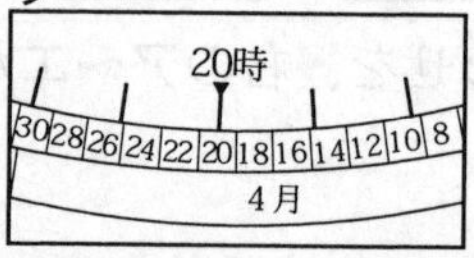

エ

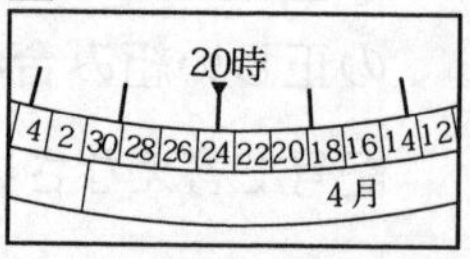

(5)　星の動きについて説明した次の文の［　X　］、［　Y　］にあてはまる数字を、下のア～オから１つずつ選び、記号で答えなさい。

観察２と同じ場所で北の空を観察したとき、観察２の４時間後には、図２のBの星は約［　X　］度反時計回りに移動した位置に見える。また、観察２の４か月後の午後８時には、図２のBの星は約［　Y　］度反時計回りに移動した位置に見える。

ア　30　　イ　60　　ウ　90　　エ　120　　オ　150

Ⅱ　ひろしさんは、天気の変化について調べ、次のようにまとめました。これについて、あとの(1)〜(5)の問いに答えなさい。

【雲と天気】

天気は、①雲の量や雲が動くことで変化している。雲にはさまざまな種類があり、形や高さのちがいなどで分けられている。中には②雨をふらせる雲もある。

【天気予報】

私たちはテレビやインターネットなどで毎日天気予報を見ることができる。天気予報は気象衛星《えいせい》の雲画像や X という、全国の気象データをコンピュータ処理して全国の気象台に送るシステムのデータをもとにしてつくられている。

【日本と天気】

日本付近の天気は、雲が Y と動いていくことが多いため、天気も Y と変わっていくことが多い。また、天気は季節によって特ちょうが見られ、冬は日本海側からふいてくる風の影響で日本海側は Z の日が続くことが多い。

(1)　下線部①について、空全体の広さを10としたとき、「晴れ」はどのような数字の範囲《はんい》で表せますか。次のア〜エから1つ選び、記号で答えなさい。

ア　0〜8　　イ　0〜9　　ウ　1〜8　　エ　2〜9

(2)　下線部②のような雲はどれですか。次のア〜エから2つ選び、記号で答えなさい。

ア　巻雲《けんうん》　　イ　乱層雲《らんそううん》　　ウ　巻積雲《けんせきうん》　　エ　積乱雲《せきらんうん》

(3)　X にあてはまる語をカタカナで書きなさい。

(4)　右の図は、ある日時の X の雨量情報を表したものです。雨がふっていると考えられる場所はどこですか。次のア〜エから1つ選び、記号で答えなさい。

ア　東京　　イ　名古屋

ウ　大阪　　エ　福岡

図

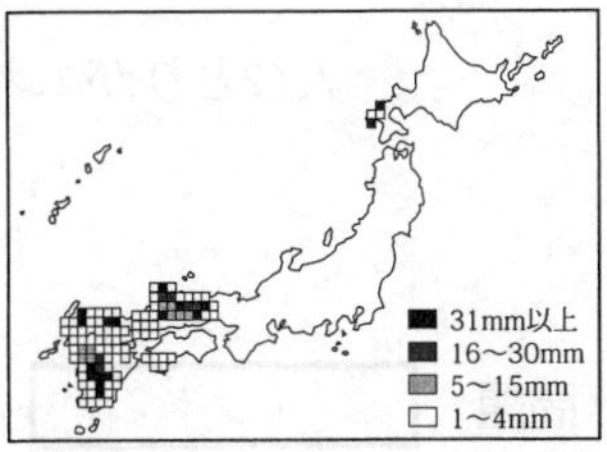

(5)　Y 、 Z にあてはまる語の正しい組み合わせを、右のア〜エから1つ選び、記号で答えなさい。

	Y	Z
ア	東から西へ	晴れ
イ	東から西へ	くもりや雪
ウ	西から東へ	晴れ
エ	西から東へ	くもりや雪

6 えいこさんとひろしさんは、発電とエネルギーについて話をしています。

えいこ：今年の夏はとても暑かったわね。

ひろし：電力不足が話題になっていたけど、えいこさんは何か節電対策をしたかな。

えいこ：使っていない部屋の電気を小まめに消したりして過ごしたわ。

ひろし：ぼくは窓に日よけを付けてエアコンの効率を上げるよう工夫したよ。おたがいに節電ができたね。

えいこ：発電をするにはたくさんのエネルギー資源が必要よね。日本では原子力発電や火力発電が中心になっているけど、温暖化や環境《かんきょう》汚染《おせん》の問題があるわよね。他に何かいい発電方法はないかしら。

ひろし：最近は、バイオマス燃料を燃やして発電する方法が注目されているよ。

えいこ：聞いたことがあるわ。バイオマス燃料には、使わなくなった木材などの生物資源を利用するのよね。

ひろし：そうだね。バイオマス燃料も燃やすと二酸化炭素が排出《はいしゅつ》されるけど、バイオマス燃料の原料となる植物は、光をあびると大気中の二酸化炭素を取りこんで成長するよね。つまり、□ということがバイオマス燃料の利点なんだ。

えいこ：なるほど。バイオマス燃料は、地球温暖化を防ぐ新しい技術なんだね。

ひろし：うん。2015年9月の国連サミットで採択《さいたく》された「SDGs(持続可能な開発目標)」に「7　エネルギーをみんなに　そしてクリーンに」や「13　気候変動に具体的な対策を」とあるように、地球温暖化の防止につながるように、化石燃料を使わない発電をしたり、使う電気をできるだけ少なくすることなど、私たち一人ひとりがエネルギーについて見直すことが必要なんだね。

問題　□にあてはまる内容を書きなさい。

(1) 〔話し合い〕中の A にあてはまる漢数字一字を書きなさい。

(2) 〔話し合い〕中の B にあてはまることばを、「家庭系」「事業系」の二つのことばを使って、十字以上二十字以内で書きなさい。(句読点や符号を含《ふく》む。)

(3) 〔話し合い〕中の C にあてはまることばを、二十字以上二十五字以内で書きなさい。(句読点や符号を含《ふく》む。)

(4) あなたは、家庭系の食品ロスを減らすために、具体的にどのようなことをすればよいと考えますか。次の条件に従《したが》って、百字以上百二十字以内で書きなさい。

〔条件〕

① 原稿《げんこう》用紙の正しい使い方に従うこと。
② 二段落構成とすること。
③ 一段落目には、家庭系の食品ロスを減らすための具体的な対策を一つ以上考えて書くこと。
④ 二段落目には、なぜそのように考えるのかという理由を書くこと。

解答を書き直すときの注意

解答を書き直すときは、例のようにつけくわえたり、けずったりしてもかまいません。
ただし、字数については書き直した文字で数えます。

〔例〕 ~~きのう、~~~~きれいな~~(美しい)夕やけを見(まし)た。

〔話し合い〕

（ひろき）今日は、食品ロスの問題について話し合いたいと思います。みなさんは食品ロスということばを聞いたことがありますか。

（さおり）はい。本来食べられるのに捨てられてしまう食品のことですよね。私の家でも、買った野菜をいたむ前に使い切れずに捨てたり、作りすぎた料理を食べ残して捨てたりすることがあります。

（こうや）コンビニなどでは、賞味期限を一分でも過ぎると、捨てなければいけないきまりだそうですね。

（みさと）さおりさんが話してくれたのは、資料１でいう「家庭系」の食品ロス、こうやさんが話してくれたのは、「事業系」の食品ロスの例ですね。資料１を見ると、二〇二〇年度の日本の食品ロス量は全体で五二二万トン、そのうち、家庭系の食品ロスは約[A]割だとわかります。

（こうや）二〇一五年度から二〇二〇年度までの五年間の食品ロス量の推移を見てみると、[B]ことがわかりますね。

（ひろき）事業系の食品ロスは、二〇三〇年の目標とされている数値まであと少しのところまできていますね。事業系の食品ロスに対しては、資料２のような対策が行われているようです。これについて気づいたことはありますか。

（みさと）「商習慣」として挙げられたようなことが、食品の製造業や卸売業、小売業で行われていたなんて知りませんでした。賞味期限の短い食品では、この商習慣によって捨てられてしまうものが多かったでしょうね。

（さおり）「販売機会の損失を恐れた多量の発注」とは、どういうことでしょうか。

（こうや）たとえば、スーパーなどで、クリスマスケーキを大量に発注しますよね、売り切れのため買えないお客さんが出ないように。でも12月25日を過ぎると売れなくなり、余った分は捨てられてしまいます。この食品ロスを減らすためには、前年の販売個数を参考にして確実に売れる分だけ発注するとか、フードバンクと連携して、余った[C]ようにすればよいのです。

（さおり）なるほど。事業系の食品ロスについては、いろいろな対策が考えられているのですね。でも、家庭系の食品ロスは、一人一人の意識を変えなければ減っていかないですよね。

（ひろき）さおりさんの言うとおりですね。家庭系の食品ロスを減らすために、私たちにできることを具体的に考えていきましょう。

（……この後も話し合いは続いた。）

四 小学生のひろきさんのクラスでは、食品ロスの問題について話し合いをしました。次に示すものは、話し合いのときに使った資料と、話し合いの一部です。これを読んで、あとの問いに答えなさい。

〔資料〕

資料１　日本の食品ロス量の推移

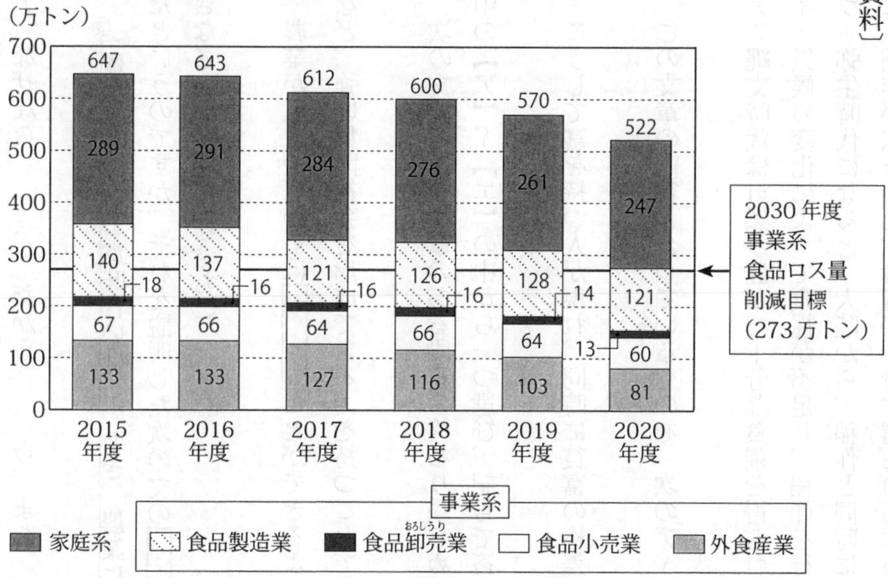

※家庭系＝家庭で料理を作りすぎたりして残したり、未開封のまま食べずに捨てたりして出た食品の量。
事業系＝飲食店や食品メーカーなどでの売れ残りや返品、食べ残しなどの食品の量。

資料２　事業系食品ロスの発生要因と対策の方向

<table>
<tr><th></th><th>主な食品ロスの発生要因</th><th>対策の方向</th></tr>
<tr><td>食品製造業</td><td rowspan="3">○商習慣
・食品小売業において賞味期間の３分の１を超《こ》えたものを入荷しない、３分の２を超えたものを販売《はんばい》しない
・先に入荷したものより前の賞味期限のものは入荷しない</td><td rowspan="3">○商習慣の見直し</td></tr>
<tr><td>食品卸売業</td></tr>
<tr><td rowspan="5">食品小売業</td></tr>
<tr><td rowspan="2">○販売機会の損失を恐《おそ》れた多量の発注</td><td>○需要《じゅよう》に見合った販売の推進</td></tr>
<tr><td rowspan="2">○フードバンク※との連携《れんけい》</td></tr>
<tr><td rowspan="2">○消費者の賞味期限への理解不足</td></tr>
<tr><td>○消費者への啓発《けいはつ》</td></tr>
<tr><td>外食産業</td><td>○消費者の食べ残し</td><td>○「食べ切り」「持ち帰り」の促進《そくしん》</td></tr>
</table>

※フードバンク＝安全に食べられるのに包装の破損や過剰《かじょう》在庫、印字ミスなどの理由で、流通に出せない食品を企業や農家から集め、必要とする施設《しせつ》・団体などに無料で提供すること。

農林水産省「食品ロス及びリサイクルをめぐる情勢」令和４年６月時点版より

(5) 文章中の［B］にあてはまることばとして、もっとも適切なものを、次のア～エの中から一つ選び、記号で答えなさい。

ア なぜなら　イ だから　ウ また　エ たとえば

(6) ③「豊かさ」が持つ意味合いはこのとき、農業によって大きく変貌してしまったのかもしれない とありますが、どのように変わったというのですか。それを説明した次の文の［　］にあてはまることばを、「穀物」という言葉を使って、十字以上十五字以内で書きなさい。(句読点を含《ふく》む。)

農業が広まってからは［　］ことができるようになったため、「富」の蓄積や奪い合いが始まり、「豊かさ」とは、富や権力、技術など、強い集団社会を形成できる力を持つことであるというふうに変わっていった。

(7) 次の文は、この文章のある段落の終わりからぬき出したものです。この文があてはまるところとして、もっとも適切なものを、文章中の【ア】～【エ】の中から一つ選び、記号で答えなさい。

こうして富を持つ人が現れ、同時に貧富の格差が生まれるのである。

(8) この文章の内容と合っているものを、次のア～エの中から一つ選び、記号で答えなさい。

ア 縄文時代は自然が豊かで十分な食糧を得られたが、稲作が広まるにつれて、自然破壊《はかい》が進み、食糧が不足するようになった。

イ 気候の変化によって食糧が不足し、稲作を行う集団から武力で攻められるようになったため、東日本にも稲作が広まった。

ウ 弥生時代になると、大陸から、稲作と同時に壺や高床式倉庫などの作り方が伝わり、食糧貯蔵の技術が急速に発展した。

エ 稲作が広まると、食糧が十分に得られるようになったため、人々がたがいに協力し合う必要がなくなり、争いが起こり始めた。

行うための技術は、ⓓタタカうために砦《とりで》を作ったり、武器を作る技術にもなるのである。
お腹《なか》いっぱいになれば満たされる食糧と異なり、「富」は、蓄積《ちくせき》することもできれば、奪《うば》い合うこともできる。攻《せ》めては富を得ることもできるし、攻められれば富を奪われることもある。こうして、農業を行う人々は、競《きそ》い合って技術を発展させ、強い集団社会を形成していったのである。
こうして、農業は「富」を生みだし、強い集団社会を生み出した。そして、技術に優《すぐ》れた水田稲作を行う人々は、時には武力で狩猟採集をⓔイトナむ人々を圧倒《あっとう》していったのである。もしかすると③「豊かさ」が持つ意味合いはこのとき、農業によって大きく変貌《へんぼう》※4してしまったのかもしれない。

（稲垣栄洋『イネという不思議な植物』一部表記を変えている）

※1　焼き畑＝山林や原野に火をつけ、その灰を肥料として土にすきこんで行う農業。
※2　旧石器時代＝今から約3万8千年前から1万6千年前の、石器（石を打ち欠いて作った石器）が使われていた時代。
※3　落葉樹林＝一定の季節に葉を落とす樹木で構成された森林。
※4　変貌＝様子が変わること。

(1)　ⓐ――～ⓔ――のカタカナを漢字で書きなさい。

(2)　①そこから東側には、なかなか広がっていかなかった　とありますが、その理由を説明した次の文の[Ⅰ]と[Ⅱ]にあてはまることばを、文章中からⅠは十字、Ⅱは五字で書きぬきなさい。

当時の東日本は[Ⅰ]が広がっており、[Ⅱ]を必要とする稲作をしなくても、狩猟採集で十分に食糧を得られたから。

(3)　文章中の[A]にあてはまることばを、文章中から四字で書きぬきなさい。

(4)　②それだけではない　とありますが、どういう意味ですか。それを説明した次の文の[　]にあてはまることばを、文章中から五字で書きぬきなさい。

稲作が東日本にも広がっていった理由は、[　]による食糧不足だけではないということ。

稲作が大陸から九州北部に伝えられたのは、縄文時代後期のことである。その後、稲作は急速に広がり、わずか半世紀の間に東海地方の西部にまで伝わったとされている。しかし、①そこから東側には、なかなか広がっていかなかったのである。

なぜか。

気候が温暖な当時の東日本は、食糧《しょくりょう》にⓑコマらない豊かな地域であった。

縄文時代中期の一〇〇平方キロメートルの人口密度は、西日本ではわずか一〇人未満であったのに対して、東日本では、その数十倍の一〇〇〜三〇〇人であったと推計されている。温暖で豊かな落葉樹林※3が広がる東日本は、大勢の人口を養うのに十分な食糧があったのである。人口を支える食料が不足する西日本では稲作は急速に広がったが、十分な食糧がある地域では、労働を伴《ともな》う農業は受け入れられなかったのだ。【イ】

しかし、縄文時代から弥生時代にかけて、稲作はゆっくりと時間を掛《か》けながらも、確実に広がっていった。

どうして、食糧の豊かな地域にも農業が受け入れられたのだろうか。

一つには気候の変化を挙げることができる。

約四〇〇〇年前の縄文時代の後期になると、次第《しだい》に気温が下がり始めたことから、東日本の豊かな自然は、大きく変化をするようになった。特に、東日本は、先述したようにもともとの豊かな食糧に支えられて[A]が高かったから、食糧の不足は切実な問題となったことだろう。【ウ】

しかし、②それだけではない。

農業によって人々が得るものは、ⓒタンに食糧だけではない。

狩猟採集の暮らしでは貧富《ひんぷ》の格差は起こりにくい。獲物《えもの》を大量に獲《と》っても、一人が食べることのできる量は決まっている。そのため、食べきれない分は仲間と分配するしかない。

一方、農業によって得られる穀物《こくもつ》は、食べきれなくても貯蔵《ちょぞう》をすることができる。貯蔵できる食糧は「富」となる。【エ】

弥生時代の遺跡《いせき》からは、たくさんの壺《つぼ》やかめが発掘《はっくつ》される。これは穀物を貯蔵するために使われたものだ。[B]、縄文時代までは祭殿《さいでん》として用いられていた高床《たかゆか》式の建築が、弥生時代になると高床式倉庫として利用されるようになる。稲作によって、「蓄《たくわ》える」という行動が起きるのである。

さらに、米を生産するには多大な労力を必要とする。米をたくさん持つ人は、富と権力を持ち、富と権力で人々を集め、さらに多くの水田を拓《ひら》いていく。富める者はますます富んでいくのである。

また、稲作のような本格的な農業を行うためには、水を引く土木工事の技術や、農耕のための道具などが必要である。そして、農業を

(7) ⑤両手に持った筆を胸に押しつけてぎゅうっと抱きしめるようにした　とありますが、このときのチャオミンの気持ちを説明した次の文の［　　］にあてはまることばを、文章中から七字で書きぬきなさい。

父さんが筆を贈ってはげましてくれたことが本当に嬉しかったので、この大切な筆を使って、さらにニュウシュの練習をして上手に書けるようになりたいと思っている。それが実現したら、ジュアヌからの手紙に書いてあったのと同じように、自分の［　　］ためにジュアヌに手紙を書きたいと思っている。

(8) この文章から読み取れる父さんの人物像として、もっとも適切なものを、次のア〜エの中から一つ選び、記号で答えなさい。

ア　チャオミンの将来を心配し、苦手なことを何とかやる気にさせてやろうと考えていろいろと工夫している、かしこい人物。
イ　チャオミンの気持ちをよく理解しており、好きなことをもっとのばしてやろうとする、やさしくておだやかな人物。
ウ　結交姉妹やニュウシュに夢中なチャオミンの気持ちを何とか自分のほうに向かせようとしている、さびしがり屋な人物。
エ　うまく手紙を書けずになやむチャオミンをはげますため、あえておどけて笑わせようとする、ひょうきんな人物。

三

次の文章を読んで、あとの問いに答えなさい。

縄文《じょうもん》時代にも、農業がまったくなかったわけではない。狩猟《しゅりょう》採集を基盤《きばん》としながらも、小ⓐキボな作物栽培《さいばい》を行ったり、サトイモなどを植えて、放置しておく半栽培が行われていた。また、縄文時代の中期になると※1焼き畑《はた》などの原始的な農業が行われるようになったと言われている。

狩猟採集に頼《たよ》っていた※2旧石器《きゅうせっき》時代から縄文時代は貧しい時代であり、稲作《いなさく》農業が定着した弥生《やよい》時代は豊かな時代であるというイメージがある。しかし、実際にはそうではない。

水を田んぼに引き入れて、農作業を行う稲作には、多大な労力を必要とする。

狩猟採集で労力なく食料を得ることができるのであれば、わざわざ苦労をして稲作などする必要はないのだ。そのため、日本に農業が伝わっても、日本に住んでいるすべての人々が、すぐに大喜びで稲作を始めたわけではなかった。【ア】

(3) ②ジュアヌが手紙をくれたことへの嬉しさ について説明した次の文の Ⅰ と Ⅱ にあてはまることばを、文章中からそれぞれⅠは九字、Ⅱは四字で書きぬきなさい。

手紙をもらうまでチャオミンは、漢族であるジュアヌが自分のことを Ⅰ のではないかと思っていたが、 Ⅱ になりたいと思うほど自分のことを好きでいてくれたことがわかり、嬉しく思っている。

(4) 文章中の A にあてはまることばとして、もっとも適切なものを、次のア～エの中から一つ選び、記号で答えなさい。

ア うらやましい　イ たよりない　ウ つまらない　エ もどかしい

(5) ③それはチャオミンが自分で買ったものだよ とありますが、これはこの筆がどういう筆だからですか。「落花生」ということばを使って、三十字以上四十字以内で書きなさい。（句読点を含《ふく》む。）

(6) ④目を見開いて とありますが、

(a) これとほぼ同じ気持ちが表れているチャオミンの様子を、文章中から八字で書きぬきなさい。

(b) ここに表されている気持ちとして、もっとも適切なものを、次のア～エの中から一つ選び、記号で答えなさい。

ア 期待　イ 緊張《きんちょう》　ウ おどろき　エ 不安

それは筆だった。父さんのものよりもかなり細く、赤い石のような飾りがついている。
「これを、私に？」
「ああ、チャオミンの筆だよ」
「わあ、嬉しい！　ありがとう、父さん」
思いがけない贈《おく》り物に、チャオミンが目をまん丸にしてお礼を言うと、父さんは静かに首を横に振《ふ》った。
「いいや、③それはチャオミンが自分で買ったものだよ」
「私が？」
「ああ、そうだ。落花生を拾ってね」
不思議そうに首をかしげたチャオミンに、父さんはいたずらっぽく笑った。
母さんに没収《ぼっしゅう》された落花生が、筆となって帰ってきたのだ。
「それでもっとニュウシュを練習するといい」
「えっ？」
思わぬ言葉にチャオミンは④目を見開いて、父さんを見た。
「うん、わかった」
チャオミンは大きくうなずくと、⑤両手に持った筆を胸に押《お》しつけてぎゅうっと抱《だ》きしめるようにした。

（まはら三桃『思いはいのり、言葉はつばさ』）

※1　シューイン＝ユンエイの家でいっしょに手仕事を行っている年上の女性。チャオミンとは姉妹のような関係にある。
※2　結交姉妹＝仲の良い女性どうしが約束をして姉妹のような関係になること。
※3　バーバー＝もち菓子の一種。

(1)　ⓐ――～ⓔ――の漢字の読みがなをひらがなで書きなさい。
(2)　①この時期には忙しい理由がもうひとつあった　とありますが、何をするために忙しいのですか。「……するため。」という形で、十字以上十五字以内で書きなさい。（句読点を含《ふく》む。）

　だから今度はあなたに、なにかしてあげたい
姉としてあなたの手助けをしたいのです〟

　チャオミンも返事を書いた。

〝ジュアヌ。父さんが帰ってよかったですね
　ずっと一緒だったジュアヌ、これからも一緒に過ごしましょう〟

　チャオミンの手紙をジュアヌは喜んでくれたけれど、本当はもっと書きたい気持ちがあった。ジュアヌの父さんが帰ってきたときの心から安心した気持ちや、心配していたユンエイやシューインのことも、そしてなにより②ジュアヌが手紙をくれたことへの嬉《うれ》しさを、もっとちゃんと伝えたかったのだ。

　漢族を誇《ほこ》りに思っているジュアヌは、自分のことがあまり好きではないのだろうと思っていた。だから手紙をくれたことはちょっと意外で、でも素直《すなお》に嬉しかった。これからジュアヌともっと仲良しになって、ハル族のいいところをたくさん伝えたいと思った。けれどもどうしても書きあらわせなかった。何をどう書いても足りない。ⓔ胸の内にはたくさん思いがあるのに、書ききる前に言葉が逃《に》げていってしまう。チャオミンは［A］まま、もの足りない手紙をジュアヌに届けたのだった。

「チャオミン」

　その日の夕方、チャオミンが文机《ふづくえ》で文字の練習をしていると、部屋の扉《とびら》から父さんが顔をのぞかせた。

　いいものを買ってきたよ、と父さんはほほえみながら言った。片手を背中の後に隠《かく》している。いいものはそこにあるようだ。

「なあに？　※3バーバーかな？　お菓子《かし》かな？」

「わあっ」

　たずねたチャオミンの目の前に、父さんは、ほら、と手のひらを広げて見せた。

　現れたのは、期待以上のものだった。

「筆！」

二 次の文章を読んで、あとの問いに答えなさい。

(これまでのあらすじ)ハル族の母と漢族の父をもつチャオミンは、同じ村に住む漢族の女の子で友人のジュアヌと、ユンエイの家で裁縫《さいほう》を習い、そこで女性だけに伝わるニュウシュという文字を教えてもらっている。冬になり、チャオミンの家族は忙《いそが》しく働いていた。

村に冬がやってきた。一年中ⓐ気候はおだやかな村だが、やはり冬の二か月ほどは寒さが厳しい。チャオミンの家でも、父さんは山で仕事ができなくなるため、家での仕事が多くなる。今年は特に秋の間にⓑ採ってきた薬草が多かったので、それらの仕分けで慌《あわ》ただしく働いていた。

母さんのほうは山でとれたシカやカモを開いてせっせと干し肉にしたり、野菜を塩漬《づ》けにしたりしていた。もともと山間部に住んでいたハル族の母さんは、山のものを保存するのがとても上手なので、近くに住む猟師《りょうし》が家に持ってくるのだ。

①この時期には忙しい理由がもうひとつあった。

春先にある、逐鹿節《ちくろくせつ》というハル族のお祭りだ。

複数の民族が暮らすチャオミンの村では、それぞれの民族が祭りをⓒ祝う。お祭りには民族に関係なく参加するが、チャオミンはハル族のお祭りがいちばん好きだった。花を飾《かざ》り、こまかい刺《し》しゅうや色とりどりの飾りがついた鮮《あざ》やかな民族衣装《いしょう》を着た人たちが、楽器をⓓ演奏し踊《おど》ったり歌ったりする。歌が上手なチャオミンの母さんは、いつも中心になって歌う。明るい歌声は山をこえるのか、いつのまにか他の集落からも人々が集まってくるようになった。その準備のために、母さんは朝から晩まで忙しそうにしていた。

チャオミンも町までは行かず、ジュアヌと家を行き来して手作業をしていた。※1シューインに会えないのは寂《さび》しかったが、会ったときに少しでも上手になっていたいと、手仕事にいっそう精《せい》を出した。お裁縫も機織《はたお》りも不器用ながらもひととおりできるようになったが、特に力を入れたのはやはりニュウシュの練習だった。

気持ちを届けたい。

ジュアヌの父さんが無事に帰ってきて数日がたったころ、チャオミンはジュアヌから手紙を受け取っていた。※2結交《けっこう》姉妹の申しこみだった。

わたしの気持ちを伝えるために、チャオミンに手紙を書きます、という書きだしで始まった手紙は、ひとつだけ年上のジュアヌが書いたとはとても思えないほど上手だった。

〝父さんが帰ってこなかったとき、あなたは一緒《いっしょ》に祈《いの》ってくれました

(5) 「水源」と同じ構成の熟語を、次のア～エの中から一つ選び、記号で答えなさい。

ア　早朝　　イ　問答　　ウ　消火　　エ　技術

(6) 漢字が正しく使われていない四字熟語を、次のア～エの中から一つ選び、記号で答えなさい。

ア　公明正大　　イ　朝三暮四　　ウ　起承転結　　エ　一心一退

(7) 次の文の□にあてはまる漢字一字を書きなさい。

・友人は好きなまんがの話題になると、立て□に水を流すようにすらすらと説明してくれる。

(8) 次の短歌に用いられている表現技法の組み合わせを、あとのア～エから一つ選び、記号で答えなさい。

若竹の伸《の》びゆくごとく子ども等《ら》よ真《ま》直《す》ぐにのばせ身をたましひ《(い)》を　(若山牧水)

ア　比喩《ひゆ》と体言止め　　イ　比喩と倒置《とうち》　　ウ　倒置と擬音語《ぎおんご》　　エ　擬音語と擬人法

(9) 次の文の‖部の語が直接かかることばを、文中の――部のア～エから一つ選び、記号で答えなさい。

・妹も ア私と イ同じ ウ遊びを エしたがる。

(10) 次の――部の敬語であやまった使い方をしているものを、ア～エの中から一つ選び、記号で答えなさい。

ア　当日券については受付で係の者にお聞きしてください。
イ　先生は私のにぎったおにぎりをおいしそうにめしあがった。
ウ　お客様、取り分け用のお皿をもう一枚お持ちしましょうか。
エ　卒業祝いに先生からちょうだいしたペンは私の宝物です。

2023年度

水戸英宏中学校

【国語】〈第二回試験〉（四五分）〈満点：一〇〇点〉

一 次の問いに答えなさい。

(1) 次の＝＝にあてはまる漢字と同じ漢字が含《ふく》まれているものを、下のア～エの中から一つ選び、記号で答えなさい。

・全員がレンタイして責任を負う。

ア 整然とタイレツを組んで歩く。
イ 財布をケイタイする。
ウ 堂々としたタイドで接する。
エ タイフウのために木がたおれる。

(2) 「展望台」という語と同じ意味で「望」を用いた熟語を、次のア～エの中から一つ選び、記号で答えなさい。

ア 願望　イ 一望　ウ 失望　エ 要望

(3) 「拾」の部首の持つ意味を、次のア～エの中から一つ選び、記号で答えなさい。

ア 手　イ 足　ウ 人間　エ 言葉

(4) 「様」を楷書《かいしょ》で書いた時、総画数は何画ですか。次のア～エの中から一つ選び、記号で答えなさい。

ア 十二画　イ 十三画　ウ 十四画　エ 十五画

2023年度

水戸英宏中学校 ▶解説と解答

算 数 ＜第２回試験＞（45分）＜満点：100点＞

解 答

1 (1) 356 (2) 70 (3) $\frac{7}{60}$ (4) 17.1 (5) $1\frac{1}{5}$ (6) 9 2 (1) $\frac{9}{10}$ (2) 43個 (3) 81 (4) 42度 (5) 18.84cm^2 (6) 50分間 (7) 76cm (8) 3人 3 (1) 午前11時35分 (2) ア…5，イ…48 4 (1) 30個 (2) 208個 5 (1) 9cm (2) 3.5cm

解 説

1 四則計算，計算のくふう

(1) $622-266=356$

(2) $13+3\times(24-15\div3)=13+3\times(24-5)=13+3\times19=13+57=70$

(3) $\frac{19}{36}-\frac{16}{45}-\frac{1}{18}=\frac{95}{180}-\frac{64}{180}-\frac{10}{180}=\frac{21}{180}=\frac{7}{60}$

(4) $A\times B+A\times C=A\times(B+C)$となることを利用すると，$3.42\times7.5-6.84\times3.2+3.42\times3.9=3.42\times7.5-3.42\times2\times3.2+3.42\times3.9=3.42\times7.5-3.42\times6.4+3.42\times3.9=3.42\times(7.5-6.4+3.9)=3.42\times5=17.1$

(5) $\left\{\left(\frac{1}{3}+\frac{1}{15}\times3\right)-\frac{2}{15}\right\}\times3=\left\{\left(\frac{1}{3}+\frac{1}{5}\right)-\frac{2}{15}\right\}\times3=\left\{\left(\frac{5}{15}+\frac{3}{15}\right)-\frac{2}{15}\right\}\times3=\left(\frac{8}{15}-\frac{2}{15}\right)\times3=\frac{6}{15}\times3=\frac{6}{5}=1\frac{1}{5}$

(6) $1\frac{1}{2}\times\left(2.2+4\frac{2}{5}\right)-\left(\frac{3}{5}-0.3\right)\times3=1\frac{1}{2}\times(2.2+4.4)-(0.6-0.3)\times3=1.5\times6.6-0.3\times3=9.9-0.9=9$

2 条件の整理，平均とのべ，角度，面積，仕事算，構成，長さ，相当算，集まり

(1) 和を小さくするには２つの分数の分母を大きくすればよいから，２つの分数の分母が５と８の場合を調べる。すると，$\frac{2}{5}+\frac{4}{8}=\frac{9}{10}$，$\frac{4}{5}+\frac{2}{8}=\frac{21}{20}$となるので，いちばん小さい和は$\frac{9}{10}$とわかる。

(2) 買うお菓子《かし》の個数は，$1080\div30=36$(個)だから，シールの枚数も36枚になる。よって，$36\div6=6$より，新しく６個のお菓子をもらうことができる。このお菓子の中にもシールが入っているので，$6\div6=1$より，さらに１個のお菓子をもらうことができる。これ以上もらうことはできないから，全部で，$36+6+1=43$(個)のお菓子を手に入れることができる。

(3) (平均点)＝(合計点)÷(教科数)より，(合計点)＝(平均点)×(教科数)となるので，４教科の合計点は，$86\times4=344$(点)とわかる。このうち，国語と算数の合計点は，$88+94=182$(点)だから，社会と理科の合計点は，$344-182=162$(点)と求められる。また，社会と理科の点数は同じなので，どちらも，$162\div2=81$(点)である。

(4) 下の図１で，三角形ABCと三角形AFDに注目すると，角Aの大きさは同じなので，角Bと角Cの大きさの和と，色をつけた２つの角の大きさの和は等しくなる。すると，色をつけた２つの角の大きさの和は，42＋47＝89(度)になり，角 GDF と角 GFD の大きさの和は，26＋23＋89＝138(度)とわかる。よって，三角形 GFD に注目すると，(あ)の角の大きさは，180－138＝42(度)と求められる。

(5) 下の図２のように半円の中心をＯとすると，三角形 ABC は４つの正三角形に分けることができる。よって，Ａを中心として半径が，12÷２＝６(cm)のおうぎ形をかくと，色をつけた部分は矢印のように移動することができる。したがって，色をつけた部分の面積は，半径が６cmで中心角が60度のおうぎ形の面積と等しいので，$6\times6\times3.14\times\frac{60}{360}=6\times3.14=18.84$($cm^2$)と求められる。

図１

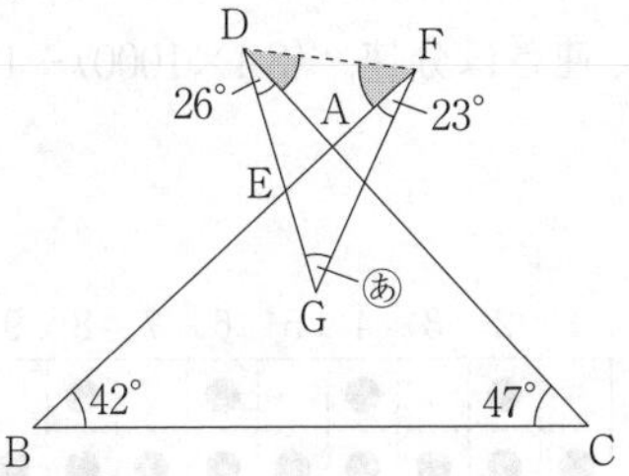

図２

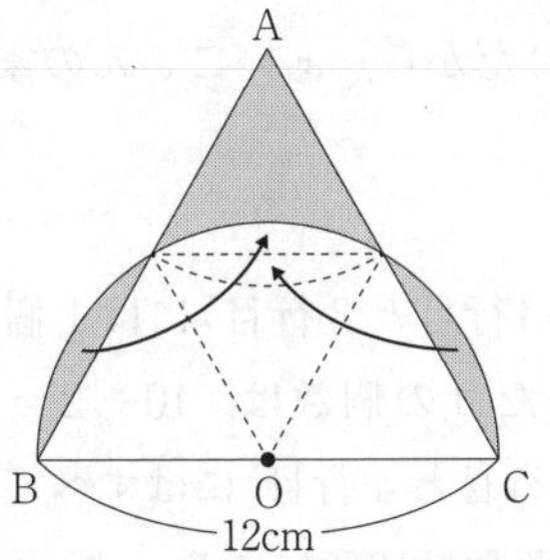

図３

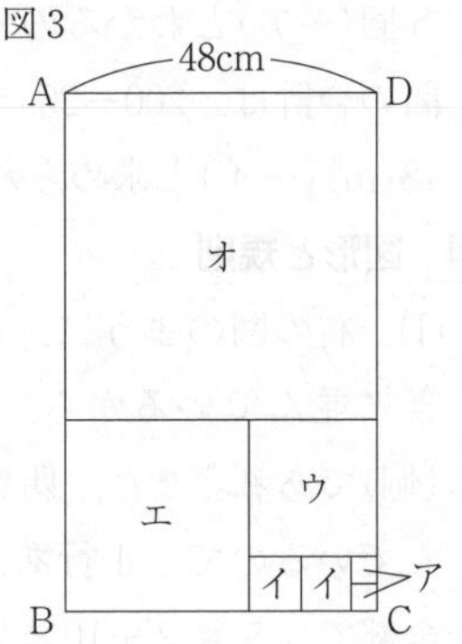

(6) １時間30分は，60×１＋30＝90(分)，２時間30分は，60×２＋30＝150(分)である。そこで，この印刷の量を90と150の最小公倍数の450とすると，Ａが１分間に行う印刷の量は，450÷90＝５，Ｂが１分間に行う印刷の量は，450÷150＝３になる。よって，Ａが１時間(＝60分)で行う印刷の量は，５×60＝300だから，残りの印刷の量は，450－300＝150とわかる。したがって，残りの印刷をＢだけで行うと，150÷３＝50(分間)動かすことになる。

(7) 上の図３で，アの正方形の１辺の長さを①とすると，イの正方形の１辺の長さは，①×２＝②，ウの正方形の１辺の長さは，①＋②×２＝⑤となる。また，エの正方形の１辺の長さは，②＋⑤＝⑦，オの正方形の１辺の長さは，⑤＋⑦＝⑫であり，これが48cmにあたるので，①にあたる長さは，48÷12＝４(cm)とわかる。よって，AB の長さは，⑫＋⑦＝⑲にあたるから，４×19＝76(cm)と求められる。

(8) (キャンプに行ったことがある人)$\times\frac{3}{4}=9$(人)と表すことができるので，キャンプに行ったことがある人の数は，$9\div\frac{3}{4}=12$(人)と求められる。同様に，(海水浴に行ったことがある人)$\times\frac{3}{7}=9$(人)より，海水浴に行ったことがある人の数は，$9\div\frac{3}{7}=21$(人)とわかるから，右上の図４のようになる。よって，少なくとも一方に行ったことがある人の数(太線部分の数)は，12＋21－９＝24(人)なので，どちらにも行ったことがない人の数は，27－24＝３(人)である。

図４

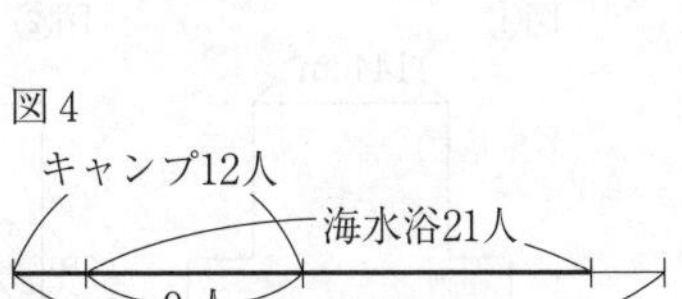

3 速さ，周期算

(1) Ａコースのスタートから P 地点までの道のりは，$9\times\frac{5}{5+1}=7.5$(km)だから，はやとさんの家族がスタートしてから P 地点に着くまでの時間は，(7.5×1000)÷50＝150(分)である。また，P 地点から山頂までの道のりは，９－7.5＝1.5(km)なので，この区間を休けいをとらずに登るときにかかる時間は，(1.5×1000)÷30＝50(分)となる。実際には，50÷15＝３余り５より，途《と》中《ちゅう》で５分間の休けいを３回とるから，スタートしてから山頂に着くまでの時間は，150＋50＋５×３＝215(分)とわかる。215÷60＝３余り35より，これは３時間35分となるので，はやとさんの家族が山頂に着いた時刻は，午前８時＋３時間35分＝午前11時35分である。

(2)　(1)より，あいこさんの家族がスタートしてから山頂に着くまでの時間は，215－15＝200(分)とわかる。また，あいこさんの家族は，30分歩くことと５分休けいをとることをくり返すから，30＋５＝35(分)を周期と考えることができる。すると，200÷35＝５余り25より，休けいをした回数は５回(…ア)とわかるので，休けいをした時間の合計は，５×５＝25(分)となる。よって，歩いた時間の合計は，200－25＝175(分)だから，あいこさんの家族が歩く速さは分速，(8.4×1000)÷175＝48(m)(…イ)と求められる。

4　図形と規則

(1)　右の図のように，奇《き》数《すう》行(1行目と３行目)には１個おきに並んでいるから，１行あたりの個数は，10÷２＝５(個)である。また，偶《ぐう》数《すう》行(２行目と４行目)にはすべて並んでいるので，１行あたりの個数は10個になる。よって，全部で，５×２＋10×２＝30(個)と求められる。

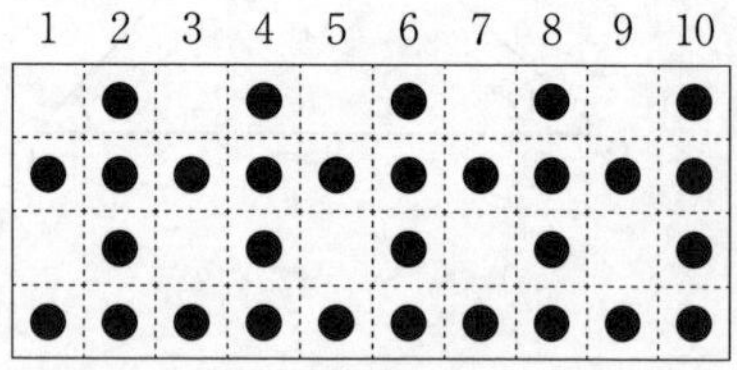

(2)　17行と17列の場合，17÷２＝８余り１より，奇数行が，８＋１＝９(行)，偶数行が８行になる。また，奇数行の１行あたりの個数は８個，偶数行の１行あたりの個数は17個になる。よって，全部で，８×９＋17×８＝208(個)とわかる。

5　水の深さと体積

(1)　直方体Ａの底面積は，12×12＝144(cm^2)，直方体Ｂの底面積は，18×18＝324(cm^2)である。下の図①と図②で，色をつけた部分の体積は等しい。また，図①の色をつけた部分を図②に重ねると太点線のようになるから，★印の部分と☆印の部分の体積も等しくなる。さらに，★印の部分の体積は，324×５＝1620(cm^3)であり，☆印の部分の底面積は，324－144＝180(cm^2)なので，☆印の部分の高さ，つまり直方体Ａの高さは，1620÷180＝９(cm)とわかる。

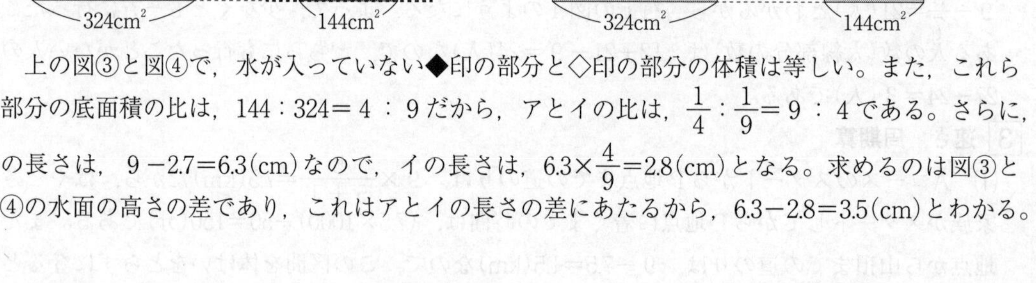

(2)　上の図③と図④で，水が入っていない◆印の部分と◇印の部分の体積は等しい。また，これらの部分の底面積の比は，144：324＝４：９だから，アとイの比は，$\frac{1}{4}:\frac{1}{9}=9:4$である。さらに，アの長さは，９－2.7＝6.3(cm)なので，イの長さは，$6.3\times\frac{4}{9}=2.8$(cm)となる。求めるのは図③と図④の水面の高さの差であり，これはアとイの長さの差にあたるから，6.3－2.8＝3.5(cm)とわかる。

社 会 ＜第２回試験＞（45分）＜満点：100点＞

解 答

1 (1) ① 東北地方 ② ウ (2) 2500(m) (3) イ (4) (例) リサイクルできる品目を増やすことで，ごみの量を全体的に減らす効果がある。 2 (1) 瀬戸内工業地域 (2) 燃料電池 (3) ウ (4) ア (5) ウ (6) 遠洋漁業 (7) イ (8) 成田国際空港 (9) (例) 原材料の輸入や製品の輸出に便利である／北陸工業地域 3 (1) イ (2) 大化の改新 (3) (例) 仏教の力で社会の不安をしずめて国を治めようと願ったから。 (4) エ (5) ご恩 (6) ア (7) 楽市・楽座 (8) 参勤交代 (9) ウ 4 (1) 基本的人権 (2) 生存権 (3) エ (4) ア (5) 非核三原則 5 X (例) 大豆の生産量が年々増加し，生産量が世界で最も多くなった。その影響もあってGDP(国内総生産)が大幅に増加した。 Y (例) 輸出相手国第１位の国がアメリカ合衆国から中国になり，輸出額も増加している。また，輸出品目も大豆が第１位となった。 Z (例) 中国は大豆の輸入量を大幅に増やし，ブラジルからの輸入を大幅に増やしている。

解 説

1 地形図の読み取りと福島県の地理，ごみのリサイクルについての問題

(1) ① 日本は，北海道地方，東北地方，関東地方，中部地方，近畿地方，中国・四国地方，九州地方の７つに分けられる。本州の北部にあたる東北地方には，青森県・秋田県・岩手県・山形県・宮城県・福島県がふくまれる。 ② 青森県と秋田県にまたがる白神山地には世界最大級のブナの原生林が広がり，多種多様な動植物が豊かな生態系を育む貴重な地域であることから，1993年にユネスコ(国連教育科学文化機関)の世界自然遺産に登録された。なお，屋久島(鹿児島県)は九州地方，知床《しれとこ》は北海道地方，小笠原《おがさわら》諸島(東京都)は関東地方にある世界自然遺産である。

(2) 実際の距離は，(地形図上の長さ)×(縮尺の分母)で求められる。この地形図の縮尺は２万５千分の１なので，地形図上で10cmの実際の距離は，10×25000＝250000(cm)＝2500(m)となる。

(3) 地形図中に書かれた標高を表す数値と等高線から，A地点の標高はおよそ544m，B地点の標高はおよそ600mとわかる。また，A－B間には，標高540m前後の比較《ひかく》的なだらかな地形が広がっていることが読み取れる。

(4) 資料からは，年が進むにつれて，小型家電・古着・水銀体温計等・電池類が新たな品目として加えられていることが読み取れる。これらをごみとして出す場合，小型家電・水銀体温計等・電池類は一般的にもやさないごみ(不燃ごみ)として処理されるが，リサイクルすることができれば，資源として活用できる。また，古着をもやすごみ(可燃ごみ)とせずにリサイクルすれば，もやすごみを減らせる。つまり，リサイクルできる品目が増えれば，そのぶんごみの量が減らせるのである。

2 日本の気候や産業，貿易についての問題

(1) 瀬戸内工業地域は，瀬戸内海に面した中国地方の岡山県・広島県・山口県と，四国地方の香川県・愛媛県の沿岸に広がっている。自動車工場や石油化学コンビナート，製鉄所が複数立地しており，機械工業や化学工業，鉄鋼業がさかんに行われている。

(2) 燃料電池自動車は，水素と酸素の化学反応によって起こる電気を動力源として走る自動車で，走行時(発電時)には水だけを排出《はいしゅつ》するため，環境に負荷をかけない。

⑶　栃木県の県庁所在地は宇都宮市で，江戸時代に城下町として，また日光街道と奥州街道が分かれる交通の要地として栄えた。群馬県の県庁所在地は前橋市で，明治時代に製糸業がさかんなまちとして発展した。なお，仙台市は宮城県，甲府市は山梨県の県庁所在地。

⑷　岡山県は，中国山地と四国山地に季節風がさえぎられるため，１年を通して降水量が少なく，冬でも比較的温暖な瀬戸内の気候に属している。なお，イは太平洋側の気候に属する神奈川県横浜市，ウは日本海側の気候に属する石川県金沢市の気温と降水量を示している。

⑸　日本は原油のほぼすべてを海外からの輸入にたよっており，サウジアラビアが最大の輸入先となっている。日本の原油の輸入先はこのほか，アラブ首長国連邦・クウェート・カタールなど，西アジアの国々が中心となっている。統計資料は『日本国勢図会』2022／23年版による(以下同じ)。

⑹　大型の船を使って数週間から数カ月もの長い期間，世界の海で漁を行う漁業を遠洋漁業という。静岡県の焼津《やいづ》港は遠洋漁業の基地となっており，マグロやカツオの水揚《みずあ》げ量が多いことで知られる。

⑺　米の収穫《しゅうかく》量は，新潟県が全国第１位，北海道が第２位で，以下，東北地方の各県が続く。なお，りんごは青森県，みかんは和歌山県，レタスは長野県が収穫量全国第１位となっている。

⑻　千葉県北東部にある成田国際空港は，輸出額が名古屋港(愛知県)についで全国第２位，輸入額が全国第１位で，合計の貿易額が最も多い。空港であるため，半導体や科学光学機器，通信機，医薬品など，軽くて小さい割に高価なものが貿易品目の中心となっている。

⑼　関東地方南部から九州地方北部にかけて，帯状に工業地帯や工業地域が連なる地域を，太平洋ベルトという。日本では，原材料を輸入して製品を輸出する加工貿易が行われてきたため，工業地帯・地域は船での輸送に便利な臨海部で発展してきた。特に，第二次世界大戦後は貿易相手の中心がアメリカ合衆国やオーストラリアなどになったため，太平洋側の地域で工業地域が広がっていった。一方，表中では北陸工業地域にふくまれる日本海沿岸の各県が，太平洋ベルトに属していない。

3　各時代の歴史的なことがらについての問題

⑴　ア　日本で最初に定められた本格的な律令は，文武《もんむ》天皇のときの701年に完成した大宝律令である。　イ　聖徳太子が603年に出した冠位十二階の制について，正しく説明している。　ウ　藤原京は天武天皇のときに建設が命じられ，持統天皇のときに完成した。そして，694年に持統天皇が都を藤原京に移した。　エ「唐」ではなく「隋」が正しい。

⑵　645年，中大兄《なかのおおえの》皇子は中臣鎌足《なかとみのかまたり》らと協力して，皇族をしのぐほどの権力をふるっていた蘇我蝦夷《えみし》・入鹿《いるか》父子をたおした(乙巳《いっし》の変)。そして，天皇中心の国づくりをめざし，大化の改新とよばれる一連の政治改革に取り組んだ。

⑶　聖武天皇が即位《そくい》したころ，都では伝染病の流行や飢饉《ききん》，貴族どうしの争いなどの社会不安があいついでいた。そこで，仏教を厚く信仰した聖武天皇は，仏教の力で国を災いから守り，安らかに治めようと考え，地方の国ごとに国分寺と国分尼《に》寺を建てる命令を741年に出した。また，743年には大仏づくりを命じ，平城京の東大寺に大仏がつくられた。

⑷　藤原道長のむすめで，一条天皇のきさきであった彰子《しょうし》に女官として仕えた紫式部《むらさきしきぶ》は，当時広がっていたかな文字を使って，長編小説『源氏物語』を著した。なお，『万葉集』は奈良時代末ごろに編さんされた現存する最古の和歌集，『枕草子《まくらのそうし》』は清少納言《せいしょうなごん》が書いた随筆《ずいひつ》，『古事記』は奈良時代の712年に完成した歴史書。

(5)　鎌倉時代，将軍(幕府)と御家人(将軍に仕える武士)は，土地を仲立ちとしたご恩と奉公の関係で結ばれていた。このうちご恩とは，将軍が御家人の持っている先祖伝来の領地を保護・保障したり，手がらを立てた者に新しい領地や役職を与えたりすることをいう。これに対し，御家人は鎌倉や京都の警護をし，戦のさいには命がけで将軍のために戦うという奉公で，将軍のご恩に報いた。しかし，二度にわたる元(中国)との戦いは国土防衛戦で，新しい土地が得られたわけではなかったため，幕府は御家人たちに十分な恩賞(ほうび)を与えることができなかった。そのため，ご恩と奉公の関係がくずれ，幕府への不満が高まっていった。

(6)　雪舟《せっしゅう》は京都相国《しょうこく》寺の画僧で，応仁の乱が始まった1467年に明(中国)にわたって水墨《すいぼく》画の技術をみがき，帰国後は山口などで活動して日本風の水墨画を大成した。日本の自然の美しさをえがいた「秋冬山水《しゅうとうさんすい》図」「天橋立《あまのはしだて》図」などが，代表作として知られる。なお，観阿弥《かんあみ》と世阿弥《ぜあみ》は室町幕府の第３代将軍足利義満の保護を受け，能楽を大成させた人物。鑑真《がんじん》は奈良時代に唐(中国)から来日した高僧で，唐招提《とうしょうだい》寺を建てるなどして日本の仏教の発展につくした。

(7)　織田信長は1576年から琵琶湖東岸で安土《あづち》城の築城を始めると，翌77年には安土城下を楽市・楽座とした。これは，税を免除するとともに座(商工業者の同業組合)を廃止し，だれでも自由に商売をできるようにするという政策で，城下町の経済発展を目的として行われた。

(8)　1635年，江戸幕府の第３代将軍徳川家光は武家諸法度《しょはっと》を改定し，参勤交代を制度化した。これによって大名は領国と江戸とを１年おきに行き来することが義務づけられ，妻子は江戸に人質として住まわされることになった。

(9)　出島は，江戸幕府がウの長崎につくった扇《おうぎ》形の人工島で，オランダとの貿易の窓口となった。なお，アは江戸(東京都)，イは堺《さかい》(大阪府)，エは鹿児島の位置。

4　日本国憲法についての問題

(1)　日本国憲法は，基本的人権の尊重・平和主義・国民主権の三つを原則としている。基本的人権とは人間が生まれながらに持っている権利のことで，日本国憲法は第11条でこれを「侵《おか》すことのできない永久の権利」としている。

(2)　日本国憲法第25条は，「健康で文化的な最低限度の生活を営む権利」として，国民の生存権を保障している。

(3)　日本国憲法では，養育する子どもに普通教育を受けさせる義務(第26条)，働く義務(勤労の義務，第27条)，税金を納める義務(納税の義務，第30条)の三つを，国民の義務として定めている。選挙で投票することは義務ではなく，選挙権という国民の権利である。

(4)　天皇は，内閣の助言と承認にもとづき，日本国憲法に定められた国事行為のみを行う。国事行為とは形式的または儀礼的な行為で，法律や条約などの公布のほか，国会の召集《しょうしゅう》，内閣総理大臣および最高裁判所長官の任命，栄典の授与などがこれにあたる。なお，イは内閣，ウは裁判所，エは国会の仕事。

(5)　核兵器を「もたない，つくらない，もちこませない」という日本政府の核兵器への基本方針は，非核三原則とよばれる。1967年に佐藤栄作首相が国会答弁で表明し，1971年には国会で決議された。

5　資料の読み取りと記述

X　資料１より，日本とブラジルによる農業開発協力事業が1970年代に始まったことがわかる。また，資料２・資料３より，その事業が始まったころからブラジルの大豆の生産量は増加し続け，

2019年にはブラジルがアメリカ合衆国をぬいて世界最大の大豆生産国になったことが読み取れる。さらに，資料４によると，1970年から少しずつのびてきたGDP(国内総生産)が2000年以降急増している。ここから，大豆の生産量の増加が，GDPの成長にも影響《えいきょう》していると推測できる。つまり，日本との農業開発協力事業によってブラジルの大豆の生産量が増加し，生産量が世界最大になったこと，その影響もあってGDPが大幅に増加したという内容が書かれている必要がある。　**Y**　資料５より，2000年のブラジル最大の輸出相手国はアメリカ合衆国だったが，2019年には中国に変わっていることがわかる。また，輸出品目では大豆が最も多くなり，輸出額も大幅《おおはば》にのびたことが読み取れる。　**Z**　資料６からは，大豆の最大の輸出国がアメリカ合衆国に変わってブラジルになったことと，中国が大豆の輸入量を大幅に増やしたことがわかる。また資料７からは，ブラジルから中国に輸出された大豆の量が2000年以降急増していることが読み取れる。つまり，中国が大豆の輸入量を2000年以降大幅に増やしたことと，それにともなってブラジルからの大豆の輸入量も大幅に増加したことが書かれていればよい。

理　科　＜第２回試験＞（45分）＜満点：100点＞

解　答

1 (1)　イ　(2)　ウ　(3)　ア　(4)　エ　**2**　Ⅰ　(1)　コイル　(2)　(例)　電流を流しっぱなしにすると，コイルが熱くなるため。　(3)　９個　(4)　(例)　電磁石に流れる電流の大きさが大きくなった。　(5)　ア　Ⅱ　(1)　**X**　作用点　**Y**　イ　(2)　20g　(3)　36cm　(4)　ア　**3**　Ⅰ　(1)　135.0g　(2)　ミョウバン　(3)　29.2g　(4)　ろ過　(5)　(例)　水を蒸発させて水の量を減らす。　Ⅱ　(1)　ウ　(2)　A　(3)　エ　(4)　**赤色リトマス紙**…イ　**青色リトマス紙**…ウ　(5)　B　**4**　Ⅰ　(1)　イ　(2)　でんぷん　(3)　(例)　植物の成長　(4)　ウ　(5)　ア，オ　Ⅱ　(1)　さなぎ　(2)　エ→イ→ウ→ア　(3)　ア　(4)　**はね**…４　**あし**…６　(5)　エ　**5**　Ⅰ　(1)　夏　(2)　ベガ　(3)　イ　(4)　ウ　(5)　**X**　イ　**Y**　エ　Ⅱ　(1)　ア　(2)　イ，エ　(3)　アメダス　(4)　エ　(5)　エ　**6**　(例)　バイオマス燃料は大気中の二酸化炭素を取り込んだものでできているので，これを燃やしても大気中の二酸化炭素の量は変わらない。

解　説

1　小問集合

(1)　ふりこが１往復(10往復)するのにかかる時間は，おもりの重さやふれはばには関係がなく，ふりこの長さが長くなるほど，長くなる。よって，ふりこの長さが最も長い60cmのイを選ぶ。

(2)　けんび鏡を使うときは最初に低い倍率のレンズを選び，見える範囲《はんい》(視野)を広くして観察するものを見つけやすくする。また，スライドガラスに対物レンズが当たらないように，横からのぞきながら対物レンズとスライドガラスを近づけたあと，接眼レンズをのぞきながら調節ねじを回して対物レンズを遠ざけてピントを合わせる。

(3)　水は０℃まで温度が下がると液体から固体に変化し始める。このとき，液体がすべて固体になるまでは温度が０℃のまま変化しない。

⑷　気温は，温度計に日光が直接当たらないようにして，風通しの良いところで，地面からの照り返しの影響《えいきょう》を受けない1.2～1.5mの高さではかる。

2 電磁石とてこについての問題

Ⅰ ⑴　どう線を同じ向きに何回もまいたものをコイルという。コイルに電流を通すと磁石としてはたらく。

⑵　図１のような回路では，回路に非常に大きな電流が流れ，コイルやどう線などが熱くなってしまい危険である。そのため，スイッチを入れたり，消したりして，コイルが熱くなりすぎるのを防いでいると考えられる。

⑶　実験２で，１回目から５回目までに引きつけられたクリップの個数の平均は，(９＋８＋９＋10＋９)÷５＝９(個)である。

⑷　図２の回路では，かん電池２個を直列につないでいるため，図１の回路より，回路に流れる電流は大きくなる。電磁石の強さは，流れる電流が大きくなるほど強くなる。

⑸　電磁石の強さは，コイルのまき数が多くなるほど強くなるので，どう線を25回まいた電磁石が最も弱く，100回まいた電磁石が最も強い。電磁石に引きつけられるクリップの数は，電磁石が強いほど多くなるから，$x<y<z$ となる。

Ⅱ ⑴　糸でつるした位置を支点，白いおもりをつるした位置を力点とすると，黒いおもりをつるした位置は作用点になる。図１のてこは，力点と作用点の間に支点があるてこで，これと同様に，支点が中央にある道具はペンチである。なお，せんぬきは作用点，ピンセットとトングは力点が中央にあるてこである。

⑵　棒のつり合いは，棒を回転させようとするはたらき(以下，モーメントという)で考えることができる。モーメントは，(加わる力の大きさ)×(支点からの距離《きょり》)で求められ，左回りと右回りのモーメントが等しいときに，棒はつり合って水平になる。また，太さが一定の棒の重さは棒の中央(重心)にすべてかかると考えてよい。よって，白いおもりの重さを□gとすると，40×30＝20×(50－80÷２)＋□×50が成り立ち，□＝(40×30－20×10)÷50＝20(g)と求められる。

⑶　黒いおもりを右に18cm移動させたとき，白いおもりから支点までの距離を□cmとすると，つり合いの式は，40×(30－18)＝20×10＋20×□となる。よって，□＝(40×12－20×10)÷20＝14(cm)だから，白いおもりを左に，50－14＝36(cm)移動させればよい。

⑷　図２の上の棒の左はしの糸にかかる重さは，左下の棒とそれにつるしたおもりの重さの合計となるので，70＋20＋10＝100(g)になる。このとき，上の棒の右はしの糸にかかる重さを□gとすると，100×20＝20×｛50－(50＋20)÷２｝＋□×50が成り立ち，□＝(100×20－20×15)÷50＝34(g)となる。これは，右下の棒とそれにつるしたおもりの重さに等しいので，Ｚにつるしたおもりの重さは，１つ，(34－10)÷２＝12(g)と求められる。

3 もののとけ方と気体の性質についての問題

Ⅰ ⑴　100mLの水の重さは100gなので，水よう液の重さは，100＋35.0＝135.0(g)となる。

⑵　０℃の水100mLにとける食塩の重さは，$17.8\times\frac{100}{50}=35.6$(g)，ミョウバンは，$2.9\times\frac{100}{50}=5.8$(g)なので，水温を０℃に下げても食塩35gはとけたままだが，ミョウバンはとけきれずにつぶが出てくる。

⑶　⑵より，０℃の水100mLにミョウバンは5.8gとけるので，出てきたつぶの重さは，35.0－5.8＝

29.2（g）と求められる。

⑷　ろ紙を使って，液体と固体が混ざっているものをそれぞれに分ける操作のことを，ろ過という。

⑸　食塩がとける量は水の温度が変わってもあまり変化しないので，水を蒸発させてとかすことができる食塩の量を少なくすると食塩のつぶを取り出せる。

Ⅱ　⑴　二酸化炭素を石灰水に通すと，石灰水が白くにごるので，ある水よう液は石灰水で，気体Ａは二酸化炭素だとわかる。

⑵　酸素にはものが燃えるのを助けるはたらきがあるので，実験２でほのおが大きくなった気体Ｃは酸素だとわかる。また，ろうそくが燃焼すると，ろうそくにふくまれる炭素と酸素が結びついて二酸化炭素になるので，びんの中で体積の割合が増えたのは二酸化炭素である。

⑶　二酸化炭素は燃えず，また，物が燃えるのを助けるはたらきもないため，ろうそくの火はすぐに消える。

⑷　気体Ｄは水にとけるとＢＴＢ液を青色に変化させたので，その水よう液がアルカリ性であるアンモニアだとわかる。アルカリ性の水よう液をつけると，青色リトマス紙の色は変わらないが，赤色リトマス紙は青色に変化する。

⑸　４種の気体のうち，残りの気体Ｂはちっ素だとわかる。また，空気中に最も多くふくまれている気体はちっ素である。

4　植物と動物の性質についての問題

Ⅰ　⑴，⑵　植物は，二酸化炭素と水から，光のエネルギーをもとにして酸素とでんぷんをつくり出す。このはたらきを光合成という。ヨウ素液はでんぷんに反応して青むらさき色になるため，光合成ででんぷんがつくられたことを確かめるために用いられる。

⑶　でんぷんは，植物が成長するために使われたり，根やくきにたくわえられ子孫を残すために使われたりする。

⑷　葉Ａと葉Ｃを比べることで，実験②で日光の影響があったかどうかがわかる。なお，暗い部屋に置いたこと，葉に切れこみを入れたこと，ある液体につける前にやわらかくなるまで煮《に》たことは，すべての葉に共通しているので実験におよぼす影響は判断ができない。

⑸　一般《いっぱん》的に食用としている部分は，レンコンとサトイモはくき，ハクサイは葉，ニンジンとゴボウは根である。なお，ハクサイでくきにあたるのはしんの部分である。

Ⅱ　⑴　カブトムシは完全変態をするこん虫の仲間で，たまご→よう虫→さなぎ→せい虫の順に成長する。

⑵　モンシロチョウもカブトムシと同じ完全変態をするこん虫なので，たまご（エ）→よう虫（イ）→さなぎ（ウ）→せい虫（ア）の順に成長する。

⑶　こん虫のからだは，はねとあしがついているむね，いくつかのふしからできているはら，しょっ角や複眼などがついている頭に分かれている。

⑷　カブトムシには，固い前ばねが２枚とうすい後ばねが２枚，合わせて４枚のはねと，３対６本のあしがある。

⑸　カブトムシが羽化してせい虫になるのは７月～８月ごろで，ツバメは３月ごろに日本にやってきて９月ごろまでに日本から旅立つものが多い。よって，エが適する。なお，ヒキガエルは３月～４月ごろに卵がふ化しオタマジャクシが見られるようになり，ハクチョウは冬になると，シベリア

から冬をこすために飛来する。オオカマキリは10月ごろに卵をうみ，卵は４月ごろにふ化する。

5 星の見え方と気象についての問題

Ⅰ ⑴，⑵　図１にある，こと座，はくちょう座，わし座は夏の星座で，こと座のベガ，はくちょう座のデネブ，わし座のアルタイルを結んでできる三角形を夏の大三角という。

⑶　図１の星は，東から出て，南の空を通り，西にしずむ。そのため，南の空高く(右上)に向かって動いていくように見える。

⑷　星座早見は観察する日付と時刻の目盛りをそろえて使うので，４月20日を20時の目盛りが指しているウが正しい。

⑸　北の空の星は日周運動により，１日(24時間)当たり360度反時計回りに移動するように見えるため，１時間当たり，360÷24＝15(度)移動する。よって，４時間後には，15×４＝60(度)移動した位置に見える。また，年周運動により，１年(12か月)で360度反時計回りに移動するように見えるため，１か月当たり，360÷12＝30(度)移動する。したがって，４か月後の同じ午後８時には，30×４＝120(度)移動した位置に見える。

Ⅱ ⑴　空全体の広さを10としたとき，雲の割合が０～８のときを「晴れ」(特に０～１のときを「快晴」とする場合もある)，９～10のときを「くもり」としている。

⑵　雨をふらせる雲は，名前に「乱」がついている。乱層雲は横に広がった雨雲で，しとしとと長い時間雨を降らせる。積乱雲は強い上昇《じょうしょう》気流により垂直方向に発達した雲で，短時間に激しい雨を降らせる。

⑶　アメダスは，気象庁の自動的に降水量や風向・風速，気温などを観測するシステムである。降水量は，全国約1300か所で観測されている。

⑷　図で，雨量情報が集中しているのは，地図上の九州から中国地方なので，エの福岡が適している。

⑸　日本上空では，１年を通して西から東にへん西風がふいているため，天気も西から東へ変化することが多い。また，冬は，日本海上空にあるしめった冷たい空気が流れこむ影響で，日本海側ではくもりや雪の日が多くなる。

6 エネルギーと環境《かんきょう》汚染《おせん》についての問題

バイオマス燃料も燃焼させると二酸化炭素が発生するが，バイオマス燃料の中の炭素は植物が成長するときに，光合成により大気中から吸収した二酸化炭素がもとになっている。そのため，自然の中で二酸化炭素が循環し，大気中の二酸化炭素は増加しないと考えることができる。

国語 ＜第２回試験＞（45分）＜満点：100点＞

解答

一 ⑴ イ　⑵ イ　⑶ ア　⑷ ウ　⑸ ア　⑹ エ　⑺ 板　⑻ イ　⑼ エ　⑽ ア　二 ⑴ ⓐ きこう　ⓑ と(って)　ⓒ いわ(う)　ⓓ えんそう　ⓔ むね　⑵ (例) お祭りの準備をするため。　⑶ Ⅰ　あまり好きではない　Ⅱ 結交姉妹　⑷ エ　⑸ (例) チャオミンが拾ったものの，母に没収されてしまった落花生を売って買った筆だから。　⑹ ⒜ 目をまん丸にして　⒝ ウ　⑺ 気持ちを伝える

⑻ イ　三 ⑴ 下記を参照のこと。　⑵ Ⅰ 温暖で豊かな落葉樹林　Ⅱ 多大な労力　⑶ 人口密度　⑷ 気候の変化　⑸ ウ　⑹ （例） 食べきれない穀物を貯蔵する　⑺ エ　⑻ イ　四 ⑴ 五　⑵ （例） 家庭系も事業系も減っている　⑶ （例） ケーキを，必要とする施設や団体に無料で提供する　⑷ （／は段落を変える印です。） （例） 必ず冷蔵庫内に何があるかを確認してから料理の材料を買いに行くよう心がけます。／たとえば野菜などは腐りやすいにもかかわらず，ついスーパーでむだに買い過ぎてしまい，結局は捨ててしまうということがこれまでたびたびあったからです。

●漢字の書き取り

三 ⑴ ⓐ 規模　ⓑ 困(らない)　ⓒ 単(に)　ⓓ 戦(う)　ⓔ 営(む)

解説

一 同じ漢字をふくむ熟語，漢字の意味，漢字の部首，漢字の画数，熟語の構成，四字熟語の知識，ことわざの完成，表現技法の知識，ことばの係り受け，敬語の知識

⑴ 「連帯」は，お互《たが》いが結びついていること。または，複数の者がある行為《こうい》に対し責任を負うこと。イの「携帯」が同じ漢字をふくんでいる。なお，アは「隊列」，ウは「態度」，エは「台風」と書く。

⑵ 「展望台」と「一望」の「望」は，“遠くを見る”という意味。よって，イが合う。なお，「願望」，「失望」，「要望」の「望」は，“望む”“願う”という意味。

⑶ 「拾」の部首は「扌」で，「手」を表す。

⑷ 「様」は，木へんを四画で，右側を十画で書く。総画数は十四画になる。

⑸ 「水源」，上の漢字が下の漢字を修飾している組み立て。よって，アの「早朝」が同じ。なお，イの「問答」は，反対の意味を持つ漢字を重ねた組み立て。ウの「消火」は，下の漢字が上の漢字の対象や目的となっている組み立て。エの「技術」は，似た意味を持つ漢字を重ねた組み立て。

⑹ “進んだり，もどったりする”“よくなったり，悪くなったりする”という意味のエは，「一進一退」とするのが正しい。なお，アの「公明正大」は，私利私欲に左右されず，公平に正しく物事を行うこと。イの「朝三暮四」は，目先の違《ちが》いにとらわれて，結局は同じことであるのに気づかないこと。ウの「起承転結」は，小説や話の構成・展開の方法。転じて，物事の順序・展開の仕方という意味でも用いられる。

⑺ 「立て板に水」は，すらすらと，よどみなく話すさま。

⑻ 「若竹の伸《の》びゆくごとく」は，子どもたちの成長を若竹の成長にたとえているので，ここには「ようだ(な)」「みたいだ(な)」などを用いて，あるものをほかのものにたとえる直喩《ちょくゆ》(比喩の一種)が用いられている。また，「真直《ます》ぐにのばせ／身をたましひを」は，普通《ふつう》なら「身をたましひを／真直ぐにのばせ」となるはずの語順を反対にしているので，ここには語順を置きかえることで，あるものごとを強調するはたらきの倒置《とうち》法が使われている。よって，イが選べる。

⑼ ことばの係り受けは，直接つなげてみて意味のまとまる部分が答えになる。私と同じ遊びを，「妹も」→「したがる」のだから，エが合う。

⑽ 「お～する」は，謙譲《けんじょう》語。アの「係の者」は，話し手の側の人間なので，「お聞きください」とするのが正しい。なお，イの「めしあがる」は，「食べる」の尊敬語。ウの「お持ちする」は

「持つ」の謙譲語。エの「ちょうだいする」は，「もらう」の謙譲語。

二 **出典はまはら三桃《みと》の『思いはいのり，言葉はつばさ』による。**ジュアヌに書いた自分の文章に満足できなかったチャオミンが，父さんから筆をもらい，もっとニュウシュの練習をしようと決意したようすが描《えが》かれている。

(1) ⓐ ある地域で，一年を周期としてくり返される大気・気象の状態。 ⓑ 音読みは「サイ」で，「採集」などの熟語がある。 ⓒ 音読みは「シュク」「シュウ」で，「祝福」「祝言」などの熟語がある。 ⓓ 音楽を奏でること。 ⓔ 音読みは「キョウ」で，「胸中」などの熟語がある。

(2) 「逐鹿《ちくろく》節というハル族のお祭り」の準備をするために忙《いそが》しいことが，続く部分から読み取れる。

(3) Ⅰ，Ⅱ 前後から読み取る。「漢族を誇《ほこ》りに思っているジュアヌ」は，「ハル族の母と漢族の父をもつ」自分のことが「あまり好きではないのだろう」とチャオミンは思っていたが，「結交姉妹」の申しこみをしてくるほど好きだと知ってうれしかったのである。

(4) 「もどかしい」は，物事が思いどおりにいかず，じれったいさま。「胸の内にはたくさん思いがあるのに，書ききる前に言葉が逃《に》げていって」しまい，「どうしても書きあらわせなかった」ので，チャオミンはいらだったのである。

(5) 続く部分に，「母さんに没収《ぼっしゅう》された落花生が，筆となって帰ってきた」とある点をおさえる。父さんは，もともとチャオミンが拾った落花生を売って筆を買ったので，ぼう線③のように言ったのである。

(6) (a)，(b) 「目を見開く」は，“驚《おどろ》きなどで目を大きく見開く”という意味。少し前に，父さんからの思いがけない贈《おく》り物をもらい，「目をまん丸に」するチャオミンのようすが描かれている。

(7) 父さんから「もっとニュウシュを練習するといい」と言われたチャオミンは，もらった筆を抱きしめている。ジュアヌの手紙への返事には，思いを書ききれずもどかしい思いをしたが，これからもっとニュウシュの練習をして，自分の気持ちをあますところなく伝えようと思ったのだから，「気持ちを伝える」がぬき出せる。

(8) 父さんは，ジュアヌに自分の気持ちを伝えるためにもっとニュウシュを上手に書けるようになりたいと思っているチャオミンの気持ちがよくわかっていたので，その練習ができるように筆を買ってきてくれている。父さんは，娘《むすめ》の気持ちを理解し，望むことをやらせてあげようとする優《やさ》しい人なのだから，イがふさわしい。

三 **出典は稲垣栄洋《いながきひでひろ》の『イネという不思議な植物』による。**稲作《いなさく》が広がっていった理由を説明し，その結果として，貧富の格差が生まれていったと筆者は指摘《してき》している。

(1) ⓐ 物事の構造・内容・仕組みなどの大きさ。 ⓑ 音読みは「コン」で，「困苦」などの熟語がある。 ⓒ 「単に」は，後に打ち消しの語をともなって“ただそれだけではすまされない”という意味を表す。 ⓓ 音読みは「セン」で，「戦争」などの熟語がある。 ⓔ 音読みは「エイ」で，「運営」などの熟語がある。

(2) Ⅰ，Ⅱ 前後から読み取る。「温暖で豊かな落葉樹林が広がる」縄文時代中期の東日本には，「大勢の人口を養うのに十分な食料があった」。だから，わざわざ「多大な労力」を必要とする稲作は広がらなかったのである。

(3) 「縄文時代中期の一〇〇平方キロメートルの人口密度は，西日本ではわずか一〇人未満であったのに対して，東日本では，その数十倍の一〇〇～三〇〇人であったと推計されて」いると書かれていることに注目する。「人口密度」が高かったぶん，東日本の「食料の不足は切実な問題となった」のだろうと筆者は述べている。

⑷　「それ」とあるので，前の部分に注目する。「約四〇〇〇年前の縄文時代の後期になると，次第《しだい》に気温が下がり始めたことから，東日本の豊かな自然は，大きく変化をするようになった」が，東日本でも稲作が行われるようになったのは，この「気候の変化」による食料の不足だけが原因ではない，と筆者は指摘している。

⑸　弥生時代には，食糧を貯蔵するために「壺やかめ」を使っていたばかりでなく，縄文時代まで祭殿だった高床式の建築も，「高床式倉庫」として利用されるようになっていた，というつながりである。よって，ことがらをつけ加えるときに用いる「また」が入る。

⑹　農業によって得られる穀物は貯蔵可能だが，それゆえに収奪《しゅうだつ》も頻繁《ひんぱん》に起こるようになった。結果として，米をたくさん持つ者が「富と権力」を手にできるようになったため，人々は競《きそ》い合うように本格的な農業の技術を発達させ，強い社会集団を形成することに注力していくのである。以前とは違い，「富や権力，技術など，強い集団社会を形成できる力」の有無が「豊かさ」の指標となったことを，筆者が指摘していることをふまえ，「食べきれない分の穀物を貯蔵する」のようにまとめる。

⑺　もどす文に「こうして」とあることから，前には「富を持つ人が現れ」るいきさつと，「貧富の格差が生まれ」ていなかった時代のことが書かれているものと考えられる。【エ】に入れると，食べきれないぶんは仲間と分配し，貧富の格差が起こりにくかった狩猟《しゅりょう》採集の暮らしとは異なり，農業が広まった時代には蓄えられた食糧が「富」としてあつかわれたために貧富の格差が生まれた，というつながりになり，文意が通る。

⑻　「技術に優《すぐ》れた水田稲作を行う人々は，時には武力で狩猟採集を営む人々を圧倒《あっとう》していった」と述べられていることに注目する。気候の変化によって食糧が不足したうえ，稲作を行う人々から武力で攻撃《こうげき》され，強制されたために東日本にも稲作が広まったのである。よって，イが正しい。

四　資料の読み取りと課題作文

⑴　2020年度の日本の食品ロス量は全体で522万トンだが，そのうち「家庭系」は247万トンなので，全体の，2470000÷5220000×100＝47.31…より，約五割にあたる。

⑵　2015年度には，家庭系の食品ロス量は289万トン，事業系は358万トンだったが，2020年には，家庭系は247万トン，事業系は275万トンになっている。ここからは，家庭系，事業系とも食品ロスが減っていることがうかがえる。

⑶　12月25日を過ぎ，売れ残ってしまったクリスマスケーキが捨てられないようにするためには，フードバンクを通じて施設《しせつ》・団体に無料で提供する形をとればよい。

⑷　たとえば，買い物をするときには必要なぶんだけ買うようにする，料理をつくるときにはつくりすぎないようにする，材料はまるごと使うようにする（野菜の皮などを捨てず，すべて料理に活用する）など，われわれがすぐにできることはたくさんあるはずである。〔条件〕にしたがうほか，誤字・脱字《だつじ》，文脈のねじれ等にも気をつけながら，家庭系の食品ロスを減らすための具体的な方策と，その理由をまとめる。

2022年度　水戸英宏中学校

〔電　話〕　(029)243－０８４０
〔所在地〕　〒310－0913　茨城県水戸市見川町字手負山2582－15
〔交　通〕　JR常磐線「水戸駅」よりバス

【適性検査Ⅰ】〈第１回試験〉（45分）〈満点：100点〉

1　ゆうかさんとけんたさんは，りくさんの家に遊びに行ったとき，水そうでかっているメダカを見つけました。ゆうかさんとけんたさんは，メダカについてりくさんと話をしています。

りく：ぼくの家では，水そうにおすとめすのメダカをかっているんだ。

図１　メダカのおすとめす

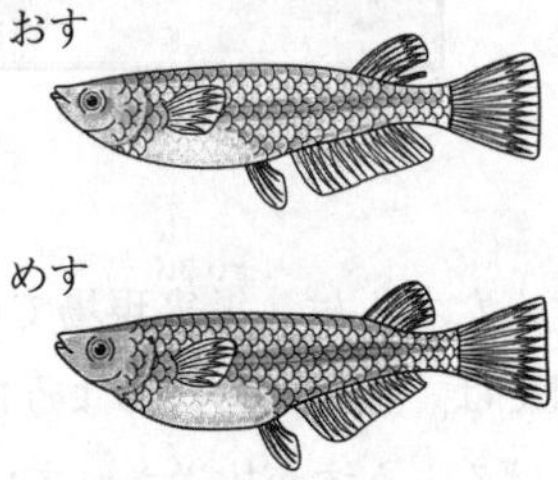

けんた：どれがおすで，どれがめすかな。

りく：**図１**は，図かんにのっていたメダカのおすとめすの体のようすを表したものだよ。

ゆうか：これを見ると，①おすとめすを見分けることができるわね。

けんた：水そうの水の中に水草が入っているね。

ゆうか：本当だわ。どうして水草を入れているの。

りく：②メダカの数をふやしたり，メダカが水中で生活するために役立っているんだ。

けんた：メダカが水中で生活するために，どのように役立っているのかな。

りく：それを確かめるために，**図２**のように，くみ置きの水を入れたあとにメダカ６ぴきと水草を入れた**水そうＰ**と，もう１つの**水そうＱ**を用意して，何日後かに水の中の酸素の割合を調べたんだ。

図２　水そうＰ

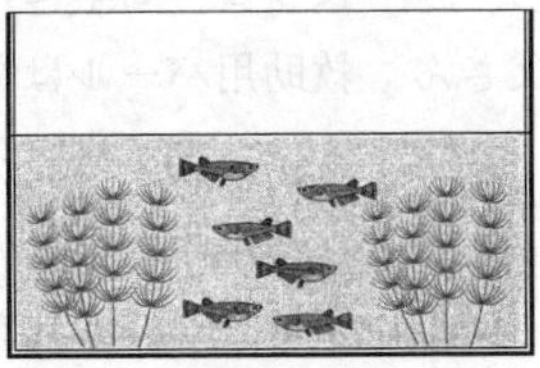

ゆうか：その結果はどうだったの。

りく：**水そうＱ**の水よりも，**水そうＰ**の水のほうが酸素の割合が高かったんだ。このことから，水草はメダカが水中で生活するために役立っていることがわかったよ。

問題１　下線部①について，メダカのおすとめすの体のちがいを説明しなさい。

問題２　下線部②について，メダカの数をふやすために水草を水そうに入れておくのはなぜですか。その理由を説明しなさい。

問題３　りくさんが用意した**水そうＱ**を表しているのはどれですか。次の**ア**～**カ**の中から一つ選び，記号を書きなさい。

ア

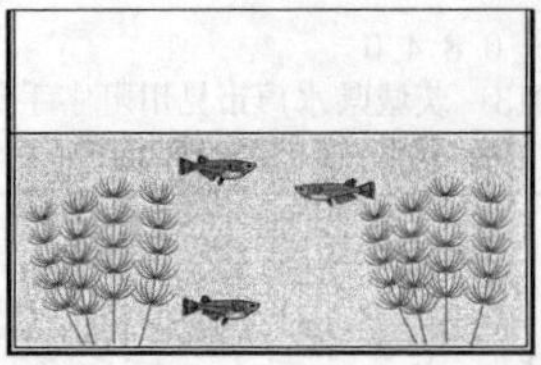

イ

ウ

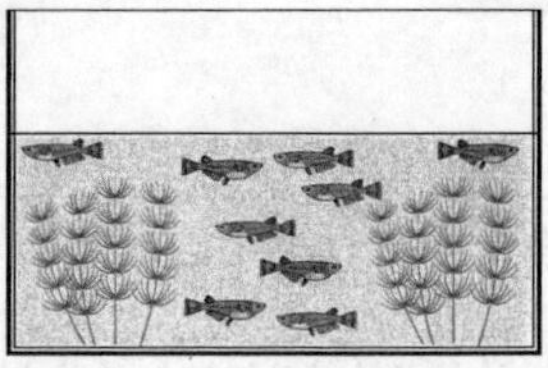

エ

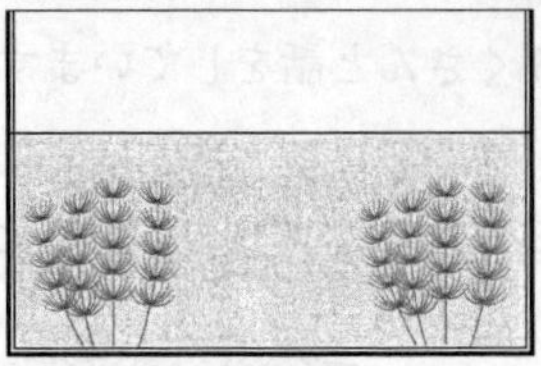

オ

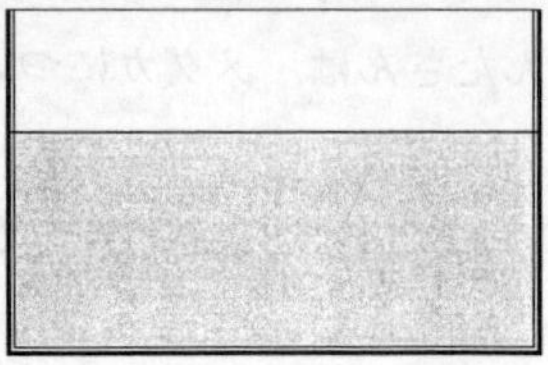

カ

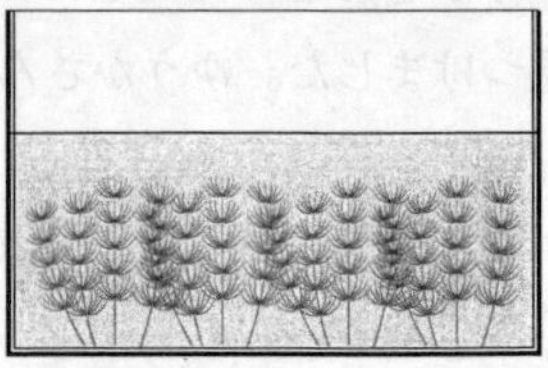

2　けんたさんは，災害《さいがい》現場での救助《きゅうじょ》活動についての番組をお父さんといっしょに見ています。番組では，金ぞくの棒《ぼう》のような形をした救助用バールという道具を使って，倒《たお》れたがれきを持ち上げるようすが放送されていました。

けんた：災害現場では，建物などが倒れて危険な状況《じょうきょう》だね。がれきはとても重いはずなのに，救助用バールを使うと，簡単に持ち上げることができるんだね。

お父さん：救助用バールはてこを利用した道具なんだ。たとえば，**図１**のように，重いものが倒れていたとき，バールの先をものの下にさしこんでバールを動かすと，ものを持ち上げることができるよ。

図１

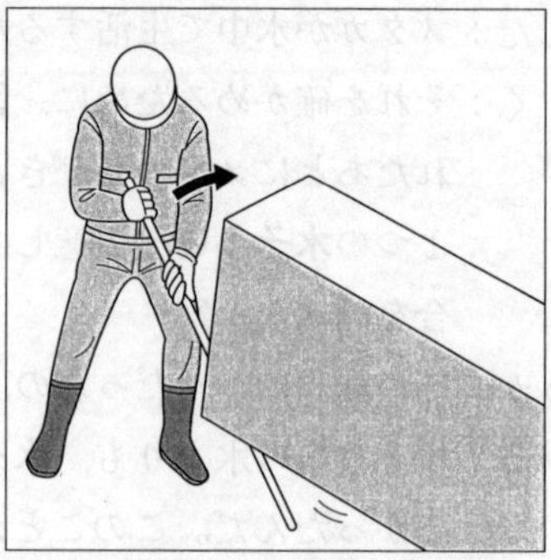

けんた：**図２**のようにして，ブロックとバールを使って，ものを持ち上げている場面もあったよ。

お父さん：ブロックを使うことで，てこの３点の位置や力点に加える力の向きが変化するけれど，小さな力で重いものを持ち上げることができるよ。

けんた：てこを利用した道具はすべて，救助用バールのように，小さな力で大きな力をはたらかせるのかな。

お父さん：そんなことはないよ。たとえば，<u>パンをはさむときに使うトング</u>は，てこを利用した道具だけど，小さな力で大きな力をはたらかせるような道具ではないんだ。

図２

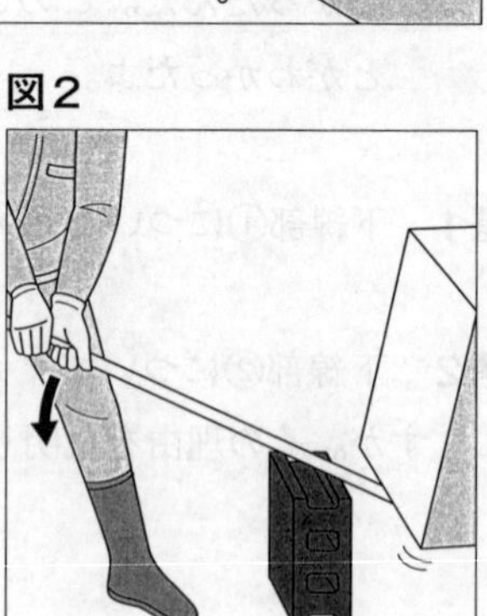

問題１　てこの支点・力点・作用点の並び方が**図１**の救助用バールと同じになっている道具を，次の**ア**～**エ**の中から一つ選び，記号を書きなさい。

ア　ペンチ

イ　ピンセット

ウ　はさみ

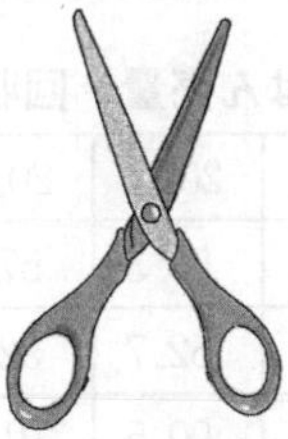

エ　せんぬき

問題２　下線部について，**図３**のトングは，どのような特ちょうがある道具ですか。加える力の大きさとはたらく力の大きさの関係にふれながら，「支点」「力点」「作用点」の３つの語句を使って，簡単に書きなさい。

図３　トング

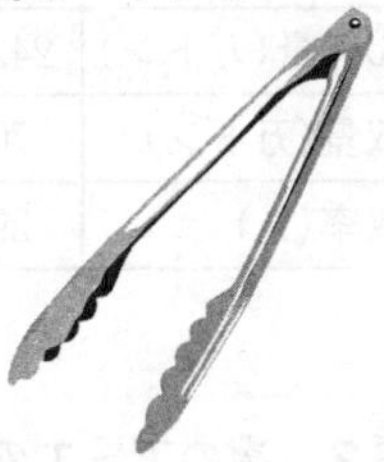

3　ゆうかさんとけんたさんのクラスでは，総合的な学習の時間に「リサイクル」をテーマにして発表会を行いました。

ゆうか：自動はん売機で買うことができる飲み物の容器を調べると，いくつかの種類がありました。

けんた：私たちの市では，自動はん売機の横に回収ボックスが設置されていて，ペットボトルと空き缶《かん》に分けてごみを集めています。

ゆうか：**資料１**のように，空き缶にはアルミニウムでできた缶と鉄でできた缶があるけれど，どちらも形や大きさが似ているので分別しにくそうね。どうやって分別しているのかしら。

資料１　空き缶

アルミニウムでできた缶　　鉄でできた缶

けんた：何でできているのかを示すマークが書いてあるから，それを見れば分別できるよ。

ゆうか：そうね。でも，空き缶がたくさん集まるリサイクル工場では，空き缶に書かれているマークを見て分別していると効率《こうりつ》が悪いわね。別の方法で分別していると思うんだけど，どうやって分別しているのかしら。

問題１　下線部について，アルミニウムと鉄でできた缶の性質のちがいを利用して，アルミニウムと鉄でできた缶を分別する方法を書きなさい。

けんた：分別するために，いろいろな工夫がされているんだね。
ゆうか：飲み物の容器だけでも，リサイクルするのは大変そうだね。
けんた：そうだね。次に，ペットボトルの回収についていろいろな資料を集めてみたよ。

資料２　日本のペットボトルのはん売量・回収量・回収率の推移

年度	2010	2011	2012	2013	2014	2015	2016	2017	2018	2019
はん売量(万トン)	59.6	60.4	58.3	57.9	56.9	56.3	59.6	58.7	62.6	59.3
回収量(万トン)	43.0	48.1	52.7	52.9	53.2	52.0	52.9	54.1	57.2	55.2
回収率(%)	72.2	79.6	90.5	91.3	93.5	92.4	88.8	92.2	91.5	93.0

資料３　アメリカのペットボトルのはん売量・回収量・回収率の推移

年度	2010	2011	2012	2013	2014	2015	2016	2017	2018	2019
はん売量(万トン)	242.7	248.5	253.4	261.5	265.3	270.8	280.0	268.2	284.4	288.7
回収量(万トン)	70.6	72.8	77.9	81.6	82.2	81.5	79.5	78.3	82.2	80.5
回収率(%)	29.1	29.3	30.8	31.2	31.0	30.1	28.4	29.2	28.9	27.9

（**資料２**，**資料３**ともに，PET ボトルリサイクル推進協議会資料より作成）

問題２　次の**ア**～**エ**の文章は，ペットボトルのリサイクルに関する**資料２**・**資料３**について説明したものです。正しい説明をしている文章を，**ア**～**エ**の中から一つ選び，記号を書きなさい。

ア　2010 年度から 2019 年度までの間で，ペットボトルの回収率が最も高かった年度は，日本もアメリカも同じである。

イ　2010 年度以降，日本もアメリカも，ペットボトルのはん売量と回収量はどちらも増え続けている。

ウ　2010 年度から 2019 年度までの間で，日本もアメリカも，ペットボトルのはん売量が最も多かった年度は，回収量も最も多かった。

エ　2010 年度以降，日本のペットボトルの回収率が 90% 以下であった年度はすべて，アメリカのペットボトルの回収率は 30% 以下であった。

ゆうか：ペットボトルのリサイクルの状況《じょうきょう》がよくわかったよ。
けんた：リサイクルを進めることで，どのようにかん境を守ることにつながっているのかな。
ゆうか：私たちが住む茨城県のリサイクルに関する**資料４**を見つけたよ。
けんた：茨城県では，１人１日あたりのごみの排出《はいしゅつ》量などの目標を立てているんだね。
ゆうか：ごみの排出量のうち，どのくらいの量がリサイクルされたかを示す「リサイクル率」の目標も立てているみたいよ。
けんた：2015 年度は，どのような結果だったんだろうね。

資料４　茨城県のリサイクルに関する資料（2015 年度）

	目標	結果
１人１日あたりのごみの排出量	949 g	1005 g
１人１日あたりのリサイクル量	218 g	229 g

（「平成 27 年度一般廃棄物処理実態調査結果」より作成）

ゆうか：**資料４**から，リサイクル率の目標は22.97％だったけれど，結果は□％であったことがわかるわ。残念ながら，目標は達成できなかったみたいだね。

けんた：ごみが増えることで，ごみをうめ立てる場所が足りなくなったり，かん境が悪化したりする問題がおこっているようだよ。

ゆうか：そうした問題を解決するために，リサイクルについてよく知って考えていく必要があるわね。

問題３　会話文中の□にあてはまる数字を，小数第３位を四捨五入して小数第２位まで求めなさい。

問題４　あなたは，ごみ問題を解決するために何ができると考えますか。発表会の内容をもとにして，「あなたができる具体的な取り組み」，「予想される効果」の二つがわかるように80字以上100字以内で書きなさい。ただし，あなたができる具体的な取り組みは，資料や会話文以外のものとします。また，「，」や「。」も１字に数え，文字に誤りがないようにしなさい。

4　けんたさんとゆうかさんは，算数の授業で円柱の学習をしたときに，身の回りにある円柱の形をしたものとして，トイレットペーパーについて調べてみることにしました。

図１　２種類のトイレットペーパーの形

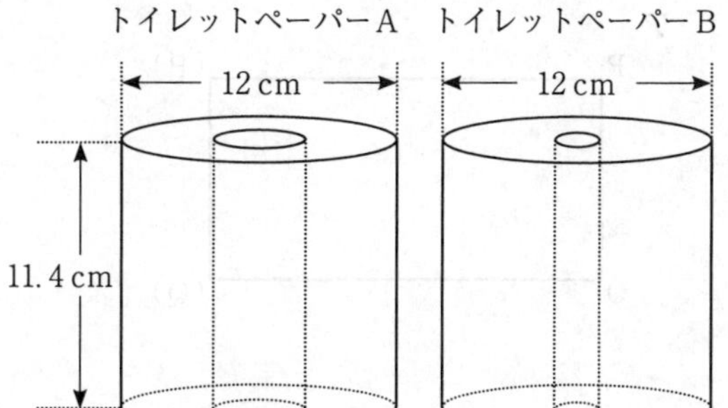

ゆうか：私の家ではこの２種類のトイレットペーパー（**図１**）があったわ。

けんた：トイレットペーパーの幅《はば》はどれもだいたい11.4 cmみたいだよ。ただ，芯《しん》の直径は違《ちが》うタイプがあるみたいだね。これで，たくさん巻かれているかどうかが決まるね。

ゆうか：なるほど。幅は同じ11.4 cmだなんておもしろいわね。

けんた：トイレットペーパーは芯の近くと外側の部分では，トイレットペーパーの１まわりの長さが変わるね。

ゆうか：芯の直径が４ cmだから，４×円周率（cm）だけど，トイレットペーパーの直径が12 cmだから，12×円周率（cm）となるわね。

けんた：芯のまわりに60 m巻かれていると書かれているけれど，何回巻かれているのか気になるね。

ゆうか：トイレットペーパーが折れ曲がったり重なったりしていないと考えると，内側の１まわりと外側の１まわりでは長さが異《こと》なるから，内側の１まわりの直径と外側の１まわりの直径の平均で計算してみましょう。

（トイレットペーパーの長さ）

＝（トイレットペーパー部分の直径の平均で求めた円周）×（巻いている回数）

で計算すると，トイレットペーパーＡは□回巻かれていることになるわね。

問題１　会話文中の□にあてはまる数は何ですか。円周率は3.14とし，答えは四捨五入して整数で答えなさい。

けんた：トイレットペーパーＡを上から見た図（**図２**）もかいてみたよ。

ゆうか：ドーナツみたいだね。

けんた：ちなみに，ぼくの家で使っているトイレットペーパーはＡだよ。

ゆうか：私の家で使っているトイレットペーパーもＡだよ。

けんた：**図２**の点線ＰＱで切り開いてみるとどうなるんだろう。

ゆうか：だめよ，本当に切り開いたらお母さんに怒《おこ》られるわよ。

けんた：そうだね。じゃあ，想像してみようか。

ゆうか：わかったわ。使えないようにしてはだめだからね。考えてみよう。

図２　トイレットペーパーＡを上から見た図

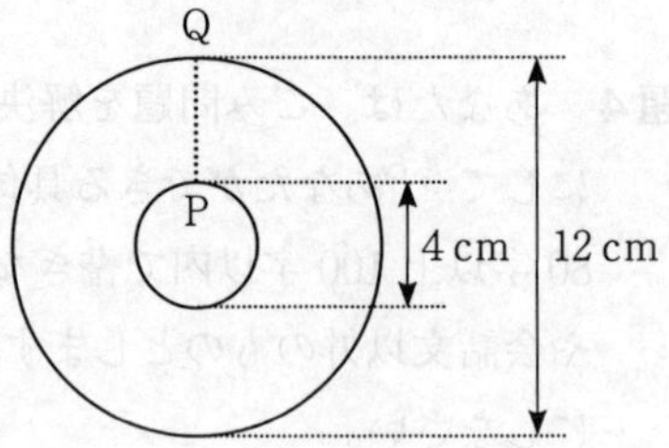

問題２　トイレットペーパーＡについて，**図２**の点線ＰＱで切り開いてみると，次の**ア**～**エ**のどのような形になるか，記号で書きなさい。

ア

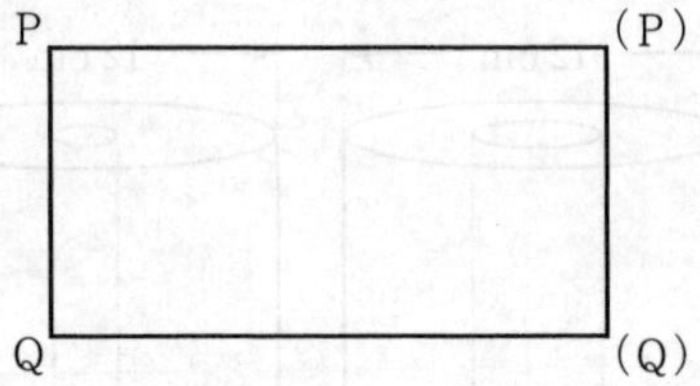

イ

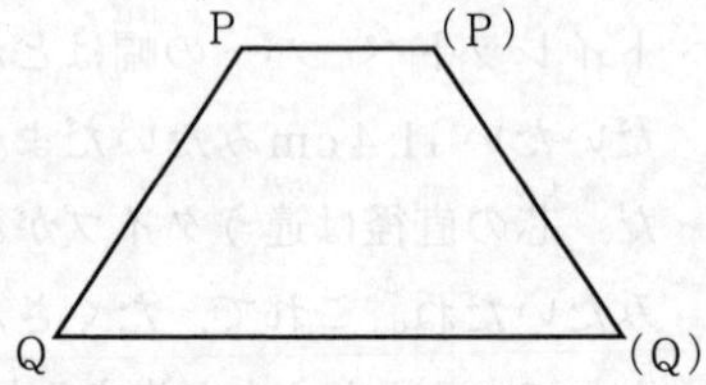

ウ

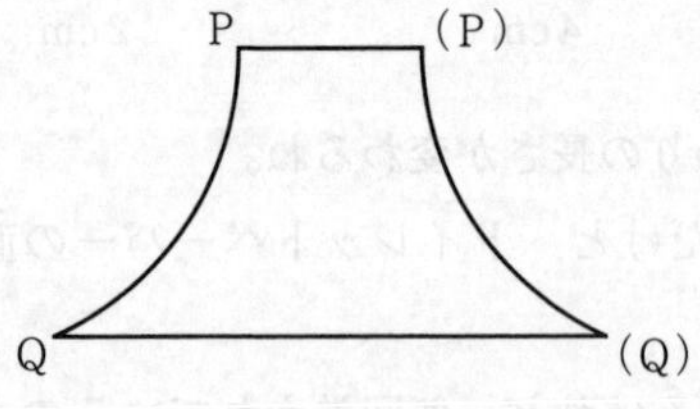

エ

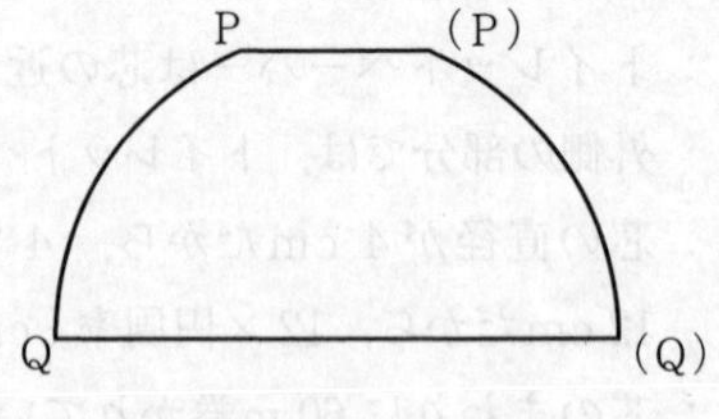

5　ゆうかさんとはるとさんの通う小学校の６年生は３クラスあり，１組が34人，２組が33人，３組が35人です。６年生の卒業に向けて，卒業アルバムを作成することになりました。卒業アルバムは白黒の文集ページとカラーの写真ページで構成されます。卒業アルバム委員のゆうかさんとはるとさんは，卒業アルバムのページ構成や予算について，話し合いをしています。

ゆうか：まず，どのようなページ構成にするか考えてみましょう。
はると：文集ページは，２人で１ページになるように出席番号順に並べるとわかりやすいよね。
ゆうか：１番の人の前に，組名の小見出しを半ページ入れるといいかもね。
はると：１組，２組，３組の順に並べて，小見出しは必ず新しいページにすることにしましょう。
　　　　写真ページは，クラスごとに６ページずつ文集の最後のページにつけようよ。
ゆうか：そうすると，必要なページは全部で［　　　］ページとなるね。

【文集のイメージ】

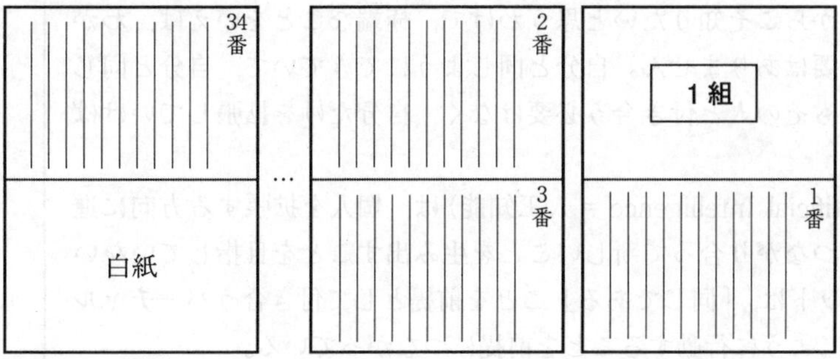

【ページ構成】

１組	文集（白黒）
	写真（カラー）
２組	文集（白黒）
	写真（カラー）
３組	文集（白黒）
	写真（カラー）

問題１　会話文中の［　　　］にあてはまる数を書きなさい。

文集のページ数が決まったところで，印刷屋の単価表を見ながら，製本する部数を決めることになりました。

	白黒	カラー	表紙など	白黒●ページ，カラー■ページの場合
1～100部	10円／ページ	25円／ページ	35円／部	1部の料金＝10×●＋25×■＋35（円）
101～150部	8円／ページ	20円／ページ	31円／部	1部の料金＝8×●＋20×■＋31（円）
151～200部	5円／ページ	15円／ページ	25円／部	1部の料金＝5×●＋15×■＋25（円）

ゆうか：では，次に予算を考えてみましょう。卒業アルバムの印刷をお願いする印刷屋の単価表は，上のようになっているよ。たとえば，120部お願いするときは，白黒が１ページ８円，カラーが１ページ20円，表紙などで１部あたり31円の合計料金がかかるよ。
はると：なるほど。６年生の人数に先生や予備の部数を加えると，140部お願いすればいいのかな。
ゆうか：140部お願いするなら，151部お願いしたほうが合計金額が安くなるわよ。

問題２　ゆうかさんが下線部のように言った理由を，合計金額がいくら安くなるのかもふくめて書きなさい。

【適性検査Ⅱ】　〈第１回試験〉　(45分)　〈満点：100点〉

1　あきらさんとゆうこさんは，社会科の時間に情報機器の発達について学びました。その後，身近な情報機器であるスマートフォン（スマホ）について話し合いました。

あきら：スマホの普及によって，離れた人と連絡をとることがより簡単になったね。
ゆうこ：顔を合わせずにコミュニケーションをとることも増えてきたように思います。
先　生：現代は情報機器の発達によって，社会が大きく変わりつつある時代ですね。ＩＣＴの進化とコミュニケーションについて書かれたこのような文章もありますよ。

本来，人間は「互《たが》いに違《ちが》う」ということを前提に，違うからこそお互いに協力し，異なる能力を合わせながら，一人一人の力ではなし得ないことを実現してきました。そのために，人間は他者とのつながりを拡大するように進化してきたわけです。人間同士が尊重し合うことの前提にあるのは，相手を100％理解することではなく，「相手のことはわからない」という認識です。わからないからこそ知りたいと思うわけで，極端《きょくたん》なことをいえば，わかってしまったら，もう知る必要はありません。自分と同じようにできていて，自分と同じ心をもっていると思えば，何もその人と付き合う必要はなく，自分だけを拡張していけばいいからです。

しかし，ＩＣＴやＡＩ（Artificial Intelligence＝人工知能）は，個人を拡張する方向に進んでいて，異なるもの同士がつながり合って新しいことを生み出すことを目指していないように思います。インターネットは，「同じである」ことを前提として付き合うバーチャルな空間です。相手も自分も同じように行動することを前提につながっている。

生身の人間の触《ふ》れ合いより，ネット上の世界に重きを置いていると，人間同士の付き合いが，「お互いに違う」ことを前提としているということがわからなくなります。スマホなど，非常に便利と思われるコミュニケーションツールによって，本来違うはずの人間が均質化する方向に誘導《ゆうどう》されている。

これが，現代に闇をもたらしている正体ではないでしょうか。

世界のあらゆるものが数値化されることによって相対的に評価されるようになる中，人間も，生身の身体ではなく，デジタル情報に置き換《か》えられて評価されるようになってきました。たとえば中国では，ある企業《きぎょう》が人間の点数化を始めています。高級な家に住んだり，社会的に高い地位についたり，高級なレストランや店に行って食事や買い物をしたりすれば点数が上がる。そして，その点数が近い人同士は相性がいい，あるいは，自分より点数の高い人を友だちとして選んだほうが自分の利益になるといった考えのもと，点数を基準に友だち選びをする人たちが登場しています。こうして直につながりのないものへの情報による評価が，信頼《しんらい》のツールになり始めています。

（山極寿一《やまぎわじゅいち》『スマホを捨てたい子どもたち　野生に学ぶ「未知の時代」の生き方』より）

あきら：この文章を読むと，スマホの普及が必ずしも社会に良い影響を与えていないことがわかるね。
ゆうこ：そうですね。人と人との付き合いは［　ア　］ことが問題だと言われています。
先　生：良い影響にも悪い影響にも目を向けないといけませんね。

問題1　ゆうこさんは文章を読んで，どのようなことが問題であると気付いたと考えられますか。会話が成り立つように，［　ア　］に入る内容を本文中の言葉を使って，50字以上70字以内で書きなさい。ただし，「,」や「。」も1字に数え，文字に誤りがないようにしなさい。

あきら：ぼくはスマホを使った連絡や会話をあまり嫌だと感じないけど，みんなはどう思っているのかな。

先　生：それでは，スマホを使ったコミュニケーションについて話し合ってみましょう。

あきら：ぼくはスマホを使ってコミュニケーションをとることはとても便利だと思うので，みんなに勧《すす》めたいと思います。

ともみ：私は相手と直接会って話ができないと不安なので，反対です。

しんじ：ぼくも友だちにメールを送ったときに，伝えたいことが正しく伝わらなかったときがありました。りかこさん，［　イ　］

りかこ：相手の表情が見えないので，軽い冗談《じょうだん》のつもりで言ったことが，冗談だと伝わらなくて相手を傷つけてしまったことがあるので，スマホの使い方には気をつけたいと思います。

問題2　話し合いが成り立つように，［　イ　］に入る質問を考えて，この場面にふさわしい言葉づかいで書きなさい。

先　生：賛成意見と反対意見がどちらも出て，良い話し合いができましたね。

あきら：意見をまとめた**資料**をつくってみました。

資料　話し合いで出てきた意見のまとめ

賛成

○いつでも連絡がとれるので，緊急《きんきゅう》の連絡の際に役立つ。
○手軽にメッセージを送れるので，交友関係が広がりやすくなる。
○絵文字などを使うことで，直接話すよりいろいろな気持ちを伝えられる。

反対

○相手の反応を見ることができないので，話すことに気をつかう。
○会ったことが無い人ともかんたんに連絡をとれるので，トラブルに巻き込まれやすい。
○相手の都合を考えずに連絡をとってしまい，迷惑《めいわく》をかけてしまう。

問題3　あきらさんとゆうこさんのクラスは，スマホを使ったコミュニケーションについて話し合いを行いました。**資料**をもとに，あなたはスマホなどでコミュニケーションをとるとき，どのようなことに気をつけたいと考えますか。**資料**の内容にふれながら，あなたの考えを，理由もふくめて100字以上120字以内で書きなさい。ただし，「,」や「。」も1字に数え，文字に誤りがないようにしなさい。

2 たけとさんとちささんは，総合的な学習の時間に「身近で働く人」をテーマにして学習することになりました。情報を集めるために，近くで農家をしている矢島さんに話を聞いています。

たけと：矢島さんの農場では，どんな農作物を作っていらっしゃるのですか。

矢　島：私のところでは，れんこんとかぼちゃを中心に，畑作を主にやっています。

ち　さ：そういえば，道の駅の野菜売り場で，矢島さんのことが書かれているカード（**資料１**）が掲示《けいじ》されているのを見たことがあります。顔写真もついていたので，とても印象に残っています。

資料１

私が作りました

矢島農園　　矢島　宏

○○県●●市□□町△－▲

☎○○○（○○○）○○○○

矢　島：関東農政局が，生産者情報を表示する取り組みをしています。このような取り組みは，農産物を買う人たちにとって，［　ア　］というよい点があります。

ち　さ：道の駅では，矢島さん以外にも地元の農家によって作られたいろいろな農産物が売られていました。

たけと：このように，地域で生産した農産物を地域の中で消費する取り組みを［　イ　］というと，授業で習いましたね。

ち　さ：地域で生産した農作物は，遠くから運んでくる農作物とくらべて，トラックなどで運ぶ距離が短いため，環境《かんきょう》にもやさしいと聞きました。矢島さんの農場は，一年中，畑で野菜を作っておられるのでしょうか。

矢　島：いいえ。かぼちゃやれんこんは，春に植えて秋に収穫《しゅうかく》します。冬場は畑の仕事をしないので，その代わりに枝打ちなど<u>林業</u>の仕事を多くしています。

たけと：最後に，農業を行ううえで，どのような苦労をされているのかを具体的に教えてください。

矢　島：農業は多くの手間や愛情，育てる時間が必要になります。しかし，天候や収獲量によって値段が大きく変わってしまうことがあり，収入が安定しにくいです。また，近年は海外の農産物との競争も激しくなってきています。

ち　さ：それは大変ですね。今日はいろいろな話を聞かせていただき，本当にありがとうございました。

問題１　会話文が成り立つように，［　ア　］に入る内容を書きなさい。

問題２　会話文中の［　イ　］に入る言葉を**漢字４字**で書きなさい。

問題３　たけとさんたちは，会話文の下線部の（林業）の仕事について調べてみることにしました。次の⑴，⑵の問題に答えなさい。

(1) 林業には，さまざまな作業があることがわかりました。そのうち，**資料2**の間ばつとよばれる作業が行われる目的について，**ア**～**エ**の中から正しいものを一つ選び，記号を書きなさい。

ア 切り倒した木を運ぶための道をつくるため。

イ 先に植えた木を切って，新しい木を植えるため。

ウ 多すぎる木をへらして，育ちを良くするため。

エ 成長が早い木を，早めに木材にするため。

資料2 間ばつ

(2) 林業について調べていく中で，「林業で山地の林をしっかり手入れすると，養殖《ようしょく》業によい影響がある」と言われていることが分かりました。このように言われるのはなぜだと考えられますか。「養分」の言葉を使って書きなさい。

たけと：社会科の授業で，日本の農業に関する問題点について調べたところ，日本で農業を学びたい外国人を受け入れて研修《けんしゅう》を受けさせる制度があることを知りました。

ち さ：その制度について，くわしく調べてみましょう。

問題4 **資料3**～**資料5**を参考にして，日本で農業を学びたい外国人を受け入れて研修を受けさせる制度が導入された背景と，茨城県内のＪＡ(農業協同組合)における外国人受け入れに関して，どのような取り組みが行われているかをそれぞれ書きなさい。

資料3 農業就業人口と年齢の変化

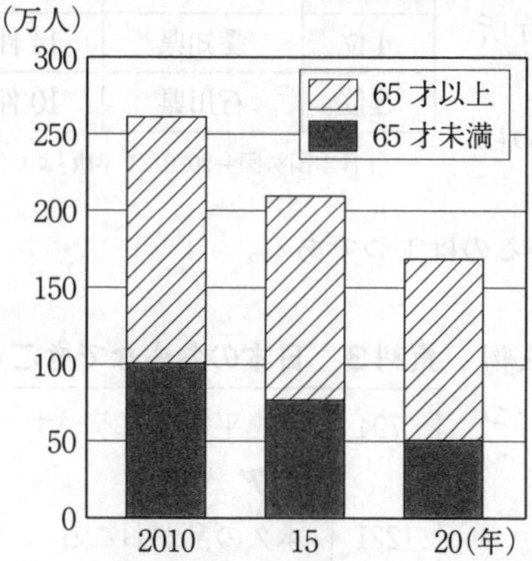

(「2020年農林業センサス」より作成)

資料4 日本の農業で働く外国人数の変化

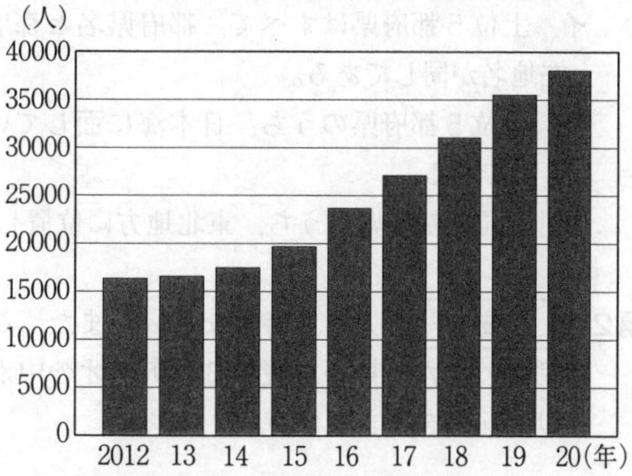

(厚生労働省「外国人雇用状況の届出状況(特別集計)」より作成)

資料5 ＪＡ茨城旭村《あさひむら》で行われている取り組み

茨城県鉾田《ほこた》市の旧旭村地区は，メロンなどの栽培がさかんな地域である。ＪＡ茨城旭村では，外国人研修生の受け入れ体制を整え，中国からの研修生の受け入れを行っている。 ＪＡ茨城旭村では，入国した研修生に日本語や日本での生活についての研修を受けさせた後，農家でメロンなどの栽培技術を学ばせている。また，中国人の通訳を雇《やと》っているほか，研修生を地域の行事に参加させるよう農家に指導するなど，国際交流を進めている。

(国際研修協力機構「外国人研修・技能実習に関する成果事例集」より作成)

3　あいこさんとしろうさんは，茨城県の主な市の歴史について話しています。

あいこ：結城《ゆうき》市のホームページを見ると結城紬《つむぎ》（**資料１**）が紹介されていますね。結城紬は，日本各地にある伝統的工芸品の一つですね。

しろう：鎌倉時代の初めに御家人の結城朝光《ともみつ》という人物が，将軍の源頼朝から地頭に任じられこの地を治めたそうです。結城紬づくりは結城氏の治めていた時代にさかんになったということです。

資料１　結城紬

あいこ：結城氏については，以前図書館で調べたことがあります。結城氏の一族で，結城秀康《ひでやす》という人物がいます。この人は，もともとは［　あ　］の息子として生まれましたが，豊臣秀吉の養子《ようし》に出され，その後さらに結城氏の養子となって大名になったそうです。［　あ　］が関ヶ原の戦いに勝利して幕府を開くと，越前《えちぜん》（福井県）に領地を移されました。

しろう：そうなのですか。今度，江戸時代の結城市の歴史を調べてみたいと思います。

問題１　下線部の（伝統的工芸品）について，**資料２**の伝統的工芸品の登録数が多い５都府県についての説明として，**ア**～**エ**の中から正しいものを一つ選び，記号を書きなさい。

ア　上位５都府県はすべて，太平洋ベルトにふくまれている。

イ　上位５都府県はすべて，都府県名と都府県庁所在地名が同じである。

ウ　上位５都府県のうち，日本海に面しているのは３つである。

エ　上位５都府県のうち，東北地方に位置しているのは１つである。

資料２　伝統的工芸品の登録数が多い上位５都府県

	都府県名	件数
１位	東京都	18件
２位	京都府	17件
３位	新潟県	16件
４位	愛知県	14件
５位	石川県	10件

（「日本国勢図会2020/21年版」より作成）

問題２　［　あ　］の人名を書きなさい。また，この人物の活やくした時期を，**資料３**の**ア**～**オ**の中から一つ選び，記号を書きなさい。

資料３　日本のおもなできごと

794	都を平安京にうつす
	↕ア
1221	承久《じょうきゅう》の乱がおこる
	↕イ
1333	鎌倉幕府がほろびる
	↕ウ
1467	応仁《おうにん》の乱がおこる
	↕エ
1641	鎖国《さこく》が完成する
	↕オ
1854	日米和親条約が結ばれる

問題３　下線部の（豊臣秀吉）が行った刀狩りの目的を，**資料４**を参考にして説明しなさい。

資料４　秀吉が出した刀狩り

> 一　諸国の百姓《ひゃくしょう》が，刀，やり，鉄砲などの武器をもつことを，かたく禁止する。武器をたくわえ，年貢《ねんぐ》を出ししぶり，一揆《いっき》をくわだてて領主《りょうしゅ》に反抗する者は，厳しく処罰《しょばつ》される。

しろう：次に，鹿嶋《かしま》市と神栖《かみす》市の歴史について調べてみましょう。721年に成立した「常陸国《ひたちのくに》風土記《ふどき》」で，すでに「かしま」という地名は登場しています。しかし，「鹿嶋」ではなく「香島」という字が使われていたようです。

あいこ：鹿嶋市は，以前は「鹿島」市という表記でしたよね。

しろう：そうですね。1995年に鹿島町と大野村が合併《がっぺい》したときに「鹿嶋」市という表記に変更しました。佐賀県に鹿島市がすでに存在していて，重複《ちょうふく》を避《さ》けるために「鹿嶋神宮」の「嶋」を用いて「鹿嶋」にしたそうです。ただ，今でも「鹿島臨海工業地域」のように「鹿島」が使われていることもあります。

あいこ：鹿島臨海工業地域は，鹿嶋市と神栖市に広がっていますね。

しろう：神栖市では，太陽光発電システムを設置する場合は補助金が出るようです。このような環境《かんきょう》を守るための取り組みを，「環境基本計画」としてまとめているようです。

あいこ：ほかには，どのような取り組みがありますか。

しろう：夏と冬には，節電をよびかけるチラシなどを配布して，各家庭に節電への協力をお願いしているようです。

あいこ：これからは，工業をさかんにするだけでなく，環境への気配りも必要となりますね。

問題４　下線部の（鹿島臨海工業地域）について，この地域に工業地域がつくられた理由について，**資料５**と**資料６**を参考にして，説明しなさい。

資料５　茨城県の工業がさかんな市（2019年）

	市町村名	製造品 出荷額等	製造品の種類
１位	神栖市	１兆5332億円	化学工業製品など
２位	古河市	１兆1978億円	自動車など
３位	ひたちなか市	１兆 492億円	発電機など
４位	日立市	１兆 420億円	電線・ケーブルなど
５位	鹿嶋市	6813億円	鉄鋼など
６位	土浦市	6250億円	農業用トラクタなど

（茨城県統計課「茨城の工業（工業統計調査）」より作成）

資料６　鹿島臨海工業地域の位置

問題５　下線部の（環境への気配り）について，神栖市で行われている環境を守るための取り組みは，具体的にどのような目的で行われているかを，**資料７**と**資料８**を参考にして，二つ書きなさい。

資料７　再生可能エネルギーについて

日本の発電では，石油や天然ガスを原料とする火力発電が中心ですが，近年では再生可能エネルギーの利用が注目されています。

神栖市では，再生可能エネルギーとして，太陽光発電のほか，海辺の風を利用した風力発電も増えています。

（「令和元年度版　神栖市環境白書」より作成）

資料８　神栖市で導入されている再生可能エネルギーで発電できる最大発電量

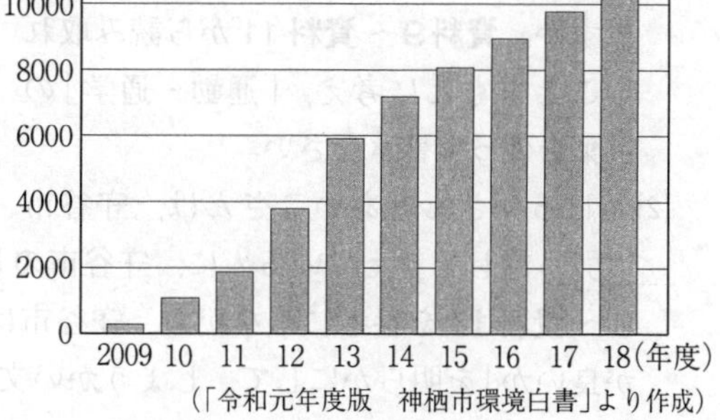

（「令和元年度版　神栖市環境白書」より作成）

あいこ：次は，わたしたちが生まれる少し前に誕生《たんじょう》した守谷《もりや》市のできごとをまとめた年表(**資料９**)を見てみましょう。

しろう：守谷市は，誕生してから20年もたっていない比較的新しい市なのですね。

あいこ：また，守谷市の人口の変化もまとめました(**資料10**)。

しろう：守谷市に関する資料を集めてみましょう。

資料９　守谷市の歴史

	できごと
2002年	守谷市が誕生する
2005年	つくばエクスプレスが開業する
2007年	大型ショッピングモールが開業する
2008年	「住みよさランキング」全国１位となる

(守谷市ホームページなどより作成)

資料10　守谷市の人口の変化

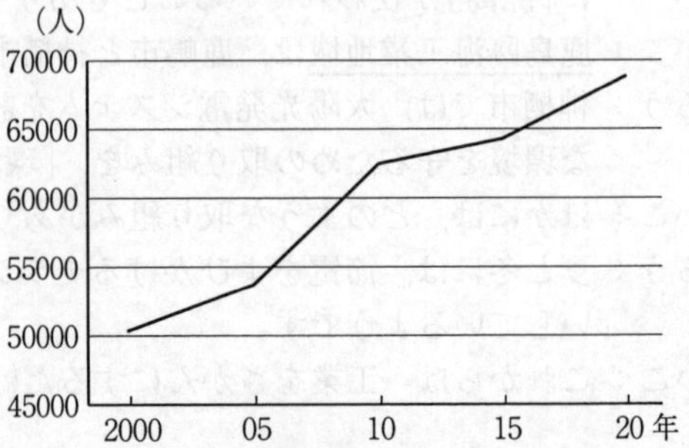

※2000年は旧守谷町の人口

(「日本国勢図会2020/21年版」などより作成)

資料11　守谷市周辺の交通

※表記されていない鉄道や高速道路もある。

資料12　市民が選ぶ守谷市の魅力《みりょく》

	魅力
1位	公園が多いまち，守谷
2位	工場見学施設《しせつ》がある！
3位	"茨城の玄関《げんかん》口" 交通の利便性！
4位	緑豊かな守谷！自然を守っています
5位	市民が主役！にぎわう駅前イベント等

(守谷市「守谷おせっかいプロジェクト」より作成)

資料13　データで見る守谷市の魅力

守谷市は，子どもの増加率が「つくばエクスプレス」の沿線では１位になっています。防犯カメラが市内に130台設置されていることから，「主婦が幸せに暮《く》らせるまち」では全国８位となっています。さらに計画的に緑を豊かに残していることから，市内の60％は緑におおわれています。こうした取り組みが評価されて，2008年には「住みよさランキング」が全国１位となり，それ以後も高い順位を維持しています。

(守谷市ホームページなどより作成)

問題６　守谷市に関する**資料９**～**資料13**について，次の⑴，⑵の問題に答えなさい。

⑴　2005年から2010年の間だけ，人口が急激に増加したのはなぜだと考えられますか。**資料９**～**資料11**から読み取れることをもとに考え，「通勤・通学」の言葉を使って書きなさい。

⑵　しろうさんとあいこさんは，守谷市に引っ越しを考えている人に，守谷市のしょうかい文をつくることにしました。**資料９**～**資料13**を参考にしながら，守谷市は，「どのような人にとって」「どのような点が良いか」を明らかにして，しょうかい文を考えて書きなさい。

2022年度
水戸英宏中学校　▶解　答

※　編集上の都合により，第１回試験の解説は省略させていただきました。

適性検査Ⅰ　(45分) ＜満点：100点＞

解　答

1 **問題１**　(例)　めすのメダカはせびれに切れこみがなく，しりびれが小さい。　**問題２**　(例)　めすのメダカが卵を水草にうみつけるから。　**問題３**　イ

2 **問題１**　エ　**問題２**　(例)　トングは，作用点よりも力点のほうが支点の近くにあるので，力点で加えた力が作用点では小さくはたらき，パンをつぶさずに持つことができる道具である。

3 **問題１**　(例)　鉄は磁石に引きつけられるがアルミニウムは引きつけられないので，磁石を空き缶に近づけて分別する。　**問題２**　エ　**問題３**　22.79　**問題４**　(例)　リサイクルできるものをリサイクルするだけでなく，水とうを使うことでペットボトルの使用を減らすなど，ごみの量自体を減らすことが，よりかん境に対する負担を減らすことにつながると思います。

4 **問題１**　239　**問題２**　イ

5 **問題１**　71　**問題２**　(例)　140部お願いすると，１部あたり815円かかるので，合計金額は，140×815＝114100(円)だが，151部お願いすると，１部あたり560円かかるので，合計金額は，151×560＝84560(円)になり，29540円安くなるから。

適性検査Ⅱ　(45分) ＜満点：100点＞

解　答

1 **問題１**　(例)　お互いに違うことを前提としていることがわからなくなり，本来違うはずの人間がコミュニケーションツールによって均質化する方向に誘導される　**問題２**　(例)　直接会わずにコミュニケーションをとって，失敗した経験はありますか。　**問題３**　(例)　私はスマホを使ってコミュニケーションをとるときに，直接会話するとき以上に相手に伝わりやすい表現かを気をつけるようにしたいと考える。直接会話するときは話す速度や身振り手振りなどから伝えられる気持ちが，スマホを使うと伝わりにくくなるからだ。

2 **問題１**　(例)　生産者の顔が見えるので，安心して買い物ができる　**問題２**　地産地消　**問題３**　(1)　ウ　(2)　(例)　森林があることで，そこから流れる川や，川が流れ込む海に養分をふくんだ水が流れ込むから。　**問題４**　**背景**…(例)　農業就業人口が減り，高齢化が進む中で，研修生を労働力とすることを考えている。　**取り組み**…(例)　通訳を雇うことで，技術の習得を手助けするとともに，農家が研修生に指導をきちんと行えるようにかん境を整えている。

3 **問題１**　ウ　**問題２**　徳川家康，エ　**問題３**　(例)　農民から武器を取り上げて，反抗ができないようにするため。　**問題４**　(例)　海に面しており，石油や鉄鉱石などの工業原料

を運ぶのに便利だったから。　**問題５**　(例)　二酸化炭素の排出量を減らすため。／かぎりあるエネルギーの原料の利用を減らすため。　**問題６**　(1)　(例)　つくばエクスプレスが開通したことで，東京都内への通勤・通学が便利になったから。　(2)　(例)　安全への取り組みが進んでおり，東京都に近く交通も便利であるにもかかわらず緑が多いことから，主婦や子どもにとって住みやすいまちです。

2022年度　水戸英宏中学校

〔電　話〕　(029)243－０８４０
〔所在地〕　〒310－0913　茨城県水戸市見川町字手負山2582－15
〔交　通〕　JR常磐線「水戸駅」よりバス

【算　数】〈第２回試験〉（45分）〈満点：100点〉

注意　答えはすべて解答用紙に記入してください。

1 次の計算をしなさい。

（1） $1302-555$

（2） $30-3\times(65-47)\div9+6$

（3） $\frac{13}{21}+\frac{6}{35}-\frac{3}{5}$

（4） $2.4\times56+2.4\times17-2.4\times8$

（5） $5\frac{5}{6}\times\left\{\left(\frac{2}{3}+\frac{1}{4}\right)\times1\frac{1}{5}-\frac{1}{2}\right\}$

（6） $\frac{12}{5}+0.12\times\frac{4}{3}-1.75\div\frac{7}{3}+\left(1-\frac{1}{50}\div2\right)$

2 次の問いに答えなさい。

（1）　「７×７」のことを「７を２回かける」といいます。７を18回かけてできる数の一の位の数は何ですか。

（2）　２L２dLのジュースがあります。このジュースをxmLずつ12人の子どもに分けたら，40mL余りました。xにあてはまる数は何ですか。

（3）　480人の児童に，国語，算数，理科，社会の中から好きな教科を１人１教科ずつ選んでもらいました。右の図１の円グラフは，それぞれの教科を好きと答えた人数の割合を表しています。理科が好きと答えた人は何人ですか。ただし，円周上にある点は，円周を８等分しています。

図１

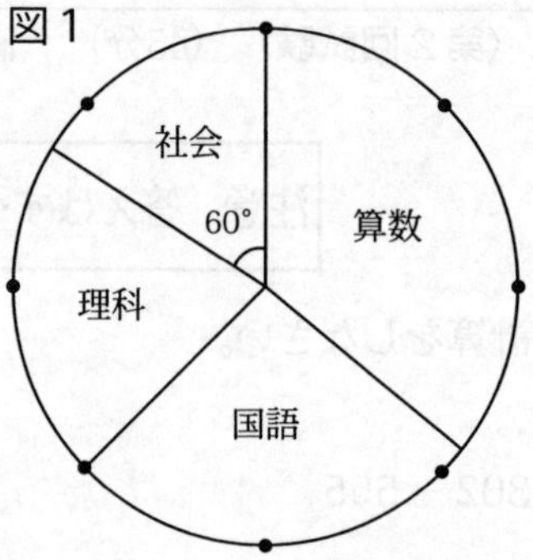

（4）　右の図２で，図形の角がすべて直角であるとき，この図形の周の長さは何cmですか。

図２

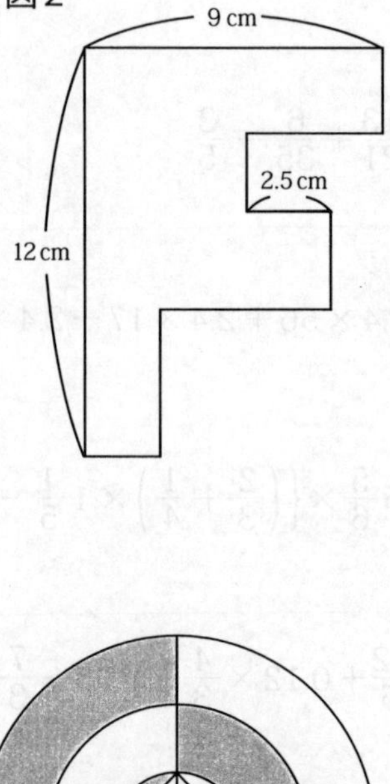

（5）　右の図３のような，大きさのちがう３つの円と１つの正方形を組み合わせた図形があります。色のついた部分の面積は何cm^{2}ですか。ただし，円周率は3.14とします。

図３

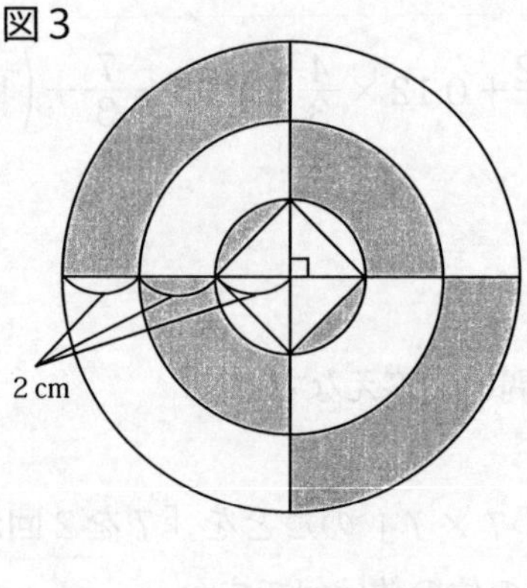

(6)　下の図４のような，長方形の土地があります。Ａの部分はＢの部分より３ｍ高い土地になっています。Ａの土をＢに移して全体を平らにするためには，Ａから何m^3の土を移せばいいですか。

図４

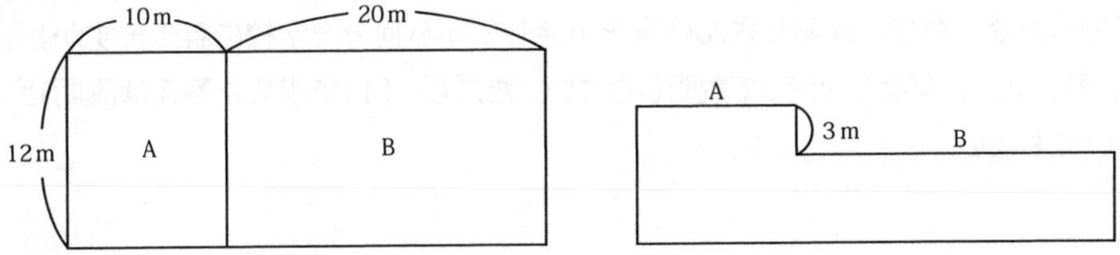

上から見た図　　横から見た図

(7)　１円，５円，10円，50円，100円，500円の硬貨《こうか》が１枚ずつあります。この中から２枚だけを使って支払《しはら》える金額のすべてを書き出します。それらの合計は何円になりますか。

(8)　ある博物館が開館してからの３日間の入場者数を調べたところ，２日目は初日より30％増え，３日目は２日目より15％減ったので，３日目の入場者数は初日より147人多くなりました。初日の入場者数は何人でしたか。

3　なおきさんと妹のかおりさんは，家から900ｍはなれたところにある学校まで歩いて通っています。家から学校へ向かって300ｍの地点には信号があります。かおりさんが信号を出発したときに，なおきさんが家を出発すると，なおきさんが信号で待たなければ，二人は同時に学校に着きます。ある日，かおりさんが先に家を出発し，信号に着くと同時になおきさんが家を出発したところ，信号から学校へ420ｍの地点でなおきさんはかおりさんに追いつきました。かおりさんは信号が赤だったので１分間待ちましたが，なおきさんは信号待ちをしませんでした。このとき，次の問いに答えなさい。ただし，二人の歩く速さは一定であるとします。

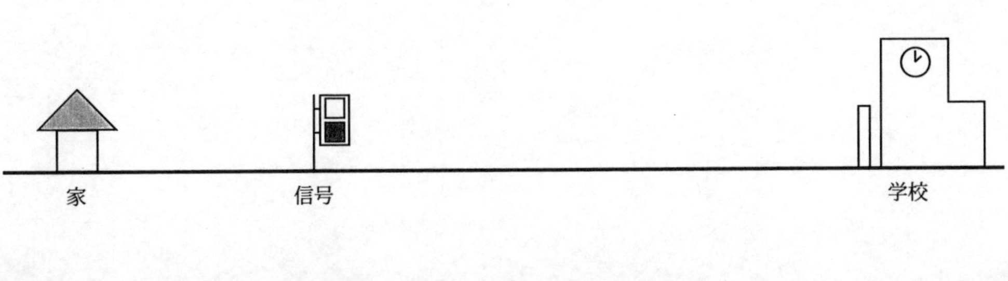

(1)　なおきさんとかおりさんの歩く速さの比はどのようになりますか。なおきさんが歩く速さ：かおりさんが歩く速さ をもっとも簡単な比で表しなさい。

(2)　信号で待たなければ，かおりさんは家を出発してから何分で学校に着きますか。図や表，数，式，言葉などを使って説明しなさい。ただし，(1)で求めた答えは説明せずに用いてもよい。

4　１＋３＝４，１＋３＋５＝９，１＋３＋５＋７＝16，…のような奇数の和を，下の図を使って考えていきます。このとき，次の問いに答えなさい。

図

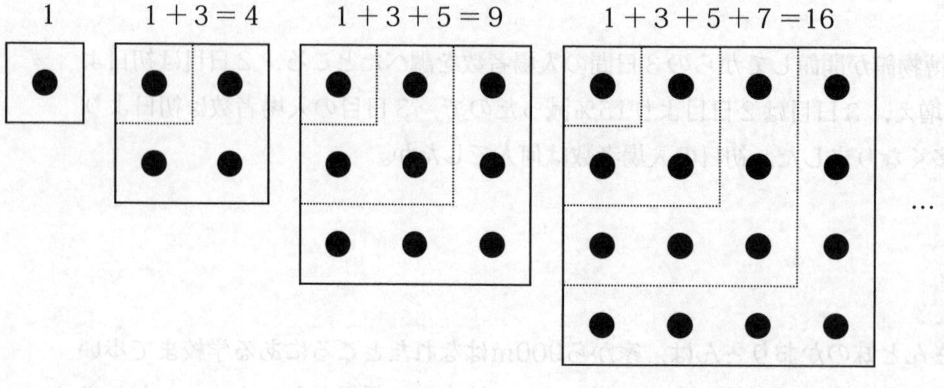

(1)　1からある奇数までの和が81になりました。ある奇数は何ですか。

(2)　19から61までの奇数の和はいくつになりますか。図や表，数，式，言葉などを使って説明しなさい。ただし，(1)で求めた答えは説明せずに用いてもよい。

5 下の図１のような，直方体の形をした水そうがあり，その中は直方体の仕切りで（あ）と（い）の部分に分けられています。この水そうの（あ）の部分の上にある蛇口《じゃぐち》Ａから，一定の割合で水を入れていき，（あ）の部分が満水になると，（い）の部分に水が流れ込みます。ただし，（い）の部分には排水口《はいすいこう》Ｂがついていて，一定の割合で水が流れ出ます。図２は，水そうに水を入れ始めてからの時間と，水そうの（い）の部分からはかった水の深さの関係をグラフに表したものです。このとき，次の問いに答えなさい。ただし，水が（あ）の部分から仕切りを通って（い）の部分に流れているときの，仕切りを通る水の高さと時間は考えないものとします。

図１

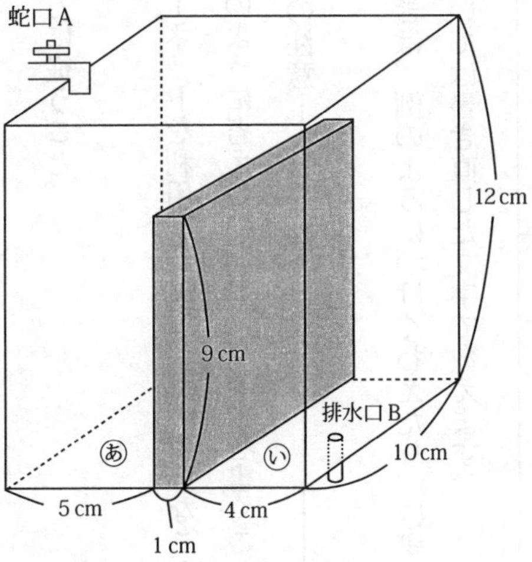

図２

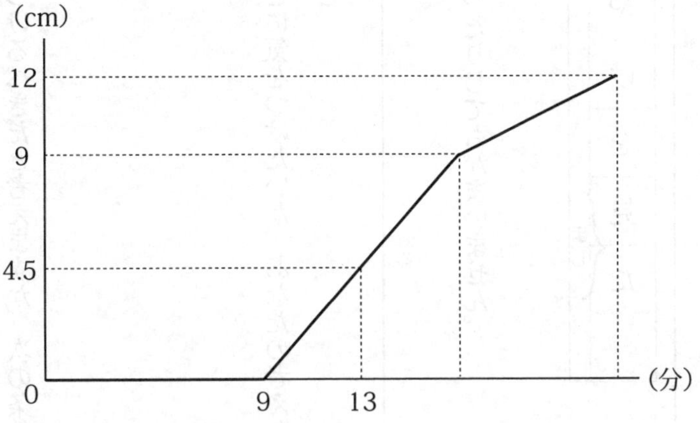

（1） 蛇口Ａからは毎分何cm^3ずつ水が入りますか。

（2） 次の［ア］～［ウ］にあてはまる数はそれぞれ何ですか。図や表，数，式，言葉などを使って説明しなさい。ただし，(1)で求めた答えは説明せずに用いてもよい。

排水口Ｂからは，毎分［ア］cm^3ずつ水が流れ出ます。また，水そう全体が満水になるのは，水を入れ始めてから［イ］分［ウ］秒後です。

(1) 〔話し合い〕中の[A]にあてはまる漢数字一字を書きなさい。

(2) 〔話し合い〕中の[B]にあてはまることばを、十五字以上二十字以内で書きなさい。（句読点や符号を含む。）

(3) 〔話し合い〕中の[C]にあてはまることばを、「判断力」という語を用いて、二十字以上二十五字以内で書きなさい。（句読点や符号を含む。）

(4) あなたは、インターネットを利用する上で、どのようなことに気をつけるべきだと考えますか。次の条件に従《たが》って、百字以上百二十字以内で書きなさい。

〔条件〕

① 原稿《げんこう》用紙の正しい使い方に従うこと。

② 二段落構成とすること。

③ 一段落目には、インターネットを利用する上で、どのようなことに気をつけたいか、あなたの考えを書くこと。

④ 二段落目には、なぜそのように考えるのかという理由を書くこと。

解答を書き直すときの注意

解答を書き直すときは、例のようにつけくわえたり、けずったりしてもかまいません。
ただし、字数については書き直した文字で数えます。

〔例〕

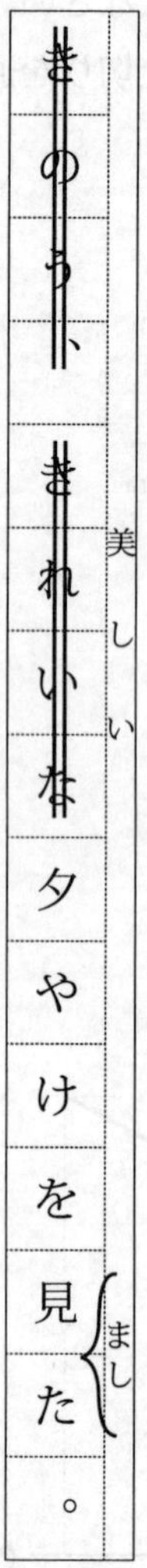

〔話し合い〕

（かおる）　今日は、インターネットの利用のしかたについて考えてみたいと思います。みなさんも、パソコン、タブレット、スマートフォンなどでインターネットを利用することがあると思います。みなさんの家庭では、何か使い方のルールを決めていたり、制限をかけたりしていますか？

（ゆうき）　私の家では、インターネット利用は一日一時間まで、親の見ている前でしか使わないというルールになっています。

（そうた）　私は自分用のスマートフォンを持っていますが、フィルタリングによって使えないアプリ、見られないサイトがあります。

（かおる）　グラフ１は、そうたさんの話に出てきた、フィルタリングの利用率を示しています。また、グラフ２はそのサービスを解除したあとにトラブルにあった人の割合を示しています。これらのグラフを見て、気づいたことはありますか。

（あいり）　グラフ１を見ると、フィルタリングサービスを利用している人は全体の四割未満と、意外に少ないなと感じました。その中では小学校高学年と中学の利用率が高めで、[A]割近くが現在利用中ということですね。

（そうた）　その年齢《ねんれい》は、未就学児や小学低学年よりも好奇心《こうきしん》がおうせいで、いろいろと自分でできることも増えるから、制限をかけないと危ないと思われているんでしょうね。

（ゆうき）　高校生で利用率が減るのは、子どもに自分で判断する力がついたという考えで[B]親が多いのでしょう。

（そうた）　グラフ２を見ると、年齢が低いほどフィルタリングサービス解除後にトラブルにあう人が多いことがわかります。やはり、子どもの[C]ほうがいいように思います。

（かおる）　そうたさんは実際にフィルタリングサービスを使っているということですが、不便は感じないのですか。

（そうた）　最初は本当に限られたサイト、限られたアプリしか使えなくて不満に感じていました。でも、親といっしょに、インターネットを利用することでどのようなトラブルが起こるか、どうすればそれを避《さ》けられるかといったことを勉強したのです。その後、使い方に慣れていくうちに、親もだんだんと制限をゆるめてくれたので、今はあまり不便に感じていません。

（かおる）　なるほど。家族でいっしょにインターネットの利用のしかたを学ぶというのはとても大切なことですね。

（……この後も話し合いは続いた。）

四　小学生のかおるさんのクラスでは、インターネットの利用のしかたについて話し合いをしました。次に示すものは、話し合いのときに使った資料と、話し合いの一部です。これを読んで、あとの問いに答えなさい。

〔資料〕

グラフ１　フィルタリングサービス利用率

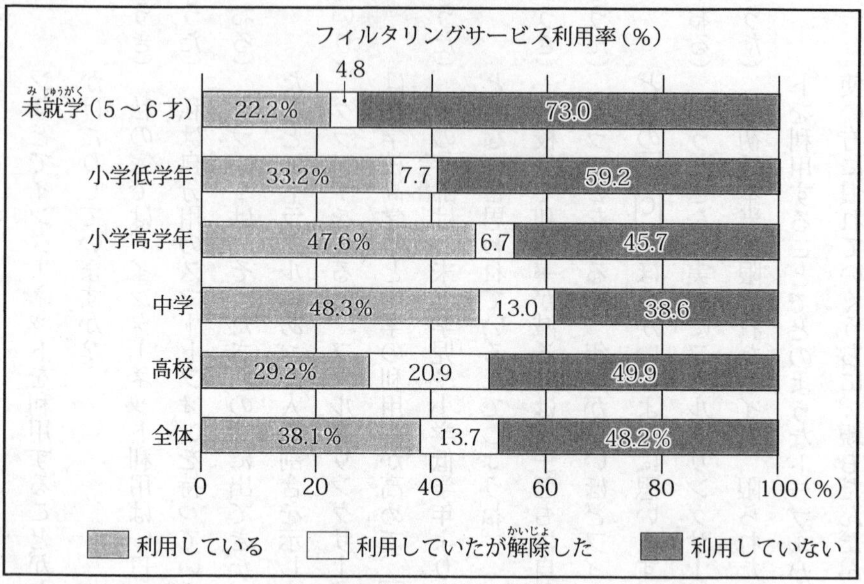

フィルタリングサービス＝子供を有害な情報やトラブルから守るために、接続できるサイトや使用できるアプリに制限をかけられるサービス。

グラフ２　フィルタリングサービス解除後にトラブルにあった人の割合

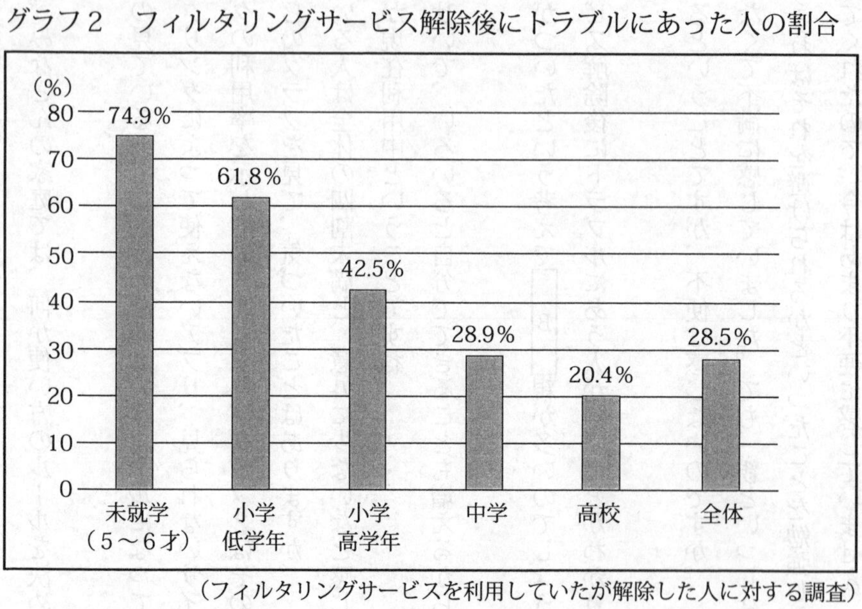

（フィルタリングサービスを利用していたが解除した人に対する調査）

総務省「我が国における青少年のインターネット利用に係るフィルタリングに関する調査」2021年４月より

(4) 文章中の[A]にあてはまることばとして、もっとも適切なものを、次のア〜エの中から一つ選び、記号で答えなさい。

ア　だから　イ　しかし　ウ　なぜなら　エ　たとえば

(5) ②レオナルドの望みについて説明した次の文の[　　]にあてはまることばを、文章中から七字で書きぬきなさい。

人間も地球も四つの元素を循環させていることや、[　　]ことの証拠を示すことができれば、地球が生物であるということが証明できること。

(6) ③二枚貝に注目した証拠とありますが、その内容をまとめた次の文章の[　　]にあてはまることばを、「……ため……」という形で、二十五字以内で書きなさい。（句読点を含む。）

山の上で、二枚の貝殻がつながった状態の二枚貝の化石が発見されることがある。もし、大洪水で流されたのであれば、貝殻をつなぐ靭帯は[　　]はずである。だから、山の上の貝は流されてきたのではなく、その土地にもともとすんでいたものである。

(7) 文章中の[B]にあてはまることばとして、もっとも適切なものを、次のア〜エの中から一つ選び、記号で答えなさい。

ア　岩石が上昇した　イ　大洪水が起こった
ウ　岩石は水よりも重かった　エ　二枚貝が死んでしまった

(8) この文章の内容と合っているものを、次のア〜エの中から一つ選び、記号で答えなさい。

ア　レオナルドは、人間が四つの元素を循環させて生きているという証拠をつかむために、地球のなりたちを調べていた。
イ　レオナルドは、山の上にある貝の化石を科学的に分析《ぶんせき》することで、水が下から上へ上昇しないということを証明した。
ウ　つながった二枚貝の化石の周囲の地層から貝がすんでいた環境を推定できるという理論は、現代でも用いられている。
エ　海底が隆起するメカニズムが明らかになったことで、地球が四つの元素を循環させていることが科学的に証明された。

[11] その場合は、もしも化石の周囲の地層《ちそう》から昔の環境《かんきょう》が推定できれば、それが二枚貝のすんでいた環境になる。すんでいた環境を知ることは、二枚貝がどんな生き方をしていたのかを知ることにつながるので、生物学として重要だ。

[12] 二枚の貝殻がつながっている化石は、その二枚貝が生きていた場所で化石になった。これは、現在でも化石のⓓケンキュウで使われている理論だ。レオナルドは五百年も前に、この方法を考えついた。そして、ノアの大洪水説に反論する証拠の一つとして、この方法を使ったのである。

[13] ノアの大洪水は、ⓔレキシ上まれに見るような大洪水だったという。そんなすさまじい洪水で二枚貝が流されたら、二枚の貝殻がつながっていられるはずがない。しかし実際には、山の上で見つかる二枚貝の化石には、二枚の貝殻がつながっているものもある。したがって、これらの化石は、ノアの大洪水で山の上まで流されてきたものではない。化石の見つかった場所に、もともとすんでいた二枚貝なのだ。つまり、海が山になったということだ。

[14] これがレオナルドの結論だった。つまり海底が※4隆起《りゅうき》して山になったのだ。[B]のである。

（更科功『若い読者に贈《おく》る美しい生物学講義――感動する生命のはなし』）

※1　レオナルド＝レオナルド・ダ・ヴィンチ。ルネサンス時代に万能の天才と呼ばれた人物で、芸術のほか、科学や解剖《かいぼう》学、工学など、はば広く取り組んでいた。
※2　ノアの大洪水＝旧約聖書に記されている、神が人類に怒《おこ》って起こしたとされる大洪水。
※3　有機物＝炭素をふくむ物質。生物の体を構成する物質。　※4　隆起＝盛り上がること。

(1) ⓐ――～ⓔ――のカタカナを漢字で書きなさい。

(2) この文章では、大きく分けて二つの内容が述べられています。その二つの内容を切り替《か》えているのはどの段落《だんらく》ですか。文章中から一つ選び、[1]～[14]の段落番号で答えなさい。

(3) ①頭から血が出るとありますが、地球を生物として見た場合に、これと同じ内容を述べたことばを、文章中から九字で書きぬきなさい。

起きているはずだと思ったのである。

[2] おそらく地球で、人間の血液に相当するものは水だろう。地球の内部、つまり地下には血管のようなものがあって、その中を水が通っているのではないか。[A]、山の中には血管があって、その中を水が上昇して山頂《さんちょう》に水が噴《ふ》き出す。それが川となって、山の表面を流れ落ちてくるのではないか。レオナルドはそう考えたのだ（その他に、川の水源として、ⓐクモから降った雪なども考えていた）。

[3] ②レオナルドの望みは二つあった。一つは証拠《しょうこ》を見つけることで、もう一つはメカニズム（しくみ）を考えつくことだ。しかし、残念なことに、レオナルドの望みは両方とも叶《かな》わなかった。地球の地下には血管も見つからなかったし、水を上昇させて山頂から噴き出させるメカニズムも思いつかなかったのである。

[4] それでも、レオナルドは諦《あきら》めなかった。人間の血液に当たるものが水であるなら、骨に当たるものは岩石だろう。そこで次に、岩石について考え始めたのである。

[5] 人間も地球も四つの元素からできていると、当時は考えられていた。重い方から順番に並べると、岩石（あるいは岩石がⓑコマかくなった土）と水と空気と火だ。人間は、これらの元素を循環させて生きている。地球も生物なら、これらの元素を循環させているはずだ。とくに岩石は水よりも重いのだから、岩石が上昇することを示せば、地球が生物であることの証拠になるだろう。岩石が上昇するなら、それよりⓒカルい水が上昇したって不思議ではないからだ。おそらくそう考えて、レオナルドは岩石が上昇するメカニズムを探《さが》し始めたのだろう。そして、水のときとは違《ちが》って、今度はうまくいったのである。

[6] 海にすんでいた貝の化石が、何千メートルもの高い山から見つかることは、当時から知られていた。この現象に対する有力な説明は、※2ノアの大洪水《だいこうずい》が原因だというものだった。

[7] ノアの大洪水は四十日間続き、地上の生物を滅《ほろ》ぼしつくしたという。このような、地上を覆《おお》うほどの大洪水が起きたのであれば、その激しい水流によって山の上まで貝が流されても不思議はないというわけだ。

[8] しかし、レオナルドはいくつかの証拠を挙げて、ノアの大洪水説を否定《ひてい》した。その証拠の中でもあざやかなものが、③二枚貝《にまいがい》に注目した証拠であった。

[9] 二枚貝には貝殻《かいがら》が二枚ある。二枚の貝殻は靭帯《じんたい》でつながっている。貝殻は炭酸カルシウムでできていて頑丈《がんじょう》だが、靭帯は※3有機物なので弱い。二枚貝が死ねば、二枚の貝殻が外れるのは時間の問題だ。さらに水流で流されたりすれば、間違いなく二枚の貝殻はバラバラになる。そうなれば、化石として貝殻が見つかったときに、二枚とも一緒《いっしょ》にペアで見つかることは期待できない。

[10] では逆に、貝殻がつながった状態で、二枚ともペアで見つかった化石はどう考えたらよいだろうか。そういう化石は、二枚貝が生きていた場所で、そのまま埋《う》められたと考えられる。

(6) ⑤だからこそ、不快だった とありますが、新がそう感じた理由として、もっとも適切なものを、次のア～エの中から一つ選び、記号で答えなさい。

ア　弟の自分があきらめた夢を、朔が代わりにかなえようとしていることを知り、よけいなおせっかいだと思ったから。

イ　朔の今の状態で競技に出ることを本気で目指すというのは、長距離走という競技をなめているとしか思えなかったから。

ウ　かつて本気で長距離を走っていた新にとって、ちょっと練習すれば競技で勝てると考えている朔の甘さは許せなかったから。

エ　大した走力もないのに大きな夢をいだき、新もその実現のために協力すると当然のように考えている気楽さに腹が立ったから。

(7) ⑥なんでもわかったような顔をして とありますが、朔はどんなことを「わかったような顔」でいるというのですか。それを説明した次の文の□にあてはまることばを、文章中から七字で書きぬきなさい。

新が本当は□と思っているということ。

(8) ⑦偽善者でいい と言った朔の気持ちとして、もっとも適切なものを、次のア～エの中から一つ選び、記号で答えなさい。

ア　人生を前向きに生きようという意欲を失ってしまっている新にあきれ、付き合いきれないと思う気持ち。

イ　せっかく新を巻きこんで陸上をやろうと思ったのに、新が乗り気でないと知ってがっかりする気持ち。

ウ　自分は新にどう思われてもいいから、いっしょに走ることで新に陸上と向き合わせようという気持ち。

エ　何でもいいから兄弟で一つのことに取り組みたいという気持ちを拒絶《きょぜつ》され、つらく悲しい気持ち。

三

次の文章を読んで、あとの問いに答えなさい。

1　人間は頭に怪我《けが》をすると血が出る。考えてみれば、これは不思議なことだ。血液は液体だが、液体というものは上から下に流れるはずだ。だからふつうに考えれば、血液はすべて足の方に落ちてしまうはずである。しかし、①頭から血が出るということは、血液が下から上に上昇《じょうしょう》しているということだ。血液が体の中を循環《じゅんかん》しているということだ。レオナルド※1は、人間が生きていくためには、この血液が体を循環していること、とくに下から上に上昇することが重要だと考えた。そこで、地球も生物なら、同じようなことがどこかで

「オレが頼んで、おまえは引き受けた。おまえには、オレをちゃんと走れるようにする責任があるんだよ」

（いとうみく『朔と新』）

※　偽善者＝表面上だけ善人に見えるようにふるまう人。

(1)　ⓐ――～ⓔ――の漢字の読みがなをひらがなで書きなさい。

(2)　①ちょっと待って　とありますが、新はなぜ朔を止めたのですか。それを説明した次の文の［　　］にあてはまることばを、十字以上十五字以内で書きなさい。（句読点を含《ふく》む。）

新の部屋は［　　］ため、目の見えない朔が安全に歩けない状態だと思ったから。

(3)　文章中の［Ａ］にあてはまることばとして、もっとも適切なものを、次のア～エの中から一つ選び、記号で答えなさい。

ア　おどおどして　　イ　わくわくして　　ウ　ほっとして　　エ　びくりとして

(4)　②意味ない・③意味なら、充分ある　とありますが、朔と新がそれぞれ、二人の夜のランニングについてどう考えているかを説明した次の文の［Ⅰ］と［Ⅱ］にあてはまることばを、文章中からそれぞれⅠは二字、Ⅱは五字で書きぬきなさい。

朔は、いずれは［Ⅰ］として走ることを目指して練習を始めたばかりだと考えているが、新は、朔が日常生活の中で何か［Ⅱ］に挑戦《ちょうせん》しようと考え、それを実現できているのだから、もう充分に成果を上げていると考えている。

(5)　④やるからにはちゃんとやりたい。大会にも出てみたいし、出るなら完走で満足してるのはいやだし、タイムだってちゃんと目標決めて　とありますが、このような朔の考え方を、新は何と表現していますか。文章中から漢字四字で書きぬきなさい。

「……そんなに、甘くないよ。走るって」
朔は小さく顔を動かした。
「なめてるわけじゃないよ。でも新となら。新だって、もっと走りたいだろ」
「はっ？」
どろりとしたものが新の内側にこみ上げる。
「なんでそこにオレが出てくるんだよ。オレは関係ない」
「だけど」
「あのさ、そういう上昇志向《じょうしょうしこう》みたいなの、すげーと思うよ、朔はすごい。いつだって前向いて、頑張《がんば》って、マジですげーと思うよ。でも、オレは朔とは違《ちが》う」
「なにが」
「全部」
全部、そう全部だ。新はこぶしを握《にぎ》った。
雨音が小さくなり、濡《ぬ》れたアスファルトを走る車のタイヤ音が聞こえた。
「⑥なんでもわかったような顔をして、オレが陸上やめたこと知ってて、なのにこんなことやらせて。……朔は※偽善者《ぎぜんしゃ》だ」
「……………」
「朔は昔からそうだ。どうせオレがまだ走りたがってるとか、バカみたいに思ってんだろ！　でもオレはもう走りたくなんてないんだよ」
「じゃあなんで伴走、引き受けた？」
「それは」
ぐっと新の喉が鳴った。
「朔が頼むから」
新がそう答えると、朔は黙《だま》って立ち上がった。
「いいよ、それで」
「…………」
「⑦偽善者でいい」
そう言って、ドアを開いて振《ふ》り返った。

「変える？」

「距離《きょり》ⓒ延ばすとか、オレ、わりと体力もついてきたと思うし」

「……無理することないと思うけど」

新はベッドの上にばふっと腰をおろした。

「べつに無理しているわけじゃ、いやまあ、無理していないわけじゃないけど、でもこういうのってお気楽にやってるだけじゃ②意味ないだろ」

「③意味なら、充分《じゅうぶん》あると思うけど」

ん？　と、朔は首をひねった。

「朔は、新しいことを始めたかったんだろ」

「そうだよ。でも④やるからにはちゃんとやりたい。大会にも出てみたいし、出るなら完走で満足してるのはいやだし、タイムだってちゃんと目標決めて」

「ちゃんとって」

ぐっと喉《のど》を鳴らして、新は鼻の上にしわを寄せた。

「それ、朔が言ってることって、もしかして競技としてやりたいってこと？」

「そのつもりだけど」

目の前で当然のように答える朔を新はじっと見た。いいⓓ加減に言っているわけじゃない。冗談《じょうだん》でないこともわかる。朔は大真面目《まじめ》で言っている。

⑤だからこそ、不快だった。

「甘《あま》いよ。朔の走力なんて、そのへんの小学生と変わんないし」

「わかってる。だからいますぐどうこうなんて思ってるわけじゃないよ。でも目指すのは自由だろ」

「……どこ目指そうと勝手だよ。だけど、そういうのって」

新はきゅっと唇《くちびる》を噛《か》んで、ことばをⓔ断った。

「なんだよ」

抑《おさ》えた声で朔が言うと、「べつに」と新は立ち上がった。

「言いたいことがあるなら言えよ」

二　次の文章を読んで、あとの問いに答えなさい。

(これまでのあらすじ) 朔《さく》と新《あき》の兄弟は高速バスに一緒《いっしょ》に乗って事故にあい、兄の朔は視力を失って盲学校《もうがっこう》に通うようになった。弟の新は回復したが、陸上の長距離《ちょうきょり》選手としての未来を自ら閉ざし、高校入学以降も走っていなかった。一年ぶりに家に帰ってきた朔は、夜にランニングをしたいので新に伴走者《ばんそうしゃ》(視覚障がい者が安全に走れるよう一緒に走り、周囲の様子を教える人)になってほしいと頼《たの》んだ。新は、自分が母ともめたせいで事故にあったバスに乗ることになったと責任を感じており、しぶしぶ引き受けた。

六月末、例年より二週間近く遅《おそ》い梅雨《つゆ》入りをした。

昼から降り出した雨は時間とともにⓐ激しくなり、七時頃《ごろ》から空を切り裂《さ》くような閃光《せんこう》と合わせて、雷《かみなり》が鳴り出した。さすがにランニングは無理そうだな、と新が窓《まど》の外を眺《なが》めていると「ちょっといい？」と、朔が部屋のドアを開けた。

「あ、①ちょっと待って、ストップ」

「取り込《こ》み中？　ならあとででいいよ」

「じゃなくて」

新はドアまで行くと、朔の腕《うで》をつかんだ。

「オレの部屋散らかってるから」

そう言って片足で床《ゆか》の上に転がっているⓑ雑誌やペットボトルを端《はし》に追いやりながら、机のイスを引いた。

「サンキュ」朔はイスに腰《こし》かけて苦笑した。

「なんだよ」

「いや、少し部屋片付けたらいいのにと思って」

「……いいだろ。あ、今日の夜ランは中止にしよ」

「そうだな、雷はちょっと」

窓の外が一瞬《いっしゅん》明るくなる。ばりばりばりと大木を引き裂くような音に、朔は［Ａ］窓のほうに顔を向けた。

「すげーな。けっこう近くに落ちたかも。で、なんか用？」

新が言うと、そうそうと朔は顔を戻《もど》した。

「練習メニューのことだけど、そろそろ変えてもいいんじゃないかと思って」

(5) 「築城」と同じ構成の熟語を、次のア～エの中から一つ選び、記号で答えなさい。

ア　加熱　　イ　紅白　　ウ　木造　　エ　回転

(6) 漢字が正しく使われていない四字熟語を、次のア～エの中から一つ選び、記号で答えなさい。

ア　開口一番　　イ　他力本願　　ウ　平心低頭　　エ　朝令暮改

(7) 次の文の□にあてはまる漢字一字を書きなさい。

・□の上にも三年という言葉の通り、長い間じっとたえて研究してきた成果がようやく陽《ひ》の目を見た。

(8) 次の短歌に用いられている表現技法を、あとのア～エから一つ選び、記号で答えなさい。

折りたたみ傘《かさ》をたたんでゆくように汽車のりかえてふるさとに着く　（俵万智）

ア　比喩《ひゆ》　　イ　体言止め　　ウ　倒置《とうち》　　エ　擬音語《ぎおんご》

(9) 次の文の‖線の語が直接かかることばを、文中のア――～エ――から一つ選び、記号で答えなさい。

・ついに（ア）兄との（イ）約束の（ウ）日が（エ）来た。

(10) ――線の敬語であやまった使い方をしているものを、次のア～エの中から一つ選び、記号で答えなさい。

ア　校長先生がおっしゃることを生徒が静かに聞いている。

イ　係員がおいでになるまでお客様はここでお待ちください。

ウ　その件については私がのちほど説明いたします。

エ　父も先生にぜひお会いしたいと申しておりました。

二〇二二年度 水戸英宏中学校

【国語】〈第二回試験〉（四五分）〈満点：一〇〇点〉

一 次の問いに答えなさい。

(1) 次の＝＝線にあてはまる漢字と同じ漢字が含《ふく》まれているものを、下のア〜エの中から一つ選び、記号で答えなさい。

・キュウ人広告をながめる。

ア 川に落ちた犬をキュウジョする。
イ そうじ機でごみをキュウインする。
ウ 自らの幸福をツイキュウする。
エ 車にガソリンをホキュウする。

(2) 「満足」という熟語と同じ意味で「足」を用いた熟語を、次のア〜エの中から一つ選び、記号で答えなさい。

ア 土足　イ 不足　ウ 遠足　エ 義足

(3) 「記」の部首の持つ意味を、次のア〜エの中から一つ選び、記号で答えなさい。

ア 自分　イ 衣服　ウ 音声　エ 言葉

(4) 「臣」を楷書《かいしょ》で書いた時、総画数は何画ですか。次のア〜エの中から一つ選び、記号で答えなさい。

ア 五画　イ 六画　ウ 七画　エ 八画

2022年度

水戸英宏中学校

▶解説と解答

算　数　＜第２回試験＞（45分）＜満点：100点＞

解　答

1 (1) 747　(2) 30　(3) $\frac{4}{21}$　(4) 156　(5) $3\frac{1}{2}$　(6) 2.8　2 (1) 9
(2) 180　(3) 100人　(4) 47cm　(5) 52.52cm²　(6) 240m³　(7) 3330円　(8) 1400人　3 (1) 3：2　(2) 15分　4 (1) 17　(2) 880　5 (1) 毎分50cm³　(2) ア…5，イ…23，ウ…40

解　説

1 四則計算，計算のくふう

(1) $1302-555=747$

(2) $30-3\times(65-47)\div9+6=30-3\times18\div9+6=30-6+6=30$

(3) $\frac{13}{21}+\frac{6}{35}-\frac{3}{5}=\frac{65}{105}+\frac{18}{105}-\frac{63}{105}=\frac{20}{105}=\frac{4}{21}$

(4) $2.4\times56+2.4\times17-2.4\times8=2.4\times(56+17-8)=2.4\times65=156$

(5) $5\frac{5}{6}\times\left\{\left(\frac{2}{3}+\frac{1}{4}\right)\times1\frac{1}{5}-\frac{1}{2}\right\}=5\frac{5}{6}\times\left\{\left(\frac{8}{12}+\frac{3}{12}\right)\times1\frac{1}{5}-\frac{1}{2}\right\}=5\frac{5}{6}\times\left(\frac{11}{12}\times\frac{6}{5}-\frac{1}{2}\right)=5\frac{5}{6}\times\left(\frac{11}{10}-\frac{1}{2}\right)=5\frac{5}{6}\times\left(\frac{11}{10}-\frac{5}{10}\right)=5\frac{5}{6}\times\frac{6}{10}=\frac{35}{6}\times\frac{3}{5}=\frac{7}{2}=3\frac{1}{2}$

(6) $\frac{12}{5}+0.12\times\frac{4}{3}-1.75\div\frac{7}{3}+\left(1-\frac{1}{50}\div2\right)=\frac{12}{5}+\frac{3}{25}\times\frac{4}{3}-1\frac{3}{4}\div\frac{7}{3}+\left(1-\frac{1}{100}\right)=\frac{12}{5}+\frac{4}{25}-\frac{7}{4}\times\frac{3}{7}+\frac{99}{100}=\frac{12}{5}+\frac{4}{25}-\frac{3}{4}+\frac{99}{100}=\frac{240}{100}+\frac{16}{100}-\frac{75}{100}+\frac{99}{100}=\frac{280}{100}=2.8$

2 周期算，逆算，割合と比，長さ，面積，平均，場合の数

(1) 7を何回かかけてできる数の一の位だけを調べると，7，7×7＝49，9×7＝63，3×7＝21，1×7＝7，…のように，{7，9，3，1}の4個の数の周期になる。よって，7を18回かけてできる数の一の位は，18÷4＝4余り2より，周期の2番目の9とわかる。

(2) 1L＝1000mL，1dL＝100mLより，2L2dL＝(2×1000＋2×100)mL＝2200mLである。このジュースをxmLずつ12人に分け，40mL余ったことを式に表すと，$2200-x\times12=40$となる。すると，$x\times12=2200-40=2160$より，$x=2160\div12=180$と求められる。

(3) 問題文中の図1から，理科が好きと答えた人と，社会が好きと答えた人の合計は，$480\times\frac{3}{8}=180$(人)とわかる。また，社会が好きと答えた人は全体の，$\frac{60}{360}=\frac{1}{6}$だから，$480\times\frac{1}{6}=80$(人)である。したがって，理科が好きと答えた人は，180－80＝100(人)となる。

(4) 問題文中の図2の図形の辺の一部を，下の図①のように移動すると，この図形の周の長さは，縦12cm，横9cmの長方形の周の長さより，2.5×2＝5(cm)だけ長いことがわかる。よって，この図形の周の長さは，(12＋9)×2＋5＝47(cm)である。

(5) 問題文中の図3の色のついた部分の一部を移動すると，下の図②のように，半径6cmの半円から，底辺4cm，高さ2cmの三角形を除いた図形になる。よって，色のついた部分の面積は，6

$\times 6 \times 3.14 \times \frac{1}{2} - 4 \times 2 \div 2 = 56.52 - 4 =$ 52.52(cm^2)と求められる。

図①

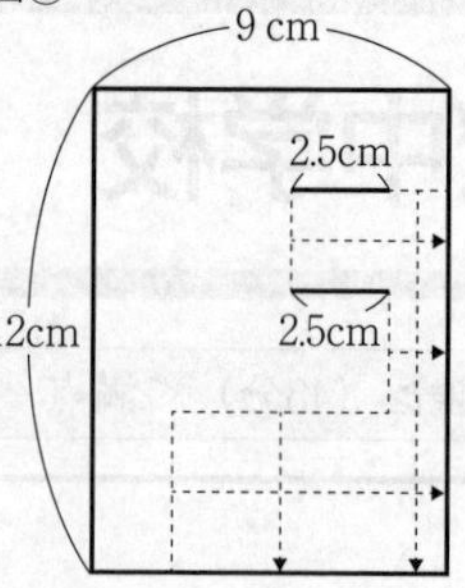

図②

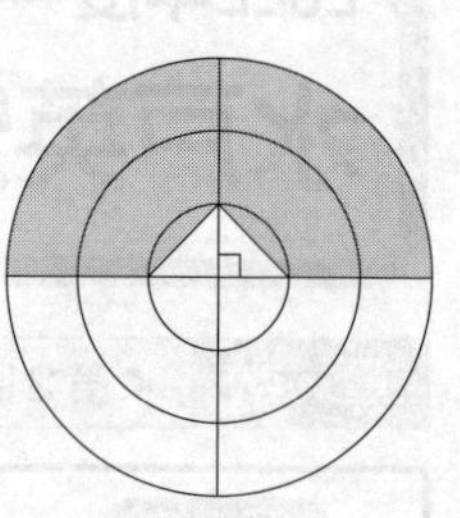

⑹　ＡとＢの部分の底面の面積の和は，12×(10＋20)＝360(m^2)である。また，Ｂの部分より３ｍ高くなっているところには，12×10×３＝360(m^3)の土がある。この土をＡとＢの部分全体に平らにすると，高さは，360÷360＝１(m)になるので，Ａの部分から高さ，３－１＝２(m)分，つまり，12×10×２＝240(m^3)の土を移せばよい。

⑺　１円の硬貨《こうか》を使う組み合わせは，（１円，５円），（１円，10円），（１円，50円），（１円，100円），（１円，500円）の５通りあるから，１円の硬貨だけの合計金額は，１×５＝５(円)になる。同様に，それぞれの硬貨を使う組み合わせはすべて５通りずつあるので，これらの合計金額は，（１＋５＋10＋50＋100＋500）×５＝666×５＝3330(円)と求められる。

⑻　３日目の入場者数は初日の入場者数の，（１＋0.3）×（１－0.15）×100＝110.5(％)になり，110.5－100＝10.5(％)増えたことになる。これが147人にあたるので，初日の入場者数は，147÷0.105＝1400(人)である。

3 速さと比

⑴　家から学校までは900m，信号から学校までは，900－300＝600(m)あるので，なおきさんが900m進む間に，かおりさんは600m進むことになる。よって，二人の歩く速さの比は，900：600＝３：２とわかる。

⑵　ある日のなおきさんは，家を出発してからかおりさんに追いつくまでに，300＋420＝720(m)進んでいる。このとき，なおきさんと同じ時間だけかおりさんも歩いたとすると，かおりさんは，$720 \times \frac{2}{3} = 480$(m)進むことになる。実際は，かおりさんは信号で１分間待ち，信号から420mの地点でなおきさんに追いつかれたので，この差の，480－420＝60(m)が，かおりさんが１分で進む距《きょ》離《り》とわかる。よって，かおりさんの歩く速さは分速60mだから，信号で待たなければ，家を出発してから，900÷60＝15(分)で学校に着く。

4 図形と規則

⑴　問題文中の図より，１からある奇数《きすう》までの和は，１×１＝１，２×２＝４，３×３＝９，４×４＝16，…のように，奇数の個数を２回かけた数になる。すると，１からある奇数までの和が81になるとき，81＝９×９より，その数は１から数えて９番目の奇数である。よって，求める奇数は，９×２－１＝17とわかる。

⑵　⑴より，１から17までの奇数の和は81である。また，61は，(61＋１)÷２＝31(番目)の奇数なので，１から61までの奇数の和は，31×31＝961になる。したがって，19から61までの奇数の和は，961－81＝880と求められる。

5 グラフ―水の深さと体積

⑴　問題文中のグラフより，水そうのあの部分の水の深さが９cmになるのに９分かかっている。あの部分の深さ９cm分の容積は，10×５×９＝450(cm^3)なので，蛇口《じゃぐち》Ａからは毎分，450÷９＝50(cm^3)ずつ水が入るとわかる。

(2)　水を入れ始めて９分後から13分後までの４分間に，水そうのⓘの部分の水の深さは4.5cm上がっている。この部分の水の体積は，$10\times4\times4.5=180$(cm^3)だから，ⓘの部分の水は毎分，$180\div4=45$(cm^3)ずつ増えるとわかる。蛇口Ａからは毎分50cm^{3}の水を入れているので，排水《はいすい》口Ｂからは毎分，$50-45=5$(cm^3)(…ア)ずつ水が流れ出る。また，ⓘの部分の深さ９cm分の容積は，$10\times4\times9=360$(cm^3)なので，この部分がいっぱいになるのに，$360\div45=8$(分)かかる。さらに，仕切りより上の部分の容積は，$10\times(5+1+4)\times(12-9)=300$(cm^3)で，この部分がいっぱいになるのに，$300\div45=6\frac{2}{3}$(分)，つまり，$60\times\frac{2}{3}=40$より，６分40秒かかる。したがって，水そう全体が満水になるのは，水を入れ始めてから，９分＋８分＋６分40秒＝23分40秒後(…イ，ウ)である。

国　語　＜第２回試験＞（45分）＜満点：100点＞

解　答

[一] (1)　ウ　(2)　イ　(3)　エ　(4)　ウ　(5)　ア　(6)　ウ　(7)　石　(8)　ア　(9)　エ　(10)　イ　[二] (1)　ⓐ　はげ(しく)　ⓑ　ざっし　ⓒ　の(ばす)　ⓓ　かげん　ⓔ　た(った)　(2)　(例)　床に物が散らかっている　(3)　エ　(4)　Ⅰ　競技　Ⅱ　新しいこと　(5)　上昇志向　(6)　イ　(7)　もっと走りたい　(8)　ウ　[三] (1)　下記を参照のこと。　(2)　[4](段落)　(3)　山頂に水が噴き出す　(4)　エ　(5)　岩石が上昇する　(6)　(例)　弱いため，二枚の貝殻はバラバラになってしまう　(7)　ア　(8)　ウ　[四] (1)　五　(2)　(例)　フィルタリングサービスを解除する　(3)　(例)　判断力がつくまではフィルタリングサービスを使う　(4)　(／は段落を変える印です。)　(例)　私は，インターネットを利用する上で，自分や家族や友人の個人情報が流出しないように気をつけたいと思います。／なぜなら，インターネット上にのせた写真から住所が特定され，犯罪にまきこまれる事件が発生しているからです。

●漢字の書き取り

[三] (1)　ⓐ　雲　ⓑ　細(かく)　ⓒ　軽(い)　ⓓ　研究　ⓔ　歴史

解　説

[一]　同じ漢字をふくむ熟語，漢字の意味，漢字の部首，漢字の画数，熟語の構成，四字熟語の知識，ことわざの完成，表現技法の知識，ことばの係り受け，敬語の知識

(1)「求人」は，ある職場で働く人を探すこと。ウの「追求」が同じ漢字をふくんでいる。なお，アは「救助」，イは「吸引」，エは「補給」と書く。

(2)「満足」とイの「不足」の「足」は“足りる”という意味で使われている。なお，「土足」ははき物をはいたままの足。「遠足」の「足」は運動などのために遠くまで行くことで“歩く”という意味。「義足」は人工の足。

(3)「記」の部首は「ごんべん」で，“言葉”という意味を持つ。

(4)「臣」は，左の縦ぼうを一画目とし，二画目以降は右側の部分を上から順に書いていく。総画数は七画となる。

(5)「築城」とアの「加熱」は，下の漢字が上の漢字の対象や目的になる組み立て。なお，イの

「紅白」は，反対の意味の漢字を重ねた組み立て。ウの「木造」は上の漢字が下の漢字を修飾《しゅうしょく》している組み立て。エの「回転」は，似た意味の漢字を重ねた組み立て。

⑹　ひれふし，ただ恐《おそ》れ入るようすを表すウは「平身低頭」が正しい。なお，アの「開口一番」は，“口を開くとすぐに”という意味。イの「他力本願」は，自分は努力せずに，他人が助けてくれるのを待つこと。エの「朝令暮改」は，法律などが，しじゅう変わって定まらないこと。

⑺　「石の上にも三年」は，しんぼうしていれば，そのうちうまくいくということ。

⑻　「ように」は比喩《ひゆ》を表す助動詞である「ようだ」の連用形なので，アがふさわしい。

⑼　言葉の係り受けでは，直接つなげてみて意味のまとまる部分が答えになる。兄との約束の日が「ついに」「来た」のだから，エが選べる。

⑽　イの「おいでになる」は「来る」の尊敬語だが，「係員」は話し手側の人間なので，謙譲《けんじょう》語の「参る」を用いるのが正しい。なお，アの「おっしゃる」は「言う」の尊敬語，ウの「いたす」は「する」の謙譲語，エの「申す」は「言う」の謙譲語である。

二　**出典はいとうみくの『朔《さく》と新《あき》』による。**朔の失明は自分の責任だと考える新は陸上をやめるが，朔は新に伴走《ばんそう》者を頼《たの》み，いっしょに走ることで新に陸上と向き合ってほしいと考える。

⑴　ⓐ　音読みは「ゲキ」で，「激務」などの熟語がある。　ⓑ　いろいろな記事や写真などをのせて，定期的に出す出版物。　ⓒ　音読みは「エン」で，「延長」などの熟語がある。　ⓓ　「いい加減」は，きちんとしていないようす。　ⓔ　音読みは「ダン」で，「断絶」などの熟語がある。訓読みにはほかに「ことわ(る)」がある。

⑵　続く部分で，新は自分の部屋が散らかっているからと，床《ゆか》の上の物を端《はし》に寄せている。目の見えない朔にとって床に物が散在している状態は危険なので，片付けるために新は「ちょっと待って」と言い，彼《かれ》が部屋に入ってくるのを制したのである。

⑶　「ばりばりばりと大木を引き裂《さ》くような音」を耳にした朔は，突然《とつぜん》の落雷《らくらい》に驚《おどろ》いて「窓のほうに顔を向けた」と考えられるので，エの「びくりとして」が合う。

⑷　Ⅰ　「お気楽」なランニングを続けているようでは「競技」としてちゃんと走るための練習にはならないと，朔は新にメニューの変更《へんこう》を提案している。　Ⅱ　練習メニューを変えたほうがよいのではないかという朔の提案に，「新しいこと」に取り組むという点では今の方法に充分《じゅうぶん》な意味があると新は話している。

⑸　目標を決めて，「やるからにはちゃんとやりたい」と語る朔の姿勢を目のあたりにした新は，「いつだって前向いて，頑張《がんば》」ろうとする彼の「上昇《じょうしょう》志向」をすごいと認めている。

⑹　視覚障がい者でありながら大真面目《まじめ》に「競技」として走りたいと語る朔が，長距離《きょり》走を馬鹿《ばか》にしているとしか思えなかった新は，その考えの甘《あま》さを「不快」に思ったのだから，イが選べる。なお，自分の今の実力は，本気で競技を目指すに足りるレベルではないことは朔自身もわかっており，「ちょっと練習すれば」すぐ競技で勝てるとは考えていないので，ウは正しくない。

⑺　続く部分で，新は朔に対し「どうせオレがまだ走りたがってるとか，バカみたいに思ってんだろ！　でもオレはもう走りたくなんてないんだよ」と声を荒《あら》らげている。つまり新は，本心では「もっと走りたい」だろうと自分の思いを決めつけてくるかのような朔のようすに腹を立てたのだろうと考えられる。

⑻　前書きから，朔の失明に責任を感じたため，新は陸上をやめたものと想像できる。本心では陸

上を続けたいからこそ，新が自分の伴走者を引き受けたのだろうと考えた朔は，いっしょに走ることで再び新を陸上に向き合わせたかったのだから，ウがふさわしい。

三 **出典は更科功《さらしないさお》の『若い読者に贈《おく》る美しい生物学講義―感動する生命のはなし』による。**レオナルド・ダ・ヴィンチが，人間の体のしくみをヒントに地球は生物だと示そうとしたことが語られている。

(1) ⓐ 空の高い所で冷えた水蒸気が小さなつぶになったものが，多数集まってうかんでいるもの。 ⓑ 音読みは「サイ」で，「細部」などの熟語がある。訓読みにはほかに「ほそ(い)」がある。 ⓒ 音読みは「ケイ」で，「軽快」などの熟語がある。訓読みにはほかに「かろ(やか)」がある。 ⓓ 事実や真理を明らかにするため，物事を深く考え，調べること。 ⓔ 昔から今までの，さまざまな物事の移り変わり。

(2) 本文では，人間の体の中で血液が循環《じゅんかん》，とくに「下から上」へと上昇《じょうしょう》しているなら，同じ「生物」である地球にもまた似た事象が起きているのではないかと考えたレオナルドが，その理論の裏付けとなる証拠《しょうこ》を探そうとしたことが述べられている。③段落までは水に注目して証明しようとしたが失敗したことが，⑤段落からは岩石が上昇することを証拠として示した点が述べられているので，二つの内容を切り替《か》えているのは④段落にあたる。

(3) 「頭から血が出る」とは「血液が下から上に上昇している」ことを意味すると述べられている。地球も人間と同じ「生物」だと考えたレオナルドは，山の中にも血管があり，その中を水が上昇して「山頂に水が噴き出す」のではないかと仮説を立てたのだから，この部分がぬき出せる。

(4) 地球の内部には血管のようなものがあり，その中を水が通っているのではないかというレオナルドの仮説を示した後，山にある血管の中を通った水が，やがて上昇して山頂から噴き出すという例が示されているので，具体的な例をあげるときに用いる「たとえば」が入る。

(5) 地球の地下には血管も見つからなかったし，水を上昇させて山頂から噴き出すメカニズムも考えつかなかったが，視点を変えたレオナルドは，人間も地球も岩石，水，空気，火の四元素からなるのだから，それらを「循環させている」こと，とくに水よりも重い「岩石が上昇することを示せば，地球が生物であることの証拠になるだろう」と考えたことが，⑤段落で述べられている。

(6) 「海にすんでいた貝の化石が，何千メートルもの高い山から見つかる」のは「ノアの大洪水《こうずい》」が原因だとする，当時の有力な説を否定するためにレオナルドがあげたもののうち，とくにあざやかなものが，「二枚貝に注目した証拠」だったことをおさえる。弱い「靭帯《じんたい》」によってつながっている貝殻《かいがら》どうしが，もし大洪水で流されたならば，多くは「バラバラ」になってしまうはずなので，山の上で二枚の貝がつながった状態で発見されるということは，「ノアの大洪水」によって流されてきたのではなく，その場所に「もともとすんでいた」ことを意味する。そこから，「海底が隆起《りゅうき》して山になった」のだろうとレオナルドは結論づけたのである。

(7) 「岩石が上昇する」ことを示せば地球が生物である証拠になるとしたレオナルドの考えはうまくいったと⑤段落で述べられている。山の上で見つかった「二枚の貝殻がつながっている化石」は，もともと二枚貝がその場所にすんでいたこと，すなわち海底が隆起して山になったことを示すのだから，アが入る。

(8) 「二枚の貝殻がつながっている化石は，その二枚貝が生きていた場所で化石になった」のだから，つながった二枚貝の周囲の地層から環境が推定できれば，それが二枚貝のすんでいた環境になる，という理論は「現在でも化石の研究で使われている」と述べられている。よって，ウが正しい。

四　資料の読み取りと課題作文

⑴　フィルタリングサービス利用率を示すグラフ１によると，小学高学年の利用率は47.6％，中学の利用率は48.3％なので，「五割近く」が利用中だということになる。

⑵　中学生では五割近くがフィルタリングサービスを利用しているのに，高校生になると三割弱まで減るのは，子どもの判断力を認めてフィルタリングサービスを解除する親が多いからだと考えられる。

⑶　グラフ２からは，年齢《ねんれい》が低いほど判断力も弱いため，フィルタリングサービスを解除するとトラブルにあいやすいと考えられる。よって，子どもの判断力がつくまではフィルタリングサービスを使うほうが望ましいといえる。

⑷　フィルタリングサービスでは，有害なサイトへのアクセスや個人情報の流出をブロックしたり，使用時間を制限したりできる。こうした個人情報の流出や使い過ぎの問題のほか，情報の信頼《しんらい》度が低いこと，インターネットに悪口やうそを書きこむことによるネットいじめも問題になっている。こういった問題のうち一つを取り上げて書けばよい。〔条件〕にしたがうほか，誤字や脱字《だつじ》，主語・述語のねじれなどにも注意する。

2025年度用

中学スーパー過去問

■編集人 声の教育社・編集部
■発行所 株式会社 声の教育社
〒162-0814 東京都新宿区新小川町8-15
☎03-5261-5061㈹ FAX03-5261-5062
https://www.koenokyoikusha.co.jp

※本書の内容についての一切の責任は当社にあります。内容・解説・解答・その他は当社ホームページよりお問い合わせ下さい。

カコを追いかけ
ミライをつかめ

よくある解答用紙のご質問

01

実物のサイズにできない

拡大率にしたがってコピーすると，「解答欄」が実物大になります。配点などを含むため，用紙は実物よりも大きくなることがあります。

02

A3用紙に収まらない

拡大率164％以上の解答用紙は実物のサイズ（「出題傾向＆対策」をご覧ください）が大きいために，Ａ３に収まらない場合があります。

03

拡大率が書かれていない

複数ページにわたる解答用紙は，いずれかのページに拡大率を記載しています。どこにも表記がない場合は，正確な拡大率が不明です。

04

１ページに２つある

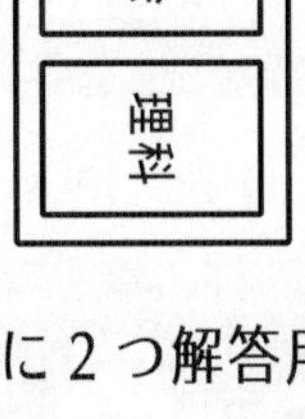

１ページに２つ解答用紙が掲載されている場合は，正確な拡大率が不明です。ほかの試験回の同じ教科をご参考になさってください。

水戸英宏中学校

つかいやすい書きこみ式

入試問題解答用紙編

最近３年間収録

＊解答用紙は本体と一緒にとじてありますから、ていねいに抜きとってご使用ください。

■注意

●一部の科目の解答用紙は小社で作成しましたので、無断で転載することを禁じます。

●収録のつごうにより、一部縮小したものもあります。

●設問ごとの配点は非公表です。採点しやすいように小社が推定して作成したものです。

※ 実際の解答欄の大きさで練習するには、指定の倍率で拡大コピーしてください。なお、ページの上下に小社作成の見出しや配点を記載しているため、コピー後の用紙サイズが実物の解答用紙と異なる場合があります。

声の教育社

2024年度　水戸英宏中学校　第1回

適性検査Ⅰ解答用紙　No.1

番号		氏名		評点	/100

1

問題1

ア	イ

3クラスの人数として考えられる組み合わせ
（　　人,　　人,　　人）
（　　人,　　人,　　人）

問題2

ウ

星の形に参加できない2つのクラス
年　　組
年　　組

2

問題1

①	②
③	④
ア	イ

問題2

分速　　m

2024年度　水戸英宏中学校　第1回

適性検査Ⅰ解答用紙　No.2

（注）この解答用紙は実物を縮小してあります。182%拡大コピーをすると、ほぼ実物大の解答欄になります。

3

問題1

ア

イ

ウ

問題2

40

50

問題3

4

問題1

15

25

問題2

問題3

ア

イ

ウ

エ

〔適性検査Ⅰ〕100点(推定配点)

1　問題1　各4点×4　問題2　ウ…4点，星の形に参加できない2つのクラス…各5点×2　2　問題1　各4点×6　問題2　6点　3　問題1　各4点×3　問題2　6点　問題3　4点　4　問題1　6点　問題2　4点　問題3　各2点×4

2024年度　水戸英宏中学校　第1回

適性検査Ⅱ解答用紙　No. 1

番号		氏名		評点	/100

1

問題1

問題2

まとめ①	まとめ②
まとめ③	

2

問題1

問題2

50

60

問題3

A	B
C	D

2024年度　水戸英宏中学校　第1回

適性検査Ⅱ解答用紙　No.2

3

問題(1)

問題(2)

30

40

4

問題1

問題2(1)

ア　イ

ウ　エ

オ

4

問題2(2)

①　②

③　④

問題3

70

90

（注）この解答用紙は実物を縮小してあります。179%拡大コピーをすると、ほぼ実物大の解答欄になります。

〔適性検査Ⅱ〕100点(推定配点)

1　問題1　5点　問題2　各3点×3　2　問題1　4点　問題2　12点　問題3　各3点×4　3　問題(1)　4点　(2)　9点　4　問題1　4点　問題2　各3点×9　問題3　14点

2024年度　水戸英宏中学校

算数解答用紙　第２回

番号		氏名		評点	/100

1

(1)	(2)	(3)
(4)	(5)	(6)

2

(1)	(2) 人	(3)
(4) ㎠	(5) 度	(6) ㎠
(7) g	(8) ア	イ

3

(1) ア　イ

(2) (図や表，数，式，言葉など)

答え　分

4

(1) 番と　番

(2) (図や表，数，式，言葉など)

答え　日目

5

(1) L

(2) (図や表，数，式，言葉など)

答え　分　秒

（注）この解答用紙は実物を縮小してあります。172%拡大コピーをすると、ほぼ実物大の解答欄になります。

〔算　数〕100点(推定配点)

1　各４点×６　2　各５点×８＜(8)は完答＞　3　(1)　各３点×２　(2)　６点　4　(1)　５点＜完答＞　(2)　７点　5　(1)　５点　(2)　７点

2024年度　水戸英宏中学校

社会解答用紙　第2回　No. 1

番号		氏名		評点	/100

1

(1)①	(1)②
(2) m	(3)
(4)	

2

(1)①		(1)②	
(2)	(3)	(4)①	
(4)②		(5)	(6)
(7)			

3

(1)	(2)	(3)	
(4)	(5)	(6)	(7)
(8)			
(9)			

2024年度　水戸英宏中学校

社会解答用紙　第2回　No. 2

（注）この解答用紙は実物を縮小してあります。172%拡大コピーをすると、ほぼ実物大の解答欄になります。

5

X	Y	Z

4

(1)	(2)	(3)	(4)	(5)

〔社　会〕100点(推定配点)

1 (1)～(3)　各2点×4　(4)　6点　2 (1)～(6)　各2点×8　(7)　6点　3 (1)～(7)　各2点×7　(8)　8点　(9)　2点　4 (1), (2)　各2点×2　(3)　8点　(4), (5)　各2点×2　5 各8点×3

2024年度　水戸英宏中学校

理科解答用紙　第2回

番号		氏名	

評点	/100

1

(1)	(2)	(3)	(4)

2

I (1)			つなぎ
I (2)			
I (3)	I (4)	と	I (5)
II (1)	II (2)	II (3)	
II (4)			

I (4)順不同，両方できて得点

3

I (1)	I (2)		
I (3)	I (4)	I (5)ちっ素	気体X
II (1)		II (2)	
II (3)		II (4) A	B
II (5)			

I (5)、II (4)両方できて得点
II (5)順不同，全部できて得点

4

I (1)	I (2)	(C→)　→　→
I (3)		
I (4)気体X		はたらき
I (5)		
II (1)	II (2)	II (3)
II (4)		
II (5)		

I (2)順に、全部できて得点
I (4)両方できて得点

5

I (1)	I (2)	I (3)
I (4)	I (5)名称	記号
II (1)	II (2)	II (3)
II (4)		

I (5)両方できて得点

6

（注）この解答用紙は実物を縮小してあります。175％拡大コピーをすると、ほぼ実物大の解答欄になります。

〔理　科〕100点(推定配点)

1　各3点×4　2，3　各2点×19＜2のIの(4)，3のIの(5)，IIの(4)，(5)は完答＞　4　I　各2点×5＜(2)，(4)は完答＞　II　(1)～(4)　各2点×4　(5)　4点　5　I　各2点×5＜(5)は完答＞　II　(1)～(3)　各2点×3　(4)　4点　6　8点

2024年度　水戸英宏中学校

国語解答用紙　第二回　No. 1

番号		氏名		評点	/100

一

(1)　(2)　(3)　(4)　(5)

(6)　(7)　(8)　(9)　(10)

二

(1) ⓐ　ⓑ　ⓒ り　ⓓ　ⓔ れ

(2)

(3)

(4) Ⅰ　Ⅱ

(5)

(6) Ⅰ　Ⅱ

(7) 15　25

(8)

三

(1) ⓐ われる　ⓑ　ⓒ　ⓓ　ⓔ り

(2)

(3)

(4) Ⅰ　Ⅱ

(5) 10　15

(6)

(7)

(8)

2024年度　水戸英宏中学校

国語解答用紙　第二回　No.2

四

(1)

(2)

(3)

(4)

（注）この解答用紙は実物を縮小してあります。B5→B4（141%）に拡大コピーすると、ほぼ実物大の解答欄になります。

〔国　語〕100点(推定配点)

一　各2点×10　二　(1)　各2点×5　(2)～(6)　各3点×5＜(4)，(6)は完答＞　(7)　4点　(8)　3点　三　(1)，(2)　各2点×6　(3)～(5)　各3点×3＜(4)は完答＞　(6)　2点　(7)，(8)　各3点×2

四　(1)　2点　(2)　3点＜完答＞　(3)　4点　(4)　10点

2023年度 水戸英宏中学校 第1回

適性検査Ⅰ解答用紙 No.1

番号		氏名	

評点
/100

1

問題1

液体C	理由

問題2

あ	い

問題3

液体A
液体D
液体F

2

問題1

記号	理由

問題2

AとC
AとD

2023年度　水戸英宏中学校　第1回

適性検査Ⅰ解答用紙　No. 2

4
問題1
あ
い

問題2
う

5
問題
（　　　、　　　）

（注）この解答用紙は実物を縮小してあります。179%拡大コピーをすると、ほぼ実物大の解答欄になります。

3
問題1

問題2

問題3

問題4

〔適性検査Ⅰ〕100点(推定配点)

1　問題1　液体C…2点，理由…4点　問題2，問題3　各6点×4<問題2は完答>　2　問題1　記号…2点，理由…4点　問題2　各6点×2　3　問題1〜問題3　各6点×3　問題4　各5点×2　4，5　各6点×4

2023年度 水戸英宏中学校 第1回

適性検査Ⅱ解答用紙 No. 1

番号	
氏名	
評点	/100

1 問題1

(30) (50)

問題2

1 問題3

選んだ言葉

理由

(80) (100)

2 問題1

問題2(1)

ようせつ　組み立て

問題2(2)

問題3

2023年度　水戸英宏中学校　第1回

適性検査Ⅱ解答用紙　No.2

2

問題4

C

D

3

問題1

問題2

問題3

問題4

問題5

問題6

問題7

（注）この解答用紙は実物を縮小してあります。185％拡大コピーをすると、ほぼ実物大の解答欄になります。

〔適性検査Ⅱ〕100点(推定配点)

1　問題1　8点　問題2　6点　問題3　12点　2　問題1　6点　問題2　(1)　各3点×2　(2)　6点　問題3，問題4　各6点×3　3　問題1　4点　問題2，問題3　各6点×2　問題4　4点　問題5～問題7　各6点×3

2023年度　水戸英宏中学校

算数解答用紙　第2回

番号	
氏名	
評点	/100

1

(1)	(2)	(3)
(4)	(5)	(6)

2

(1)	(2)	(3)
	個	
(4)	(5)	(6)
度	cm^2	分間
(7)	(8)	
cm	人	

3

(1) 午前　　時　　分

(2) (図や表，数，式，言葉など)

答え　ア…　　イ…

4

(1) 個

(2) (図や表，数，式，言葉など)

答え　　個

5

(1) cm

(2) (図や表，数，式，言葉など)

答え　　cm

(注) この解答用紙は実物を縮小してあります。172%拡大コピーをすると、ほぼ実物大の解答欄になります。

〔算　数〕100点(推定配点)

1 各4点×6　2 各5点×8　3 各4点×3　4 (1) 5点　(2) 7点　5 (1) 5点　(2) 7点

2023年度　水戸英宏中学校

社会解答用紙　第2回　No. 1

番号		氏名		評点	/100

1

(1)①	(1)②
(2)　m	(3)

(4) （40字）

2

(1)	(2)
(3)	(4)
(5)	(6)
(7)	(8)

(9) 内容 （20字）

工業地域・地帯名

3

(1)	(2)

(3) （30字）

(4)	
(5)	
(6)	(7)
(8)	(9)

2023年度　水戸英宏中学校

社会解答用紙　第2回　No.2

（注）この解答用紙は実物を縮小してあります。Ｂ５→Ａ３（163%）に拡大コピーすると、ほぼ実物大の解答欄になります。

5

X

Y

Z

4

(1)

(2)

(3)

(4)

(5)

〔社　会〕100点(推定配点)

1　(1)　各２点×２　(2)，(3)　各３点×２　(4)　８点　2　(1)～(8)　各２点×８　(9)　内容…４点，工業地域・地帯名…２点　3　(1)，(2)　各２点×２　(3)　６点　(4)～(6)　各２点×３　(7)，(8)　各３点×２　(9)　２点　4　(1)，(2)　各３点×２　(3)～(5)　各２点×３　5　各８点×３

2023年度 水戸英宏中学校

理科解答用紙 第2回

番号		氏名		評点	/100

1

(1)	(2)	(3)	(4)

2

I (1)	
I (2)	
I (3)	個
I (4)	
I (5)	
II (1) X	II (1) Y
II (2) g	II (3) cm
II (4)	

3

I (1) g	I (2)
I (3) g	I (4)
I (5)	
II (1)	II (2)
II (3)	
II (4) 赤色リトマス紙	青色リトマス紙
II (5)	

II(4)両方できて得点

4

I (1)	I (2)	
I (3)	I (4)	
I (5)		
II (1)	II (2) → → →	
II (3)	II (4) はね	あし
II (5)		

I (5)順不同・両方できて得点，II(2)順に全部できて得点，II(4)両方できて得点

5

I (1)	I (2)	I (3)
I (4)	I (5) X	Y
II (1)	II (2)	
II (3)	II (4)	II (5)

I (5)両方できて得点，II(2)順不同・両方できて得点

6

（注）この解答用紙は実物を縮小してあります。175%拡大コピーをすると，ほぼ実物大の解答欄になります。

〔理　科〕100点(推定配点)

1　各３点×４　2～5　各２点×40＜3のIIの(4)，4のIの(5)，IIの(2)，(4)，5のIの(5)，IIの(2)は完答＞　6　８点

二〇二三年度　水戸英宏中学校

国語解答用紙　第二回　No. 1

番号		氏名		評点	/100

一

(1)　(2)　(3)　(4)　(5)

(6)　(7)　(8)　(9)　(10)

二

(1) ⓐ　ⓑ　ⓒ って　ⓓ う　ⓔ

(2)

(3) I　II

(4)

(5)

(6) (a)　(b)

(7)

(8)

三

(1) ⓐ　ⓑ　ⓒ らない　ⓓ に　ⓔ う　む

(2) I　II

(3)

(4)

(5)

(6)

(7)

(8)

二〇二三年度　水戸英宏中学校

国語解答用紙　第二回　No.2

四

(1)

(2)　10　20

(3)　20　25

(4)　100　120

（注）この解答用紙は実物を縮小してあります。Ｂ５→Ｂ４（141％）に拡大コピーすると、ほぼ実物大の解答欄になります。

〔国　語〕100点(推定配点)

一　各２点×10　二　(1)　各２点×５　(2)，(3)　各３点×２＜(3)は完答＞　(4)　２点　(5)　４点　(6)（ａ）　３点　（ｂ）　２点　(7)　３点　(8)　２点　三　(1)　各２点×５　(2)～(4)　各３点×３＜(2)は完答＞　(5)　２点　(6)　３点　(7)，(8)　各２点×２　四　(1)　２点　(2)，(3)　各４点×２　(4)　10点

2022年度　水戸英宏中学校　第1回

適性検査Ⅰ解答用紙　No.1

番号	
氏名	

評点	/100

2

問題1

問題2

3

問題1

1

問題1

問題2

問題3

2022年度　水戸英宏中学校　第1回

適性検査Ⅰ解答用紙　No. 2

3

問題2

問題3

問題4

80

100

4

問題1

問題2

5

問題1

問題2

（注）この解答用紙は実物を縮小してあります。175%拡大コピーをすると、ほぼ実物大の解答欄になります。

〔適性検査Ⅰ〕100点(推定配点)

1　問題1，問題2　各10点×2　問題3　5点　2　問題1　5点　問題2　10点　3　問題1　10点　問題2，問題3　各5点×2　問題4　15点　4　各5点×2　5　問題1　5点　問題2　10点

２０２２年度　水戸英宏中学校　第１回

適性検査Ⅱ解答用紙　No. 1

番号	氏名	評点
		/100

1 問題１

50

70

問題２

1 問題３

100

120

2 問題１

2 問題２

問題３(1)

２０２２年度　水戸英宏中学校　第１回

適性検査Ⅱ解答用紙　No. 2

2

問題３(2)

問題４

<背景>

<取り組み>

3

問題１

問題２

<人物名>

<記号>

問題３

3

問題４

問題５

問題６(1)

問題６(2)

（注）この解答用紙は実物を縮小してあります。172％拡大コピーをすると、ほぼ実物大の解答欄になります。

〔適性検査Ⅱ〕100点(推定配点)

1　問題1，問題2　各7点×2　問題3　12点　2　問題1　7点　問題2　4点　問題3　(1)　4点　(2)　7点　問題4　各4点×2　3　問題1　4点　問題2　各2点×2　問題3，問題4　各7点×2　問題5　各4点×2　問題6　各7点×2

2022年度　水戸英宏中学校

算数解答用紙　第2回

番号	
氏名	

評点
／100

1

(1)	(2)	(3)
(4)	(5)	(6)

2

(1)	(2)	(3)
		人
(4)	(5)	(6)
cm	cm^2	m^3
(7)	(8)	
円	人	

3

(1)　：

(2)　(図や表，数，式，言葉など)

答え　　　　分

4

(1)

(2)　(図や表，数，式，言葉など)

答え

5

(1)　毎分　　　cm^3

(2)　(図や表，数，式，言葉など)

答え　ア…　　　イ…　　　ウ…

（注）この解答用紙は実物を縮小してあります。172％拡大コピーをすると、ほぼ実物大の解答欄になります。

〔算　数〕100点(推定配点)

1　各4点×6　2　各5点×8　3　(1)　5点　(2)　7点　4　(1)　5点　(2)　7点　5　(1)　4点　(2)　ア　4点　イ・ウ　4点

二〇二二年度　水戸英宏中学校

国語解答用紙　第二回　No. 1

番号　　氏名　　評点　/100

一

(1)　(2)　(3)　(4)　(5)
(6)　(7)　(8)　(9)　(10)

二

(1) ⓐ　しく　ⓑ　ⓒ　ばす　ⓓ　ⓔ　つた
(2) 10　15
(3)
(4) Ⅰ　Ⅱ
(5)
(6)　(7)
(8)

三

(1) ⓐ　ⓑ　かく　ⓒ　い　ⓓ　ⓔ
(2) 段落
(3)
(4)
(5)
(6)
(7)
(8)

二〇二二年度　水戸英宏中学校

国語解答用紙　第二回　No.2

四

(1)

(2)

(3)

(4)

（注）この解答用紙は実物を縮小してあります。B５→B４（141%）に拡大コピーすると、ほぼ実物大の解答欄になります。

〔国　語〕100点(推定配点)

一　各２点×10　二　(1)　各２点×５　(2)　３点　(3)～(5)　各２点×４　(6)～(8)　各３点×３　三　(1), (2)　各２点×６　(3)～(8)　各３点×６　四　(1)　２点　(2), (3)　各４点×２　(4)　10点

声の教育社　〒162-0814 東京都新宿区新小川町8-15
https://www.koenokyoikusha.co.jp
TEL 03（5261）5061㈹　FAX 03（5261）5062